JN176441

マルクス貨幣論概説

イサーク・イリイチ・ルービン
竹永 進 編訳

法政大学出版局

イサーク・イリイチ・ルービン，1927年モスクワにて
（RGASPI, f.374, op.3, d.3）

凡例

一. 本書は、Исаак И. Рубин, Очерки по теории денег Маркса, *Истоки социокультурная среда экономической деятельности и экономического познания*, Москва Издательский дом Высшей школы экономики, 2011, стр. 501–625 の全訳およびその付属資料と解説である。

二. 原文中に多く存在するマルクスの著作からの引用文の邦訳にあたっては、可能な限り既存の邦訳（『マルクス＝エンゲルス全集』大月書店、『資本論草稿集』同）を参照しそのページ数を示しておいた。マルクスとエンゲルス以外の著作者からの引用文についても既存の邦訳が存在するものについては極力それを参照し該当箇所を示すように努めた。

三. ルービンの草稿の翻訳の次に2として配されているヴァーシナの論文（Людмила Л. Васина, И. И. Рубин и его рукопись «Очерки по теории денег Маркса», *там же*, стр. 475–500）はルービンの草稿の解説として執筆された研究論文であり草稿とともに刊行されたものである。本訳書では彼女が作成したほぼ悉皆的なルービンの著作目録（Библиография работ И. И. Рубина, *там же*, стр. 626–632）をこの論文の後に置いた（3）。ルービンの著作にはじめて接する読者は最初に2を読んだ方が1の本文の理解が容易になるかもしれない。

四. 訳文中に訳者が挿入した個所は〔 〕に入れて示してある。こうした割り注に収まらないやや長文の訳者注は通し番号の入った原注とは別に「訳注」として原注・編注の後に置かれている。その他、ルービンの草稿の印刷にあたって取られた技術的措置の詳細については、本訳書163―164ページ（2の末尾）を参照。

五. ルービンの草稿は、ロシア語原文が刊行された翌年に Isaak Il'jic Rubin Marxforscher–Ökonom–Verbannter (1886–1937), Manuskript: Studien zur Geldtheorie von Marx, in *Beiträge zur Marx-Engels-Forschung*. Neue Folge.

Sonderband 4, Argument, Berlin, 2012としてドイツ語で刊行されたが、この訳書にはロシア語原本には含まれていなかったルービンに関連する写真も掲載されている。本訳書でも、日本では早くから名前といくつかの著作だけが知られていたルービンの風貌を伝える写真などの画像資料もあわせて本文中の適当な個所に配置して掲載した。

六、同時にこのドイツ語版には、経済学研究を含むルービンの活動・一九二〇年代ソビエトの経済学史研究などを扱った数編の（ドイツとロシアの研究者による）論考が収められている。これらのいくつかも訳出・収録した。1. Wladislaw Hedeler, Rubinscina (SS. 139–44), 2. Ivan A. Boldyrev, On Rubin's Interpretation of Marx's Theory of Money (SS. 145–52), 3. Michail G. Pokidčenko, Rubins Geschichte der politischen Ökonomie und seine Kritik westeuropäischen Autoren (SS. 153–65), 4. Jakov G. Rokitjanskij, Rolf Hecker, Das Kabinett für politische Ökonomie unter Leitung Rubins im Marx-Engels-Institut (SS. 167–72), 5. Jakov G. Rokitjanskij, Zwischen zwei Verhaftungen. Eine unbekannte Periode im Leben und Werk von Isaak I. Rubin (SS. 183–96), 6. Anhang: Aussage von Isaak I. Rubin vom 23 November 1937 (SS. 197–203).

七、最後に5として編訳者によるルービンの草稿の分析と批判的検討を内容とする解説論文を加えた。

八、以上のうち、ヴァーシナの論文と著作目録および編訳者の解説論文は、それぞれ『東京経大学会誌――経済学』第二七七号（二〇一三年）と『経済論集』（大東文化大学）第一〇〇号（二〇一三年）に掲載されたものの再録である。再録許可に対して謝意を表したい。

九、本書の刊行にかかわる全過程にわたって編集部の郷間雅俊氏には一方ならぬお世話になった。末尾ながら御礼を申し述べたい。また、マルクス関係の経済学理論書の刊行が困難な今の時代に本訳書が日の目を見ることができたのは、本書と対をなす『マルクス価値論概説』（一九九三年刊）とともに、法政大学出版局の格別のご高配によるものである。

マルクス貨幣論概説 ◉ 目次

4　関連資料

5　編訳者解説　イ・イ・ルービンの「マルクス貨幣論概説」　竹永　進　255

1

マルクス貨幣論概説

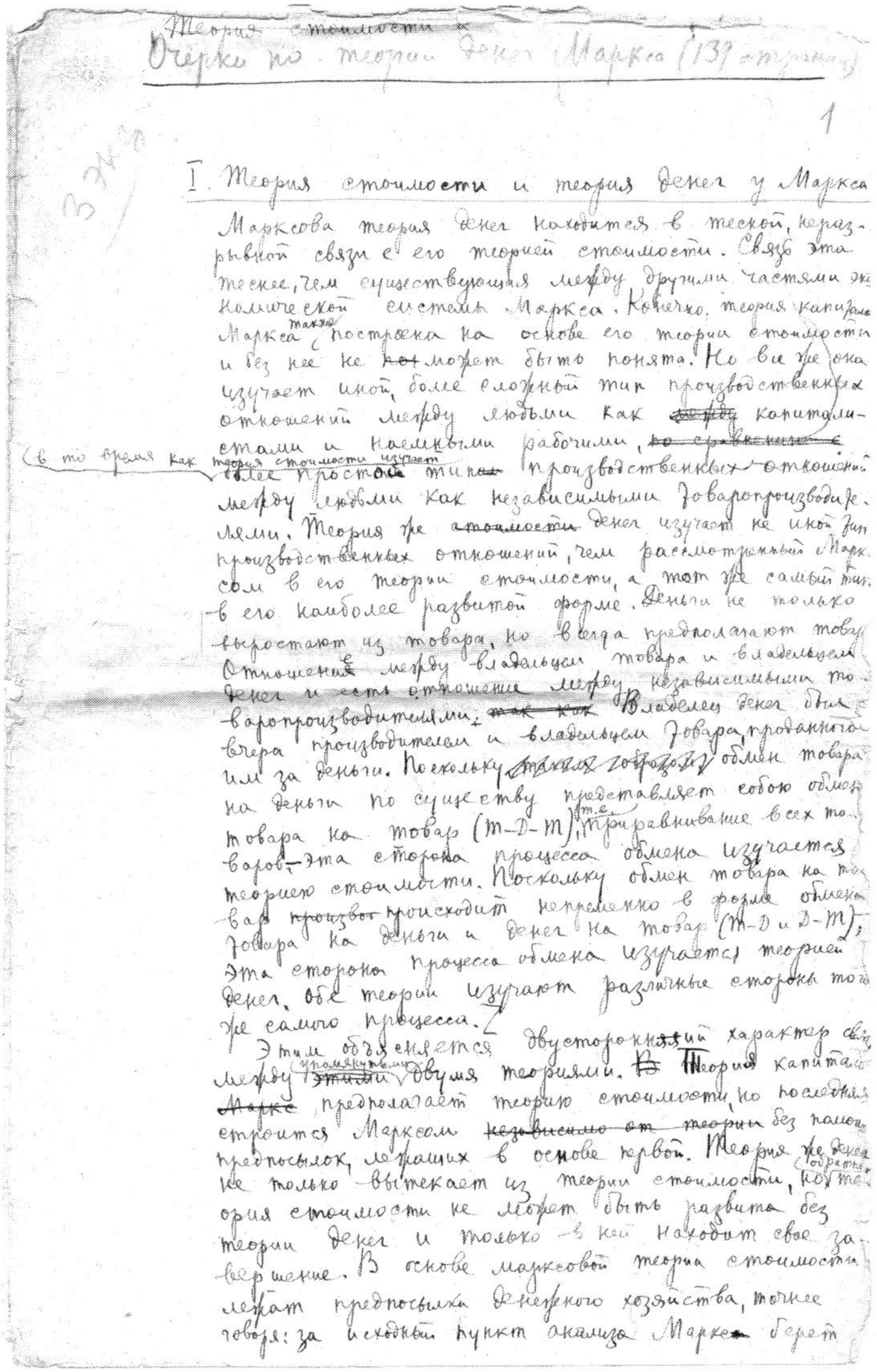

~~Теория стоимости и~~
Очерки по теории денег Маркса (139 страниц)

1

I. Теория стоимости и теория денег у Маркса

Марксова теория денег находится в тесной, неразрывной связи с его теорией стоимости. Связь эта теснее, чем существующая между другими частями экономической системы Маркса. Конечно, теория капитала Маркса также построена на основе его теории стоимости и без нее не может быть понята. Но все же она изучает иной, более сложный тип производственных отношений между людьми как капиталистами и наемными рабочими, (в то время как теория стоимости изучает) более простой тип производственных отношений между людьми как независимыми товаропроизводителями. Теория же денег изучает не иной тип производственных отношений, чем рассмотренный Марксом в его теории стоимости, а тот же самый тип в его наиболее развитой форме. Деньги не только вырастают из товара, но всегда предполагают товар. Отношение между владельцем товара и владельцем денег и есть отношение между независимыми товаропроизводителями: владелец денег был вчера производителем и владельцем товара, проданного им за деньги. Поскольку обмен товара на деньги по существу представляет собою обмен товара на товар (Т–Д–Т), т.е. приравнивание всех товаров, эта сторона процесса обмена изучается теорией стоимости. Поскольку обмен товара на товар происходит непременно в форме обмена товара на деньги и денег на товар (Т–Д и Д–Т), эта сторона процесса обмена изучается теорией денег. Обе теории изучают различные стороны того же самого процесса.

Этим объясняется двусторонний характер связи между упомянутыми двумя теориями. Теория капитала предполагает теорию стоимости, но последняя строится Марксом без помощи предпосылок, лежащих в основе первой. Теория же денег не только вытекает из теории стоимости, но и обратно, теория стоимости не может быть развита без теории денег и только в ней находит свое завершение. В основе марксовой теории стоимости лежат предпосылки денежного хозяйства, точнее говоря: за исходный пункт анализа Маркс берет

「マルクス貨幣論概説」草稿の最初のページ
（RGASPI, f.374, op.2, d.1）

イサーク・イリイチ・ルービン

マルクス貨幣論概説〈破線部分は鉛筆による書き込み〉

I　マルクスにおける価値の理論と貨幣の理論

マルクスの貨幣論は彼の価値論と密接不可分の結びつきにある。この結びつきはマルクスの経済学体系の他のどの部分のあいだの関係よりも緊密である。たしかに、マルクスの資本の理論もまた彼の価値論を基礎に築かれており、前者は後者なしには理解できない。しかし、資本の理論が資本家および賃労働者としての人々のあいだの別のより複雑なタイプの生産諸関係を研究するのに対して、価値論は独立した商品生産者としての人々のあいだのより簡単なタイプの生産諸関係を研究する。貨幣論もまた、マルクスが彼の価値論で考察しているのとはことなるタイプの生産諸関係ではなく、同じタイプをいっそう発展した形態において研究する。貨幣は商品から生成するだけでなく、つねに商品を前提とする。商品所有者と貨幣所有者のあいだの関係は独立した商品生産者のあいだの関係でもある。貨幣の所有者は、きのうは彼が貨幣に対して販売した商品の生産者であり所有者であった。貨幣に対する商品の交換が本質的には商品に対する商品の交換（W–G–W）、すなわち、あらゆる商品の同等化であるかぎり、交換過程のこの側面は価値論によって研究される。商品に対する商品の交換が必ず貨幣に対する商品の交換と商品に対する貨幣の交換（W–GとG–W）の形で行われるかぎり、交換過程のこの側面は貨幣論によって研究される。両方の理論とも一個同一の過程のことなる諸側面を研究するのである。

これによって、これら二つの理論のあいだの結びつきの二面的性格が明らかになる。資本の理論は価値の理論を前提するが、しかしマルクスは、後者を前者の基礎にある諸前提をもちいることなく構築している。だが貨幣の理論は価値の理論から生じるだけではない。反対に、価値の理論は貨幣の理論なしには展開することができず、貨幣の理論としてはじめて完結する。マルクスの価値論の基礎には貨幣経済の諸前提がおかれているのである。さらに精確に言えば、マルクスは、すべての商品相互の全面的な同等化という事実を分析の出発点に採用しているが、この事実は貨幣経済を特徴づけるものであり貨幣の介在なしにはありえないものである。

本書の第［Ⅱ］章以下は、マルクスが価値論の基礎の上に築きこの理論から生じる彼の貨幣論の叙述と基礎づけにあてられる。第Ⅰ章では、十分な注意が向けられることのなかったこれら二つの理論のあいだのこの依存性の他の側面について詳論することにする。ここでは、マルクスの価値論がどの程度まで貨幣経済の諸前提の上に築かれているのか、という問題を考察する。

マルクスが彼の価値論においてたどった推論の道筋は通常次のようなものとされる。まず最初に、マルクスは二商品の交換という事実、すなわち、ことなる使用価値によって区別される二つの財貨の交換価値の同等化という事実をとりあげる。これらのものの同等性ないし通約可能性という事実から、彼は両者を比較するために特定の尺度が必要であるという結論を下し、この尺度は労働であるとする。一見したところ、この推論は『資本論』の最初の数ページにおけるマルクスの思考の道筋を完全に正しく再現しているように見える。しかしながら、マルクスの言うところをより注意深く研究してみると、彼の価値論は⑴二商品の交換という事実の分析に帰着し、⑵この分析は二商品の比較の尺度の発見を目的としている、とする見解がまったくの間違いであることが明らかになる。

マルクスが分析の出発点にとりあげているのは、一商品の他の商品との同等化ではなく、それぞれの商品の市場に存在する他のあらゆる商品との同等化、すなわち、あらゆる商品の相互の全面的な同等化である。商品は特定の個人のために注文によって生産されるのではなく、市場に向けて、不特定の広い範囲の購買者に向けて生産される。商品は何らかの他の特定の商品との交換のためではなく、販売のため、それと引き替えに他の任意の商品を買うことのできる貨幣との交換のために生産されるのである。市場で商品は一定の評価、市場価格、客観的な交換価値を受け取る（ここでは価格の価値からの乖離は捨象する）が、これは、市場全体すなわち販売者と購買者の全体の作用の客観的に必然的な結果として、個々の個人の意思とは無関係に彼らに押しつけられるものである。それぞれの商品は他のすべての商品に同等化される（これは貨幣の介在によってのみ可能）。それぞれの商品は交換価値〔「5　編訳者解説」の注32を参照〕という属性を持っている、すなわち、その所有者はそれを任意の他の商品と同等化してそれをこの他の商品と（貨幣を介して）交換する可能性を持っている。このような場合にのみ商品が存在すると言えるのである。すなわち、商品が一般的に、交換対象となる諸商品の種類あるいは交換に登場する個人とかかわりなく交換される能力として、交換価値が存在すると言えるのである。生産物が一定の諸生産物に対してだけあるいは一定の人々のあいだでだけ交換されうるところでは、交換価値はまだ存在していないのであり、このような交換には価値論は適用されない。

マルクスが商品の全面的な同等化の能力を分析の出発点としていることは、彼が『経済学批判』〔以下『批判』と略記〕でも『資本論』でもおこなっている議論により疑いなく示される。『批判』の出発点にある基本的な事実は、商品が「一定の量において互いに一致し、交換で互いに置き換わりあい、等価物として通用」（MEGA², II/2. S. 108. 邦訳『資本論草稿集③』二一五ページ）する、ということである。『批判』の議論はすべて、ある生産物の交換価値は他のすべての生産物において表現されるということにもとづいている。マルクスは、亜麻布がコーヒーと同等化されると言うとき、前者の交換価値は、「この比率ですべて表現しつくされているわけではなく」、すべての商品との「限りなく多数の等式」（*Ebenda*, S. 117. 前掲邦訳、二二七ページ）においてのみ表現しつくされる、と付け加えている。亜麻糸と亜麻布が互いに等価であるのはただ、それらが「等量の労働時間を含んでいるどの使用価値に対しても等価物」（*Ebenda*, S. 112. 同邦訳、二二〇ページ〔強調は原文〕）であるかぎりでのみのことである。

『資本論』の最初の数ページにおけるマルクスの議論の進め方は本質的にこのようなものである。ふつう読者の注意は小麦と鉄という二つの商品を比較する周知の例にもっぱら引きつけられて、マルクスの思考の全体の歩みは視野から落ちてしまう。マルクスは、小麦と鉄の例に移行するに先立って小麦があらゆる他の商品と交換可能であるという事実を確認している。「ある一つの商品、たとえば一クォーターの小麦は、たとえば二〇ポンドの靴墨とか、二ヤードの絹とか、二分の一オンスの金とかといった、いろいろに違った割合で他の諸商品と交換される。しかし、一クォーターの小麦の交換価値は、靴墨、絹または金のどれで表現されようとも、同じままである」（MEW, Bd. 23a, S. 51. 邦訳『マルクス＝エンゲルス全集』第二十三巻a、五〇ページ。強調は引用者〔ルービンが引用にもちいているのは一九〇六年刊のペ・ストゥルーヴェによる訳本。マルクスの原文を正確に再現していないが、ここではルービンの使用したロシア語訳文にしたがっておく。『資本論』各版のメガ版にはまだ邦訳が存在しないので、この著作からの以下の引用個所はMEWとその邦訳『マルクス＝エンゲルス全集』のそれのみを示し、ルービンの引用文がこれらと乖離している場合にはそのつど相違点を示すことにする〕）。小麦と鉄という二つの商品の等置は、小麦を他のあらゆる商品と同等化する多数の等置のうちのひとつにすぎないのである。

マルクス自身が校訂したフランス語訳にしたがって訂正された次の箇所ではマルクスの思想はさらにいっそう

明瞭に表明されている。「ある一つの商品、たとえば一クォーターの小麦は、x量の靴墨とか、y量の絹とか、z量の金とか、要するにいろいろに違った割合の他の諸商品と交換される。だから、小麦は、さまざまな交換価値〔ценность〕[一]をもっている。しかし、x量の靴墨もy量の絹もz量の金その他も、みな一クォーターの小麦の交換価値〔ценность〕なのだから、x量の靴墨やy量の絹やz量の金などは、互いに置き換えられうる、または互いに等しい大きさの諸交換価値〔ценность〕でなければならない。そこで、第一に、同じ商品の妥当な諸交換価値〔ценность〕は一つの同じものを表している、ということになる」(*Ebenda*, S. 51. 前掲邦訳、五〇ページ。強調は引用者〔ストゥルーヴェ訳の一九〇六年の刊本より引用〕)。ある商品がすべての他の商品と同等化されるのであれば、これらすべての商品も互いに等しい。この箇所は、『批判』の思考のあゆみを再現しており、あらゆる商品が相互に全面的に同等化されること、または同じことであるが、ある商品がすべての他の商品に同等化されることを、価値論における分析の出発点として強調している。

ここからあとのマルクスの思考の歩みは次のようになっている。ある商品が二つのことなる商品に同等化されるとすれば、この二つは相互に等しく、一個同一の価値を二つのことなった形で表現しているのである。ここから、二つの商品(たとえば小麦と鉄)が相互に等しいならば、この両者は何らかの第三のものに等しいに相違ない、という逆の結論が導かれる。マルクスが小麦と鉄の例によって展開し、かくもさまざまな誤解のきっかけとなった三角形との周知の対比[*1]によって例解しているこの命題は、それぞれの商品はすべての他の商品と同等化されるという基本的な事実から生じる結論なのである。これ〔第三者との等置〕は議論の第二の環節であるのに、通常は誤ってこれが第一の環節と受け取られる。マルクスが二つの商品の等置からそれらの価値の同等性を推論しうるのは、彼がそれらを孤立的に等置しているからではなく、無限に続く等置の連鎖のうちのひとつとして取りだしているからにほかならず、そこではある二つの商品のそれぞれはすべての他の商品に同等化されているのである。このようなマルクスの思考のあゆみは、これが叙述全体の基礎におかれている『批判』においてだけでなく『資本論』においても——おそらくさらにいっそう明瞭な形で——小冊子『賃金・価格・利潤』(1)においても、まったく明瞭に現れている。

交換価値がただ二つだけの商品ではなくすべての商品の相互の全面的な同等化を前提するということを、マルクスは『剰余価値学説史』のなかでも強調している。「ただ二つの生産物しか存在しない場合には、生産物はけっして商品にはならないであろう。したがってまた、商品の交換価値が発展することもけっしてないであろう」(MEGA^2, II/3・4, S. 1329. 邦訳『資本論草稿集⑦』二一二ページ)。価値としては、生産物は「ある使用価値から他のどんな使用価値へも直接に転化することが可能である」(*Ebenda*, S. 1322. 同邦訳、二〇〇ページ)。

以上に述べたことから次のような結論を下すことができる。マルクスが彼の価値論において分析の出発点としているのは、現物のままの二つの生産物の偶然的な同等化ではなく、それぞれの生産物のすべての他の生産物との全面的な同等化、貨幣の介在によるそれぞれの商品の市場での客観的な価格決定の形でなされる同等化なのである。マルクスは、貨幣の役割をさしあたって捨象して、すべての労働生産物の全面的な同等化に帰着するこの社会的過程の一般的性格と基本的諸結果を研究している。マルクスが研究しているのは交換一般ではなく、社会的「質料代謝」すなわち社会的生産の基本的な社会的形態としての発展した(本質的に貨幣的な)交換である。マルクスの価値論は、〔オイゲン・フォン・〕ベーム‐バヴェルクの主張するように、「交換の本質からの弁証法的演繹」ではなく、生産の特定の社会的形態すなわち商品生産の分析を表しているのである。

今や、ベーム‐バヴェルクから特別の非難攻撃を引き起こした一点を解明することはより容易であろう。マルクスはいかなる根拠によって、はじめから「諸商品の交換価値を明白に特徴づけているものは、まさに諸商品の使用価値の捨象なのである」(MEW, Bd. 23a, S. 52. 邦訳『マルクス＝エンゲルス全集』第二三巻a、五一ページ)と断言して、価値の分析にさいしては使用価値を捨象するのであろうか。問題がもし現物形態にある二つの生産物の偶然的な交換であるとすれば、交換に関与する人々の個人的欲求と各生産物の相対的有用性に対する彼らの主観的評価によって、このような交換は規制されうるとするベーム－バヴェルクが正しいであろう。だが、問題がある生産物の客観的交換価値であり、この交換価値によってこの生産物がその種類の区別にも生産者の個性にもかかわりなくすべての他の生産物に同等化されるのだとすれば、われわれが目にするのは、あらゆる使用価値を同等化する客観的で合法則的な社会的過程、すなわち「使用価値の捨象」の過程である。これは、商品の有用性〔二〕がたとえば購買者の動機において役割を演じない、ということを意味しない（しかし、これらの動機によっては、生産物の交換価値、すなわちどの商品所有者のどの使用価値とでも交換されるそれの能力、市場のどの方向にでも運動しうるそれの能力を説明することはできない）。マルクスの関心をひくのは購買者たちの個人的な動機ではなく交換の社会的過程である。この過程の客観的な内実は、例外なくあらゆる使用価値を一定の合法則的に定まる割合で相互に同等化することにある。

以上われわれは、マルクスは交換そのものを、二つの生産物の比較という事実それ自体を出発点にしている、という見解が間違っていることを確認した。マルクスが、二つの生産物の比較という事実から比較の尺度が必然的であるという結論を引き出して、これを労働に見いだしているかのように想定するのも、同じように誤っている。マルクスはリカードの例にならって、価値尺度についての問題設定そのものをきっぱりと拒絶した。アダム・スミスにおいては、この問題は生産物価値の合法則的な変化の原因についての問題と不可分に絡み合っており、〔価値尺度についての〕問題が曖昧になりその正しい解決が妨げられた。リカードは価値尺度についてのスミスの説を鋭く批判し、価値論の全体を交換現象と生産物価値の変動の科学的・因果的研究のレベルに引き上げた。リカードが価値論に付与した価値論のこの厳密に因果論的な設定を、マルクスはそこに評価の要素を持ち込むことによって弱めたかのように言う一部の著述家たちの意見は、何の根拠もないものである。[2] マルクスは「不変の価値尺度」（MEGA², II/3・4, S. 1320, 1331–2. 邦訳『資本論草稿集⑦』一九六、二二六―七ページ）という問題設定を鋭く批判し、さらに、このような意味に解釈しうる若干の表現をもちいたことでリカードを非難している（*Ebenda*, S. 1324. 同邦訳、二〇二ページ）。たしかにマルクスは労働が「価値の内在的尺度」であると言っている。しかしマルクスは、彼が「内在的尺度」を通常の尺度ないし「外在的尺度」（これは労働ではなく貨幣である）とはまったく別の意味で理解していることを、何度となく強調している（*Ebenda*, S. 1322, 1324. 同邦訳、一九九―二〇〇、二〇二ページ）。労働が価値の「内在的尺度」であるのは、それが価値の「causa efficiens」（作用因）でありその実体であるからにほかならない（*Ebenda*, S. 1324. 同邦訳、二〇二―三ページ）。労働生産性の量的変動は商品価値の変動の原因である。この命題をヘーゲル哲学の言葉に翻訳すれば、労働は価値の「内在的尺度」である、[3] となる。

マルクスの価値論を価値尺度の探究の意味において論じている著述家たちは、交換への参加者たちが交換される生産物を同等化するのにもちいる尺度が問題なのか、あるいは、理論家・研究者が交換される生産物の同等性を確認しうるための尺度が問題なのかについて、はっきりした考えを持っていない。このように区分して考えれば問題は明確になるし、これらいずれの意味における問題設定もマルクスにはかかわりがないということに疑いは残らなくなる。またマルクスは、二つの生産物が互いに交換されるのは交換当事者たちがそれらを同じ量の労働の生産物と見なすからである、と断言しようとも考えなかった。なぜなら、(1)マルクスが関心を寄せるのは交換過程の客観的な結果であって交換当事者たちの主観的動機ではないからであり、(2)こうした主観的動機が問題であるとしても、さまざまな生産物の生産に必要とされる相対的な労働支出が購買者に知られていて、彼らが意識的にこうした労働支出をこれらの生産物の交換価値の決定のための根拠とする、と想定することはできないからである。

先に示した二番目の意味における問題設定は、次のようにも言えるはずであった。二つの商品が互いに同等化されるのだから、理論家であり研究者であるわれわれは両者の同等性の契機を発見し、どのような属性がそれら両者に共通に存在しそれらを相互に等しいものとしているのかを示さなければならない。理論家に対して二つの現象の同等性の契機を見いだす義務がかかってくるのは、彼がみずからこれらの現象を比較し両者の性質の同一性を確認する場合だけである。しかし、市場で小麦が鉄に同等化されるという事実からは、両者の同等性がどこにあるのかを理論家は示さなければならないという結論は出てこない。理論家は一定の事実を目の前にしておりその解明の義務を負う。このことは、小麦の鉄との同等化という事実を観察して彼が次のような問題を立てるということを意味する。この現象は恒常性と合法則性という性格をきわだった特質としているのか、そしてもしそうだとすれば、その原因はいかなるものか、すなわち、その現象の存在と変化はどのような現象によって条件づけられるのか。小麦はどういう点で鉄と同等であるのかを示すことではなく、小麦が市場で鉄と同等化されるという客観的な社会的事実の合法則性を発見すること、これが経済学者・理論家の任務なのである。マルクスもまさにこのように問題を設定している。この問題設定を十分明確に理解していないために、マルクスの批判者また往々にして注釈者たちでさえ、彼の価値論を正しく理解することができなかった。

マルクスによる価値論の基礎づけを正しく理解するためには、先に述べたように、すべての商品相互の全面的な同等化をともなう発展した交換の事実がマルクスの分析の出発点であることをしっかりと理解することが必要である。それぞれの商品が市場で一定の評価を受け、そのことによって他のすべての商品に同等化されて、それらのいずれの所有者かがその商品を必要とするかどうかにはまったくかかわりなく、いずれの商品とでも一定の割合で交換されうることになれば、商品のこの交換可能性または交換価値はその社会的属性となる。発展した市場交換の過程においては、交換価値としてのそれぞれの商品は他のどの商品とも完全に同じであり一定の割合でならどれとでも入れ替わることができる。これは、市場交換の実際の過程においては、すべての商品が現実に相互に同等である、それらの物的属性によってではなく社会的機能によって同等である、ということである。市場での諸商品の社会的機能は他の諸商品と同等のものとしてこれらを埋め合わせることにあり、諸商品の相互の埋め合わせのこの過程において、それぞれの商品は一定の割合であれば他のどの商品とも入れ替わることができるのであるから、市場における諸商品の全面的な同等化はそれらの社会的機能ないし社会的本性の単一性を意味する。マルクスの議論は次のような形で述べられるのがふつうである。諸商品は相互に同等化されうるのであるから、われわれはそれらのなかに何か共通のもの・単一のものを見いださなければならない。マルクスの考えをより正しく表現すればおよそ次のようになる。諸商品が市場で相互に現実に同等化されるということが、それらの社会的機能の単一性でもある。ここで、諸商品の全面的な同等化という事実の社会的性質を解明するという課題、つまりこの事実と経済の一定の社会的構造との必然的な結びつきを示すという課題が生じる。これは、経済のなかでのこの事実の役割と社会的機能および諸商品の同等化における合法則性、すなわち、それらの交換価値の増加や減少を引き起こす諸原因を示す、という課題である。言い換えれば、交換価値の質的および量的な側面を研究するという課題が生じる。そして、交換価値は、労働生産物が一定の社会的環境のなかで獲得する社会的機能をあらわすのであるから、われわれの課題は社会的環境つまり商品生産を分析するということに帰着する。この分析が明らかにするのは次の諸点である。(1)形式的には引き離されていても実質的には結びつけられている商品生産者たちのあいだの社会的結びつきの唯一のあり方としての、諸商品の全面的な同等化の必然性、(2)さまざまな生産部門への労働の流出入の調整器としての諸商品の同等化の役割、つまり、社会的労働の配分の調整器としての交換価値の社会的機能、そして最後に、(3)社会的労働の生産性の変化に依存した諸商品の交換価値の変化の法則。経済の一定の社会的構造、すなわち、一定のタイプの人々のあいだの生産・労働関係が、いかにして労働生産物の一定の社会的機能ないし社会的形態すなわちそれらの交換価値を作り出すかが、ここに明らかになる。マルクスの価値論の中心点もこの点にある。

　以上からわれわれは、二商品の同等化の事実すなわち社会的形態を度外視したそのものとしての交換の事実を、マルクスが分析の出発点として取り上げてこれらの商品の比較のための尺度を探究しているかのように言う意見は、正しくないと考える。マルクスはそもそものはじめから、諸商品の全面的な同等化をともなう発展した商品経済を対象としている。このような同等化を特徴づけるのは、一定の割合でなら任意の他の商品と交換されうるというそれぞれの商品の能力である。この出発点によってのみ、マルクスは個人的・心理的な問題設定（すなわち使用価値）をあらかじめ却けるとともに、彼の研究の対象である交換価値をはじめから〔自然界ではなく〕社会的世界の対象として、労働生産物の社会的機能ないし形態として規定する、可能性を得たのである。このことにより研究方法の全体もまた規定された。労働生産物の社会的形態の解明のためには、この形態に表現されるあるいは「物象化」される、労働組織の社会的形態の分析に移行することが必要であった。

　マルクスのこの思考の道筋は彼の小冊子『賃金、価格、利潤』のなかにきわめて明瞭に示されている。マルクスは、商品の全面的な同等化という事実を特徴づけてから、次のように商品から労働に移行している。「商品の交換価値は、それらの物の社会的機能にほかならず、それらの物の自然的性質とはなんの関係もないのであるから、われわれはまず、こう問わなければならない。〝すべての商品に共通した社会的実体はなにか？〟と。それは労働だ。〔「ある商品を生産するには、それに一定量の労働を費やすか投入するかしなければならない。しかも」。ルービンの引用には括弧内の文言が脱落している〕私は、たんに労働と言わずに、社会的労働と言う。〔「自分自身が直接使うために、自分で消費するために、ある品物を生産する人は、生産物は作るが、商品を作りはしない。自給自足の生産者として、彼は社会とは没交渉である。しかるに」。ルービンの引用には括弧内の文言が脱落している〕商品を生産するには、人は、何らかの社会的需要をみたす品物を生産しなければならないだけでなく、彼の労働自体が、社会の支出する総労働量の一部分をなしているのでなければならない。彼の労働は、社会内部の領域に入らなければならない。それは、他の分業労働がなければ意味をなさないし、またそれ自体も他の分業労働を補完しなければならないのである」[4]（MEW, Bd. 16, S. 123. 邦訳『マルクス＝エンゲルス全集』第一六巻、一二二ページ〔強調は原文。ただし原文の強調が再現されていない箇所もある〕）。マルクスは、自分が問題にしているのは自然的形態ではなく社会的形態における労働であり社会的労働配分の過程であって交換価値はこの配分過程の表現である、と力説している。交換価値をマルクスはただちに労働生産物の「社会的機能」または形態と規定し、この形態に特定の「社会的実体」つまり社会的労働の一定の配分が対応するとしている。

『資本論』におけるマルクスの思考の道筋も本質的にこれと同じである。マルクスは、価値としてのすべての商品の質的同等性を確定して、この同等性のうちに、「諸商品に共通な社会的実体」の「物象化された」、「結晶化された」（すなわち、労働生産物の社会的属性の形で凝固された表現[5]、「人間労働という同一の社会的共通性の表現」[6]（MEW, Bd. 23a, S. 62. 邦訳『マルクス＝エンゲルス全集』第二三巻a、六四ページ）を見て取っている。市場での諸商品の同等化は、さまざまな生産部門のあいだでの配分過程にある労働の社会的同等化を表現する。この過程のなかで個々の労働支出におけるすべての差異が均等化される。これらの支出は最初は私的で具体的な、さまざまな質の個別的労働支出として登場し、交換過程の結果としてはじめて社会的で抽象的な、単純な社会的必要労働に転化するのである。市場における諸商品の質的同等性に対応するのが、社会的配分過程にある労働の質的同等性である。それゆえ、交換における諸商品の物的同等性を出発点としたマルクスは、早くも『資本論』の三ページ目で社会的生産の過程におけるこの物的同等性の相関概念、つまり、労働の同等性にただちに移行して、この労働を、交換価値としてのすべての商品の同種性と均質性に対応する同一種類の質的に等しい労働と分析している。労働の抽象的性格はここでは諸商品の全面的な同等化の相関概念として登場する。この全面的な同等化は貨幣を介することによって十全に表現される。マルクスは、〔『資本論』の第一章のはじめの二節においては〕発展した交換の形態から発展した抽象的労働にいきなり移行しているが、ここでは、私的で不等な労働を社会的で同等な労働に転化する長く複雑な社会的過程はさしあたり捨象されている。この社会的過程の考察にマルクスは第三節（「価値形態または交換価値」）ではじめて移行し、最後に第四節（「商品の呪物性とその秘密」）でこの過程のもっとも深い基礎である商品経済の社会的構造にたどり着いている。マルクスは社会的過程のすでにできあがった結果から出発して、それからこの過程の発展をわれわれに示しその基礎を暴いて見せる。『批判』〔『資本論』とすべきか。「5　編訳者解説」の注37もあわせて参照〕第一章の組み立てはおよそこのようになっている。交換価値と抽象的労働の詳細な分析の後にマルクスは次のように言う。「いままで商品は、二重の観点で、使用価値として、また交換価値として、そのつど一面的に考察された。けれども商品は、商品としては直接に使用価値と交換価値との統一である。同時にそれは、他の諸商品に対する関係においてだけ商品である。諸商品相互の現実的関連は、それらの交換過程である」（MEGA^2, II/2, S. 120. 邦訳『資本論草稿集③』二三一ページ〔強調は原文。『批判』からの引用にあたってルービンはここではこれまでとは反対に、最初にドイツ語版のページ数を挙げその後にロシア語既訳書のページ数を示している。「貨幣論概説」の叙述の進行とともにこの既訳書がしだいに重視されなくなっているように思われる〕）。マルクスは、交換価値と抽象的労働を社会的過程の出来上がった最終的な結果として「一面的に」分析してから、使用価値を交換価値にまた私的労働を社会的労働に転化させるこの過程自体の叙述に移行する。

　マルクスは『資本論』第二版への後書き〈手稿では「前書き」と誤記〉のなかでみずから彼の叙述のこの特質について次のように指摘している。「もちろん、叙述の仕方は、形式上、研究の仕方とは区別されなければならない。研究は、素材を細部にわたってわがものとし、素材のいろいろな発展形態を分析し、これらの発展形態の内的な紐帯を探り出さなければならない。この仕事をすっかりすませてからはじめて、現実の運動をそれに応じて叙述することができるのである。これがうまくいって、素材の生命が観念的に反映することになれば、まるで先験的な構成がなされているかのように見えるかもしれないのである」(MEW, Bd. 23a, S. 27. 邦訳『マルクス＝エンゲルス全集』第二三巻a、二二ページ)。実際、できあがった結果の分析からはじめて社会的発展過程をもって終了するマルクスのこの叙述様式が、彼の研究様式を批判者たちの目から覆い隠して、理論構成の先験性というマルクスの価値論に対する何度となく繰り返された非難の元となった。この叙述様式はまた、多くのマルクスの擁護者たちが、価値の内容と抽象的労働について論じている『資本論』の最初の数ページに、彼の価値論の根拠づけを見いだそうとするきっかけにもなった。先に見たように、このような見方は誤っている。『資本論』の最初の数ページでは、研究の対象であるできあがった最終的な結果、すなわち、価値とその相関概念である抽象的労働が分析されているにすぎない。価値という現象の発展の現実的過程の研究は、「価値形態」と「商品の呪物性」に充てられた諸節になってはじめてなされている。価値の発展のこの過程は同時に貨幣の発展の過程でもある。

われわれはここに、マルクスの経済学体系における価値論と貨幣論のあいだの緊密な結びつきを見ることができる。この結びつきは、普通そう見なされているように、貨幣論が価値論の基礎上に構築されるということだけではなく、価値論の最終的な仕上げは貨幣論においてはじめてなされるということにもある。『資本論』の第一章における価値論の叙述は、『経済学批判』におけると同様、交換価値と抽象的労働(価値実体)の概念の分析、および交換価値(価値形態)の発展過程の解明という、二つの部分から成り立っている。第一の部分は、すでに見たように、すべての商品のしたがってまたすべての労働種類の全面的な相互の同等化――貨幣的交換に対応する過程――を前提としている。商品の全面的交換の能力としての交換価値の発展を描く第二の部分は、同時に貨幣形態の発展を示すものである。たしかに、「貨幣形態」はマルクスが考察する「価値形態」（簡単な形態、展開された形態、一般的形態、そして、貨幣形態）のうちの最後のもっとも発展した形態として現れるにすぎない。それゆえに、貨幣形態に先行する諸価値形態が存在し、したがって、交換価値〔「5 編訳者解説」の注32を参照〕は貨幣の出現に先行する社会発展の諸段階において存在しうる、と思われるかもしれない。右のすべての交換の局面に対して「価値形態」という呼び方をもちいたマルクスの用語法に依拠したこのような想定は、誤っていると思われる。一般的価値形態に先行する諸価値形態は貨幣の萌芽的な形態であるだけでなく、萌芽的でしかない価値形態でもある。発展した交換価値は「一般的価値形態」と共にのみ出現するのであって、それは本質的に貨幣の出現と合致するものである。

価値論と貨幣論のあいだの緊密な繋がりはマルクスの著作の組み立てそのもののうちに明瞭に示される。『経済学批判』において、「商品」と題された第一章は本質的に貨幣論の基礎もまた含んでいる。マルクスは、価値と抽象的労働の概念の分析の後に、使用価値を交換価値にそして具体的労働を抽象的労働に転化する現実の交換過程の叙述に取りかかるとすぐに、交換価値の必然的な相関概念としての貨幣の発展と、抽象的労働の発展を、われわれに同時に示す（原本の一九ページ〔MEGA², II/2, S. 120. 邦訳『資本論草稿集③』二三一ページ〕からはじまる）。だが「貨幣」と題する第二章には、貨幣の個々の機能の描写はあるがすでに貨幣の一般理論は含まれない。『資本論〔経済学批判?〕』の構成はおおよそこのようになっている。第一章の「商品」で価値形態に充てられた部分は本質的に貨幣の理論を含んでいるが、マルクスはこの理論を「交換過程」と題した第二章でより詳細かつ体系的に展開している。ここでもまた、貨幣の一般理論は価値の理論と緊密に結びつけて与えられているが、「貨幣」と題する第三章ではただ貨幣の個々の機能が扱われているだけである〔このパラグラフでのルービンの叙述では、若干ことなる『経済学批判』と『資本論』の章別構成が混同されている。当時彼が翻訳作業に従事していた前者が本草稿の執筆にあたっても念頭を離れなかったためか」。

価値論と貨幣論は全体として、生産過程における自分の労働活動によって相互に補完し合うが、しかし形式的には独立していて、交換過程においてはじめて相互に結びつく商品生産者たちのあいだの生産諸関係の、一個同一の基本的なタイプを性格づける。全生産過程の社会的統一と交換の媒介によって実現される社会的労働の配分とにわれわれの注意が向けられる限り、われわれは価値論を手にしている。社会的生産過程の統一を実現する必然的な形態としての販売・購買という個別的行為をともなう交換の過程にわれわれの注意が向けられる限り、われわれは貨幣論を手にしている。二つの理論がそろってはじめて、社会的生産過程の統一とその個々の私的経済単位間での分散という、商品経済の全体像がその構造の二重性とともにわれわれに与えられるのである。

〔Ⅱ〕 貨幣の必然性

マルクスは価値論では貨幣の媒介なしになされる交換を記述しているが、貨幣論では貨幣の発生、発展そして役割を示している、とふつうは考えられている。このような意見が誤っているとしなければならないことは、すでに見た。マルクスは、彼の研究のまさに始まりから、貨幣の媒介によってのみ可能となるすべての商品の全面的な交換を想定している。だがマルクスは、貨幣経済のこの複雑な現象の分析にあたって、いつものように、個々の諸側面を順序だって導出し説明するという方法を堅持している。これらの側面のおのおのを個別的な研究対象と受け取るのは誤りであろう。それらのおのおのは、現象全体のうち当該研究段階において研究される抽象的側面を特徴づけるのであり、それらが全体となってはじめて、研究される現象についての十全な表象を与えるのである。

貨幣経済の具体的現実のなかには、購買と販売つまり商品の貨幣との交換およびその逆、という事実が観察される。マルクスはこれらの具体的事実を観察して次のように言っているかのようである。まず最初は、おのおのの商品は貨幣の媒介を通さなければ他の諸商品と交換できないということを捨象しよう。すべての労働生産物が市場で相互に全面的に同等化される過程として、つまり、社会的生産におけるあらゆる種類の労働の同等化と配分がそれを通して完遂される過程として、交換の過程全体を観察しよう。言い換えれば、商品生産のもとで社会的労働の配分と同等化の全過程が価値としての労働生産物の同等化という形でおこなわれるのはどのようにしてかを、考察しよう。労働の同等化と商品の同等化のあいだの社会的依存性のメカニズムの研究もまたマルクスの価値論すなわちわれわれの研究の第一段階のテーマをなす。マルクスは、労働の同等化がどのように諸商品の全面的な同等化の形態を取るかを示してから、後者の過程の分析に移行している。そしてこの分析は、諸商品の全面的な同等化はすべての商品が一個同一の選び出された商品に同等化されるという形態でのみ可能であり、この商品が貨幣の性格を獲得する、ということを明らかに示す。これが、貨幣の由来と社会的機能の理論すなわち研究の第二段階である。この後にはじめて流通過程のすでにできあいの結果としての貨幣の個々の属性（一見あたかも流通過程から独立しており貨幣そのものに内属しているかのような属性）の考察に移ることができる。これは貨幣の個々の機能の理論すなわち研究の第三段階である。言い換えれば、これら三つの研究の段階は次のように特徴づけることができる。⑴価値または商品についての学説、⑵商品の貨幣への移行についての学説、⑶貨幣についての学説。第二の段階は第一の段階と密接な関連にある。このことによって、先に指摘した、マルクスは貨幣の理論を二つの箇所で叙述しているという事実が明らかになる。すなわち第一には、価値の理論との密接な関連において（『批判』では第一章で、『資本論』では価値形態にかんする節と第二章で）、また第二には、独立して（『批判』第二章、および、『資本論』第三章）。研究にとって特別の困難を呈するのは第二の橋渡しの段階である。というのは、この「媒介する運動は、運動そのものの結果では消えてしまって、なんの痕跡も残してはいない」（MEW, Bd. 23a, S. 107. 前掲邦訳、一二四ページ）からである。第三の研究段階は、誰にも明らかに目に入る貨幣の諸機能に関係する。いっそう抽象的で困難なのは第一の段階すなわち価値の理論であるが、にもかかわらず、いくらかでも抽象的思考の習慣があれば、労働の同等化と密接に関係している物象の同等化として、交換の全過程を思い浮かべることは容易である。だが、理解がもっとも困難なのは第二の段階である。この段階で描かれるのは、貨幣の機能が一定の自然的生産物と癒着しこの癒着が社会的性格ではなくあたかも自然的な性格を有しているかのように見える、という結果に導く社会的過程である〈最後の命題は欄外に鉛筆で二重に強調されている〉。

マルクスはみずから繰り返して、彼の研究の通過点をなすさまざまな抽象段階について指摘している。「商品所有者たちが一般的社会的労働としての彼らの労働に相互に関係しあうことは、彼らが交換価値としての彼らの商品に関係することにあらわされ、交換過程における交換価値としての諸商品相互の関係は、諸商品の交換価値の十全な表現としての特殊な一商品にたいする諸商品の全面的な関係としてあらわされ、このことはまた逆に、この特殊な商品の他のすべての商品に対する独特な関係として、それゆえまた一つの物象の一定の、いわばもって生まれた社会的性格として現われる」（ロシア語訳の五一ページ目のこの箇所は完全に正確ではない。強調は引用者〔イ・ルービン〕）（MEGA^2, II/2, S. 127. 邦訳『資本論草稿集③』二三八ページ）。[*2] ここには、抽象的労働から価値を通って貨幣にいたる研究の上向の道筋全体が、総合の順序で明瞭に描かれている。ときとして、マルクスはこれと同じ道筋を逆の分析の順序で記している。「どのようにしてx量の綿花をy量の貨幣であらわすことができるであろうか。この問題は次のような問題に帰着する。すなわち、私は一般にどのようにして一商品を他の商品で、または諸商品を等価物として、あらわすことができるであろうか、というのがそれである。これに解答を与えるのは、ただ、価値の発展、つまり一商品の他の商品での表示にはかかわりのない価値の説明だけである」（MEGA², II/3・4, S. 1345. 邦訳『資本論草稿集⑦』二三九ページ）。貨幣の具体的な現象から諸商品の同等化ないし価値の形態に、そして後者からさらに価値の内容ないし社会的労働へと、下向することが必要である。研究の第一段階は社会的労働（ないし価値の内容）から価値の形態へ、第二段階は価値の形態から貨幣へといたり、第三段階では貨幣はできあがった結果として観察される。ここからわかるように、ある段階の最終環は次の段階の最初の環であるのだから、研究の個々の段階は一歩一歩移行していくものである。価値の理論と貨幣の理論のあいだをつなぐ環としてあるのが価値の形態についての学説である。

　われわれはここで、研究の第二段階である貨幣の一般理論においてマルクスがどのような課題を探求しているのかを、より正確に規定することができる。彼は、交換自体の発展と並行的に貨幣の段階的な歴史的発展の図式を示しているだけではない。彼の根本的な任務は歴史的ではなく理論的な性格のものである。貨幣の起源と発展を追跡するだけでは不十分である。さらに、貨幣を発展した商品経済の必然的な帰結および随伴物とする合法則性をあばき出さなければならない。それらのあいだの内的な結びつきを示すことが必要である。商品経済の分析は、諸商品の全面的な交換が貨幣の媒介なしには不可能であることをわれわれに示すはずである。これが、マルクスが貨幣の一般理論において論究しているテーマである。

　貨幣の必然性という問題の設定は、商品交換の発展につれて貨幣が力強くいたる所に抑えがたく拡がっていくことをわれわれに示すものであり、マルクスの理論を他の凡百の理論から区別するその際立った特質をなす。古典学派の追随者たちの多くは貨幣の発生を、交換にとってのそれの利便性や、物々交換と比較して貨幣的交換がより容易であることから説明した。しかし、貨幣が自生的にあらゆるところに拡がっていくことをただ利便性だけから説明することができるであろうか。商品経済の客観的構造の分析に立脚するのではなく、具体的な社会的・歴史的環境の外部で摑まれた経済活動を行う人間の主観的動機の描写に立脚して構築された諸理論にとって、貨幣の解明は最大の困難を呈する。オーストリア学派は貨幣の理論において完全な無力をさらした。ある著述家の言によれば、主観価値〔ценность〕論の著名な代表者である〔E・〕フィリポヴィッチとC・メンガーは、貨幣の価値を金の客観的な自然的諸属性からみちびき出した[7]。主観的心理主義が客観的自然主義によって補完されている。他の著述家たちは、主観的価値〔ценность〕論が貨幣による諸商品の客観的な価格決定という事実と両立しないことを明確に意識している。「財貨の主観的価値〔ценность〕は、主観的・心理的事実なのであり」、貨幣によってそれらを「客観的・数量的に表現することとはそぐわない」。そのような貨幣的表現の発生は、「人智のおよばない問題[8]」(!)である。このように認めることは、現代の経済の基本的現象のひとつである貨幣の説明における心理学的方法の完全な破産と同じことである。この現象は、商品経済の社会的構造の分析から出発する社会学的〔социологический〕方法[三]に基づいてはじめて理解しうる。

〔Ⅲ〕　商品の使用価値と交換価値のあいだの矛盾の結果としての貨幣

周知のように、マルクスは貨幣の必然性を商品の使用価値と交換価値のあいだの矛盾からみちびき出した。マルクスの学説のこの部分は、「形而上学」であるとか抽象的諸概念を弁証法的にもてあそぶものという非難を呼び起こした。それは、実際の生活とは何の関係もない抽象的でスコラ的な思弁だというのである。

実際、一見したところ、マルクスが極度に「ヘーゲル的な言葉遣いに媚びている」理論のこの部分はそのような印象を呼び起こしかねない。ここで叙述の全体が基礎としているのは、マルクスによる抽象的諸概念の分析、それらの対置、諸矛盾の確定、そしてこれらの矛盾の弁証法的和解である。叙述のこうした性格がもっとも鮮明に現れるのは『経済学批判』においてである。しかしながら、マルクスの経済学体系におけるそれぞれの物象的範疇の下には一定のタイプの人間間の生産諸関係が潜んでいる、ということを想起するならば、『資本論』と『経済学批判』で述べられている貨幣にかんする一般的学説についてのわれわれの評価はことなってくる。われわれは、抽象的で形而上学的な外皮の下に深い社会学的〔социологический〕核を見いだすのである。マルクスの貨幣にかんする一般的学説は、マルクスが彼の価値の理論においてはじめた商品経済の生産諸関係の分析の延長であることが判明する。

分業〈余白への書き込み〉。商品経済の基本的矛盾は次の点にある。すなわち、一面では、それは個々の形式上は相互に独立した私的経済単位からなっているのに、他面では、それらは物象的に相互に結びついており相互にたがいに補完しあっている、という点に。分業と交換のおかげで、「生産者たちの私的諸労働は実際に一つの二重な社会的性格を受け取る。それは、一面では、一定の有用労働として一定の社会的欲望を満たさなければならず、そのようにして自分を総労働の諸環として、社会的分業の自然発生的体制の諸環として、実証しなければならない。他面では、特殊な有用な私的労働のそれぞれが別の種類の有用な私的労働のそれぞれと交換可能であり、したがってこれと同等と認められるかぎり、私的諸労働はそれら自身の生産者たちのさまざまな欲望を満足させるのみである[9]」（MEW, Bd. 23a, S. 87. 邦訳『マルクス＝エンゲルス全集』第二三巻a、九九ページ）。商品経済における社会的分業の体系そのものは、技術的側面と社会的側面という二面から考察することができる。一面では、この体系は相互に補完し合う雑多な種類の具体的諸労働の総体であり、これらの労働は「いろいろな有用労働の質的な相違」（*Ebenda*, S. 57. 同邦訳、五七ページ）を表現する。他面では、この体系は相互に同等化され釣り合いの関係にあるさまざまな種類の労働の総体、ないしは、——労働の同等化のこの過程の結果であるが——さまざまな生産部門のあいだに配分された一様な社会的労働の総体[10]、をなしている。それゆえ、右に示したように、それぞれの個々の商品生産者の私的労働は、物的・技術的〔материально-технический〕および形態的・社会的〔四〕という二重の意味での社会的性格を獲得しなければならない。一面では、この労働は一定の社会的欲望を満たさなければならず、他面では、他のいずれの労働種類とも同意義のものでなければならない。

　個々人の労働が直接的に社会的な性格を獲得しうるのは次のような条件の下においてのみであろう。その条件とは、その労働が社会的な規模において社会的な機関に組織されており、この機関が、個々の個人の労働の一定の技術的内容を事前に把握していて、この労働を社会の一般的計画のなかに含めることにより、すなわち、この個人と他の社会構成員たちのあいだに生産諸関係を設定しておくことにより、この労働の社会的性格を承認する、というものである。このことにより、社会の個々の成員の労働に対して、その物的有用性の保証が与えられると同時に、任意の他の種類の労働とそれが社会的に同意義であることの保証も与えられるであろう。だがこの場合われわれの前にあるのは社会主義経済であって商品経済ではなく、直接的に社会的な労働であって私的な労働ではない。商品経済を特徴づけるのは生産の無政府性、労働の直接的に社会的な組織の欠如である。生産過程にある個々の商品生産者の私的労働は、二つの意味での社会的性格をまだ有していない。すなわちそれは、物的有用性の保証もなく（なぜならその産物はそもそも不必要なものであったかもしれず、または、過剰な量で生産されているかもしれないからである）、社会的に同意義のものであることが承認されてもいない（なぜなら、過剰に生産されたかあるいはその生産者が陳腐化した生産手段をもちいたために、その労働生産物は市場ではより少ない量の他の労働の生産物と同等化されるかもしれないからである）。生産過程が完了した後においてさえ、ある社会的機関が個々の商品生産者たちの支出した労働を事後的に（post festum）チェックしたり承認したりすることはない。このようなチェックや承認、いわば「事後的なコントロール」は、意識的に活動する社会的機関によってではなく、無意識に働く市場メカニズムによって実行される。すなわち、個々の商品生産者たちの作用のぶつかり合いによって実行されるのである。彼らのおのおのが意識的に追求するのは自分の労働生産物をもっとも有利に交換するという目的のみであり、その相互作用の無意識的な客観的な社会的結果が、個々の商品生産者たちのなした労働支出のいわばチェックと承認である。「いわば」というのは、多数の人々の相互作用の非均質的で無意識的な結果については、条件的で派生的な意味でしか「チェック」や「承認」ということが言えないからである。ここでは次のような諸過程が進行するというほうがより正確であろう。すなわち、一定の労働生産物が使用者を見いだし、また同時に、他の生産者たちの同一量の労働の生産物をそれと引き替えに受け取る可能性をその生産者に与える――この場合、さらにのちの再生産過程にまで当該労働が保持・継続される傾向が交換の客観的な結果となる。言い換えれば、当該労働支出は、物的・技術的〔материально-технический〕な側面からも社会的な側面からも、社会的分業の体系に含まれていることが示される。つまり、具体的労働の有用な支出として、また、社会的総労働のうちの他の諸労働と同意義の（同等化される）一定部分として示されるのである。あるいは、過剰に生産したり陳腐化した労働用具をもちいたりした場合には、交換は当該生産者にとって割に合わないものとなる――そして、当該労働支出が排除されて社会的生産の機構に完全に包摂されうる他の労働支出に取って代わられる傾向が、その客観的な結果である。市場交換の客観的な結果は、このように、さまざまな種類と様式の労働の社会的な選別、つまり、それらの社会的生産機構への組み込みとそこからの排除であり、これは個々の商品生産者の労働のチェックと承認に類するものである。彼らの労働はこのようにしてはじめて私的労働から社会的労働に生成する。

交換と物象の二重性？〈空欄への書き込み〉しかしながらさまざまな労働種類のこのような選別は商品社会においては直接的にではなく、労働生産物が市場からはねつけられたり受け入れられたりして選別されるという、間接的な仕方でおこなわれる。ある労働支出の社会的生産機構への包摂は、その生産物が市場で販路を見いだす大量の商品全体のなかに包摂されることの結果としてまたこの包摂を介して、完遂される。ある労働生産物は市場において「価格評価」を受ける、すなわち、この生産物を市場に存在する任意の他の商品と何らかの割合において同等化する交換価値を受け取る。さまざまな種類の労働の生産物のこの等置によってこれらの労働も等置され、個々の生産部門のあいだの可動的な釣り合いの確立への傾向が生み出される。個々の生産部門のあいだに配分されたさまざまな種類の労働を等置する社会的過程は、労働生産物の特別な社会的属性の形態すなわちその「交換価値」の形態を取る。労働の社会的属性が物象の属性という形態を取り、「物象化」あるいは「呪物化」されるのである。生産物の交換は「私的諸労働の社会的に有用な性格を、労働生産物が有用でなければならないしかも他人のために有用でなければならないという形態で」反映し、「異種の諸労働の同等性という社会的性格は、これらの物質的に違った諸物の、諸労働生産物の〈空欄への書き込み：「労働から物象へ」〉、価値であるという共通の属性の形態のうちに反映する」（MEW, Bd. 23a, S. 88. 前掲邦訳、九九ページ）。労働生産物は商品または価値となる。具体的な消費対象または生産手段としてのその直接的な物的・技術的〔материально-технический〕存在に加えて、労働生産物は特別な社会的「機能」ないし「形態」を獲得して、人間間の生産諸関係の「担い手」となる。

それゆえに、生産物の交換過程それ自体もまた二重の性格を獲得する。すなわち、それは一面では、生産者から消費者への（一連の媒介者を通じた）物質的な物象の運動であるが、他面では、人々の生産諸関係の担い手としての同一の物象の運動、すなわち、交換に加わる商品生産者たちのあいだでの生産諸関係の確立過程でもある。「諸商品の交換は、社会的物質代謝、すなわち私的な諸個人の特殊な生産物の交換が、同時に諸個人がこの物質代謝のなかで結ぶ一定の社会的生産諸関係の創出でもある過程である」[11]。交換の第一の側面は物的・技術的〔материально-технический〕側面と呼び、第二の側面は形態的・社会的側面と呼ぶことにしよう。社会的というのは、相互に独立した商品生産者たちが自分の労働の生産物の交換を通じて相互間の社会的つながりに入るからであり、形態的というのは、商品生産者間のこのつながりの一定のタイプないし性格が彼らの労働生産物に特別の社会的形態を付与するからである。〈ここから空欄に鉛筆での強調が入る〉周知のように、商品生産の基本的な特質は、個々の私的商品生産者がもっぱら特定の物質的な物象の所有者としてのみ相互に生産関係に入り、その結果、反対に、物象を所有していることがその所有者に対して他の人々との生産関係に入る可能性を与える、という点にある。社会的諸関係は「物象化」され、物象が社会的諸特徴を獲得する。このためにまた、生産過程の物的な側面と社会的な側面とのあいだに緊密なつながりが作り出される。労働生産物がある商品所有者から他の商品所有者に移転されるのは、ただ両者のあいだで締結される特別な契約つまり交換という生産関係にもとづいてのみのことであり、またこの後者の関係についても、それが両者のあいだに確立されるのは、一方から他方への物質的な物象の移転を契機・目的としてのみのことでしかない。労働生産物の物的な動きが人々の生産諸関係の確立過程とこのように合生することは、個別の商品の二重の本性として表現される。商品は、生産関係（交換〈インクで強調され空欄に疑問符が付されている〉価値）の物質的な物象（使用価値）との合生をあらわすのである。使用価値としては、それぞれの商品は物的対象物の社会的交換すなわち物質的な物象の運動の諸要素のうちのひとつである。交換価値としては、それはその生産者に対して、他の生産者たちとの生産関係に入る可能性を与える。商品のこの二重の性質からマルクスはまた貨幣の必然性も導き出した。だがわれわれのすでに知るように、この商品の二重の性質は、人々の生産諸関係が物象の移転を通じて確立される交換それ自体の二重の性質の表現以上のものではない。商品経済に固有の人々の生産諸関係のタイプそのものが貨幣の必然性を呼び起こすのである。〈鉛筆による空欄での強調はここまで〉商品生産者間の生産諸関係は、一面では、社会の全成員を結びつけるものでありしたがって全面的な性格を特質とするが、他面では、彼らのもとに一定の具体的な有用物が現存することを前提条件とし、この現存により限定されているのであり、この生産諸関係はただ貨幣を介してのみ打ち立てられうる。われわれは今やこの命題を論証しなければならない。

使用価値の運動〈空欄への書き込み〉。社会の一方の成員から他方の成員へと物質的な物象が動いていく過程、また同時にこれらの成員間での生産諸関係の確立の過程という、交換の二重の性格は、交換における商品生産者の立場にも、つまり、他の商品生産者・交換参加者に対する彼の関係にも、二重の性格をもたらす。一面では彼は、社会的な質料転換における一定の経路を通過しなければならない諸物象の所有者であるが、他面では、諸物象の所有者であり、まさにこのようなものとして、社会的生産諸関係の一定のシステムの完全な権利を持った参加者である。彼の立場をこの二つの側面から考察してみよう。

労働生産物は、有用な属性をそなえた物質的な物象すなわち使用価値であるかぎりでは、商品生産者自身にとっては必要ではない。「彼の商品は、彼にとっては直接的使用価値をもっていない。もしそれをもっているなら、彼はその商品を市場にもってゆかないであろう。彼の商品は、他人にとって使用価値をもっている」(MEW, Bd. 23a, S. 100. 前掲邦訳、一一四ページ)。商品はそれゆえ、生産者の経済単位から使用者の経済単位に、すなわち、具体的な有用物としてつまり使用対象としてかまたは生産手段としてのその商品に対する欲求の存在する経済単位に、動いていかなければならない。商品は、それに対する支払い能力のある需要を表明する商品生産者、言い換えれば、その商品を手に入れると同時に対応する(価値の等しい)等価物を与えることのできる、すなわち、彼らが生産した商品の等しい価値をもってその価値を補てんすることのできる、商品生産者たちの経済単位に動いていく。需要は、一見したところ自身の主観的な必要ないし欲望によって支配される個々の商品生産者たちによって表明されるとはいえ、それは恣意的なものではない。需要の全体的な大きさと方向は、絶えざる乖離と攪乱のなかにあっても、社会的再生産過程の合法則性から出てくる一定の法則性をあらわす。各経済単位は、なによりもまず、再生産過程を可能にするためにすなわち自身の生産活動をさらに継続していくために必要とされる、消費対象と生産手段に対する需要を表明する。個々の経済単位が需要を表明する生産手段の性格は、生産過程の性格によって直接に規定される。それはまた——分配過程を通してより間接的にではあるが——、個々の商品生産者たちによって需要が表明される消費の諸対象の数量と性格をも規定する〈最後の命題には空欄に鉛筆で強調線が付されている〉。

このように、労働生産物のある経済単位から他の経済単位への前進運動の合法則性は、結局のところ、分配過程をも含む広い意味での生産の社会的過程の合法則性によって規定されているのである。だが、商品社会においては生産は個々の私的商品生産者によって組織されており、ある時点において自身の生産と個人的消費を拡大しうるかあるいはそれらを縮小すべきかを、市況を考慮に入れながらであるとはいえ各人が自律的に決定するのであるから、社会的物質代謝の合法則性は個々の商品生産者たちの必要と需要を通して発現するほかはない。「使用価値として生成するためには、商品は自分が充足の対象であるような特殊の欲望に出会わなければならない。だから諸商品の使用価値は、商品が全面的に位置を転換し、それが交換価値である人の手から、それを使用価値とする人の手に移ることによって、使用価値として生成するのである」（MEGA^2, II/2, S. 120. 邦訳『資本論草稿集③』二三一—二ページ〔強調は原文〕）。使用価値としての商品のこの前進運動の方向を決定するのは生産者ではなく使用者である。「一商品は、それがその人にとって使用価値、すなわち特殊の欲望の対象であるような人にだけ使用価値として譲渡されうる」（*Ebenda*, S. 121. 前掲邦訳、二三三ページ）。

このように、ある商品生産者が物質的な物象の所有者であるかぎり、この物象は社会的質料代謝において、その生産者の意志には依存しない完全に規定された行程を進まなければならない。社会的なレベルにおいてはこの行程は全体としては社会的質料代謝の合法則性によって規定されているが、ほかならぬ〈鉛筆による挿入〉その商品生産者にとってはこの行程は使用者の意志つまり彼の需要に依存しているように見える。生産者の経済単位から使用者たちの経済単位への商品の前進運動は、前者にとっては彼の意志には依存しない外部から事前に定められた過程である。この過程においては彼は受動的な役割を演じることをよぎなくされる。だが、ひとつの経済単位から他の経済単位への商品の前進運動は、双方のあいだでの交換という生産関係の確立による以外には不可能であるのだから、この生産関係においてはわれわれの商品生産者は受動的な側として、物質的な物象のほとんど意志を欠き言葉ももたない保管者として登場する〈空欄に鉛筆による強調と「だが価格は？」という書き込み〉。

交換価値〈空欄への書き込み〉。しかしながら、市場における商品生産者の役割は以上に限定されるものではない。彼は、われわれの知るように、物質的な物象の保管者であるだけではなく、まさに彼のもとにこの物象が現存していることによって、社会的生産諸関係の完全な権利を有する主体でもある。彼は自分の商品と引き替えに等しい価値を有する他の諸商品を受け取らなければならない。彼は使用者の側からの需要を待ち受ける生産者であるだけでなく、同時に、自分が必要とする諸商品に対する需要を表明する使用者でもある。これらの商品の範囲と数量は彼の経済単位の必要とさらに彼の個人的欲望の性格によって規定されるが、彼の個人的欲望はまた彼の所得の大きさに依存する、つまり究極的にはふたたび、社会的生産と分配のシステムにおいて彼が占める位置に依存する。だがわれわれの商品生産者は自分の私的経済単位の自律的な統括者として、自分自身の生産物と引き替えにまさにどのような生産物が彼に必要であるのかを自分で正確に決定する〈この命題は空欄に鉛筆で強調されている〉。彼は、自分の商品を市場に投入することによって、その価値額だけ、市場に存在する、すなわちその社会において生産された、任意の他の諸商品を要求することができる。まさにこの交換の全面的性格こそが、すべての労働種類が全面的に同等化され、ある生産部門から別の生産部門へ労働がたえまなく流出入する、商品経済を性格づけるものでもある。商品生産者は自分の商品を他の任意の商品と交換することができる。このことは、彼が任意の他の商品生産者と生産関係に入ることができる、ということを意味する。またこの条件のもとにおいてのみ、彼の生産物は商品になった、交換価値を持つ、と言うことができる。ある種類の労働の生産物が特定の個人のあいだでだけあるいは特定の他の生産物とだけ交換されるかぎり、商品と交換価値はまだ萌芽的な形態にあるのである。

このように、労働生産物の客観的な社会的属性ないしその社会的機能としての「交換価値」は、ある生産物が一定の割合であれば任意の他の生産物に交換される可能性、他のすべての労働生産物とのこの生産物の同等化を、その内実とする。「価値としては、生産物は社会的労働の具体化でなければならないし、またそのようなものとして、ある使用価値から他のどんな使用価値へも直接に転化することが可能でなくてはならない」（MEGA^2, II/3･4, S. 1322. 邦訳『資本論草稿集⑦』二〇〇ページ）。マルクスはまさにこの「直接に転化する」可能性を交換価値を性格づける特質と見なしている。ある商品は、他のすべての商品と同等化されてそのうちのいずれとも交換されうるのであり、〈ここから空欄に鉛筆で強調〉このように表現しうるとすれば、市場の任意の方向に進んでいく能力を有する。「一商品が交換価値であることを実際に示すのは、むしろそれが、他の商品の所有者にとって使用価値であるかどうかにかかわりなく、等価物として他のどんな商品の一定量とでも任意に置き換わることによってである」（MEGA^2, II/2, S. 121. 邦訳『資本論草稿集③』二三三ページ）〈鉛筆による空欄への強調書き込み終わり〉。いうまでもなく、実際には商品ではなく商品所有者が市場の任意の方向に進んでいく能力を持っているのであるが。交換価値を有する商品が手元にあれば、彼は任意の他の商品生産者と、後者が彼の〈鉛筆による訂正。最初は「この」となっていた。このくだりは空欄に鉛筆で強調されている〉商品を必要とするかいなかにかかわりなく、交換という生産関係に入る可能性を得る。もちろん、形式的にはこの交換行為は後者の商品生産者の合意と意志に反しては実行できないが、しかし実際上は発達した商品経済ではこのような合意はほとんどいつもなされるし保障されている。すでに見たように、生産者たちは引き替えに等しい価値を与えるいかなる人にでも自己の労働の生産物を引き渡すことに同意する。労働生産物の「交換価値」とは、この労働生産物を手にしていれば商品生産者は任意の他の商品生産者と交換という生産関係に入る可能性を得る、ということである。労働生産物は人間間の「生産諸関係」の仲介者または「担い手」という特別な社会的機能を獲得し、「交換価値の能動的な担い手」（*Ebenda*, S. 120. 前掲邦訳、二三一ページ）となる。商品生産者の方は他の社会諸成員との生産諸関係を能動的にうち立てる者となる。

商品所有者の二重の立場〈空欄への書き込み〉。右に見たように、物象の媒介をつうじて人々を結びつけるという商品社会において支配的な一種独特の生産諸関係は、市場交換過程における商品生産者の立場を二重のものにする。すなわち、労働生産物が使用価値であってその前進運動がその商品生産者にとっては外部からあらかじめ定められたものであるかぎりでは、彼は生産関係の受動的な参加者という役割を演じるが、しかし彼の労働生産物が交換価値であるかぎりでは、商品生産者は生産関係の能動的な参加者という役割を演じる。マルクスは、商品所有者のあいだの生産諸関係のこの二重の受動的かつ能動的な性格を、使用価値にして交換価値という商品の二重の性質にかんする彼の周知の〈鉛筆による訂正。最初は「著名な」となっていた〉学説においても定式化している。「同じ関係は、本質的に等しく、ただ量的にだけ違う大きさとしての諸商品の関係でなければならず、一般的労働時間の物質化したものとしての諸商品の同等化でなければならず、それと同時にまた、質的に違う物としての、特殊な欲望にたいする使用価値としての諸商品の関係、つまり諸商品を現実の諸使用価値として区別する関係でなければならない。しかしこの同等性と不等性とは互いに排除しあう」（*Ebenda*, S. 122. 前掲邦訳、二三三—四ページ）。交換価値としての諸商品のこの「同等性」は、生産者が自分の労働の生産物を任意の他の生産物に同等化する可能性、すなわち、交換という生産関係の能動的な参加者として登場する可能性を意味する。使用価値としての諸商品の「不等性」は、その労働生産物を他の誰かの支払い能力のある需要と関係づける必要性、その商品生産者は他の商品生産者たちが彼らの労働生産物をその生産物と同等化するまで待たなければならないこと、つまり、交換という生産関係の受動的な参加者として登場する必要性を、意味する。商品の二重性についての学説の「形而上学的な」外皮の下に、われわれは商品生産者たちのあいだの生産諸関係の社会学的〔социологический〕分析を見いだすのである。

右に確認したように、それぞれの商品生産者は自分以外の商品生産者との関係において、交換という生産関係の積極的な確立者およびその受動的な受け手という二重の役割で登場しなければならない。受動的および能動的というこれら両方の役割を交換参加者が同時に遂行するのは、物々交換の場合にのみ可能である。物々交換は、ある交換参加者の他の交換参加者の労働生産物に対する需要と、後者の表明する前者の労働生産物に対する需要によって、同時に規定される。しかし、受動的役割と能動的役割が一人の人間のなかでこのように同時的に結びつくと、実際には彼の能動性は破壊される、つまり、彼は自分の意向にしたがって自分の労働生産物を他の任意の労働生産物と交換する可能性を失う。ここには労働生産物の全面的な交換と同等化はない、またそれゆえ、発達した交換価値はいまだ存在しないのである。交換はまだ偶然的で制限された性格を帯びており、所与の諸個人の個人的な欲望によって規定される。全面的な交換は、それぞれの労働生産物が他の任意の生産物に対して交換されることを前提する。したがって、ある商品生産者の交換という生産関係の確立者としての能動的な役割は、受動的な受け手という彼の同時的な役割によって遂行不能にされてはならないのである。このことは、それぞれの商品生産者が時間の流れのなかで、交互に一方または他方というように、順次にこれら二つの役割で登場しなければならない、ということを意味する。

このように、どの交換過程においても、ある商品所有者はある時点では能動的な役割かあるいは受動的な役割を演じる。第二の交換参加者がかならず第一の参加者の役割と逆の役割を演じなければならないことは容易に理解できる。ある商品生産者Aがその他の商品生産者のうちの任意の者と自分の意向にしたがって生産関係を能動的に確立するならば、それは、後者はこの時点では交換契約の相手方を自分の意向にしたがって選ぶ可能性を失っている、ということを意味する。両方の交換参加者のあいだへの能動的役割と受動的役割の対極的配分は、彼らの労働生産物のあいだへの交換価値と使用価値という同時的役割の対極的配分となって現れる〈空欄に疑問符〉。労働生産物Aがある時点でそれ以外の商品のうちの任意のものと交換されうるとすれば、そのとき後者がこのような能力を失っていることは明白である。商品Aが市場のどの方向にでも自由に動いていくことができるとすれば、すなわち、全面的な同等化の能力を持つ交換価値の役割を演じるとすれば、他の諸商品はこのことによって同時にその前進運動に制約を加えられ、使用価値という受動的な役割を演じることになる。ある交換行為の双方の参加者が同時に能動的な役割において登場することはできないことを、マルクスは『資本論』のなかで次のように強調している。「どの商品所有者も、自分の欲望を満足させる使用価値をもつ別の商品とひきかえにでなければ自分の商品を手放そうとはしない。そのかぎりでは、交換は彼にとってただ個人的な過程でしかない。他方では、彼は自分の商品を価値として実現しようとする。すなわち、自分の気にいった同じ価値の他の商品でありさえすれば、その商品の所有者にとって彼自身の商品が使用価値をもっているかどうかにかかわりなく、どれでも実現しようとする。そのかぎりでは、交換は彼にとって一般的な社会的過程である。だが、同じ過程が、すべての商品所有者にとって同時にただ個人的でありながらまた同時に一般的社会的であるということはありえない。〔原文ではここで改行〕もっと詳しく見れば、どの商品所有者にとっても、他人の商品はどれでも自分の商品の特殊的等価物とみなされ、したがって自分の商品はすべての他の商品の一般的等価物とみなされる。だが、すべての商品所有者が同じことをするのだから、どの商品も一般的等価物ではなく、したがってまた諸商品は互いに価値として等置され価値量として比較されるための一般的な相対的価値形態をもっていない」（MEW, Bd. 23a, S. 101. 邦訳『マルクス＝エンゲルス全集』第二十三巻 a、一一五―六ページ。強調は引用者による）。すべての商品所有者が交換という生産関係の確立者としての能動的な役割において同時に登場しようとすると、彼らの能動性は相互に阻害しあうことになる。交換される労働生産物の双方が、他の任意の労働生産物と交換される能力を有する交換価値としての役割（すなわち、他のすべての商品の一般的等価物の役割）において登場しようとすると、それらのうちのいずれもがこの役割を演じることができない、ということになる。もしも、交換される商品のうちのひとつが任意の他の商品との直接的な交換可能性という能力を持つとすれば、その交換行為に参加する二番目の商品はこの能力を持たない。すなわちこの商品は、直接的にではなく第一の商品と自分が交換されることをとおして、他の任意の商品と交換可能になるのである。「一般的直接的交換可能性の形態を見ても、それが一つの対立的な商品形態であって、ちょうど一磁極の陽性が他の磁極の陰性と不可分であるように非直接的交換可能性の形態と不可分であるということは、けっしてわからないのである。それだからこそ、すべての商品に同時に直接的交換可能性の極印を押すことができるかのように妄想することもできるのであって、それは、ちょうど、すべてのカトリック教徒を教皇にすることができると妄想することもできるようなものである」（*Ebenda*, S. 82. 前掲邦訳、九二ページ。脚注24）〈この引用文は空欄に鉛筆で強調されている〉。

われわれは次のような結論にいたる。一面では、どの商品生産者も交換過程において、生産関係の確立者という能動的な役割と他の商品生産者たちが確立した生産関係の受容者という受動的な役割を交互に演じなければならない。他面では、双方の交換参加者が同時に能動的役割において登場することはできない。一方の能動的役割はそれ自体が他方の同時的な受動的役割を意味するからである。[12] 交換行為における二人の商品生産者のあいだの生産上のつながりは、彼らのあいだに一定の対等な関係を生み出すだけでなく、若干の従属的要素、すなわち、能動的役割と受動的役割との不均一な配分も含んでいる。しかし、われわれの知るように、商品社会には独立した生産者たちのあいだにあらかじめ意識的に一定の関係をつくり出す機関は存在しない。交換において、商品生産者たちは経済の完全に同権的な主体として相互に向かいあう。交換行為におけるこれらの主体の社会的立場は、もっぱら彼らの所有する物象の性格にのみ依存する。つまり彼らのあいだの生産関係は「物象的」性格を帯びるのである。したがって、交換行為におけるある商品所有者の能動的役割を直接的に制約しているのもまた、生産過程における彼の社会的機能ではなく、彼が一定の物象を所有しているという事実すなわち物象の社会的機能である〈最後の命題とそれに続く命題の一部（〔四行あとの〕「生じる」の箇所まで）は「不十分」という書き込みとともに欄外に鉛筆で強調がほどこされている〉。それぞれの交換行為において一方の商品所有者がある生産関係の主導者であり確立者であるという能動的な役割を演じなければならないとなると、また、このような役割はもっぱら特定の物象または商品の所有者としてだけ遂行することができるのだとすれば、ここから、次のような結論が不可避的に生じる。すなわち、一定の商品を持っていることによって、その所有者は他の任意の商品所有者と交換という生産関係に入りこむ可能性を与えられる、言い換えれば、その商品を彼の選択する他の任意の商品と交換する可能性を与えられる。商品所有者間に交換という生産関係を能動的にうち立てる社会的機能を遂行する商品、すなわち、他の任意の商品との直接的な普遍的な交換可能性という能力を保有する商品、これが貨幣である。

マルクスは『資本論』で貨幣を「一般的等価」あるいは「一般的等価形態」にある商品と規定している（MEW, Bd. 23a, S. 84. 前掲邦訳、九五ページ、その他の箇所）。マルクスがどこにおいても一般的等価のそもそもの特徴的特質と見なすのはその「直接的交換可能性」という能力である（*Ebenda*, S. 70, 72, 76, 81, 82, 84. 同邦訳、七五、七八、八四、九〇、九二、九五ページ）。一般的等価というのは、「直接的・一般的な交換可能性の形態」（*Ebenda*, S. 84.

同邦訳、九五ページ）にある商品、すなわち任意の他の商品に直接的に交換されうる商品のことである。交換という生産関係の能動的な確立者としての役割を演じ、「交換価値の積極的な担い手」、「経済的関係の担い手」（MEGA^2, II/2, S. 120. 邦訳『資本論草稿集③』二三一ページ）である、というこの能力のうちに、貨幣の根本的な性格、その社会的機能あるいは社会的形態も存する。表現はことなるとはいえ本質的にはこれと同じ貨幣の規定をマルクスは『経済学批判』の中で次のように与えている。「すべての商品の交換価値の十全な定在をあらわす特殊な商品、または特殊な排他的な一商品としての諸商品の交換価値――これが貨幣である。それは、諸商品が交換過程そのものにおいて形成する、諸商品の交換価値の結晶である」（*Ebenda*, S. 127-8. 同邦訳、一三八―九ページ〔強調は原文〕）。（先に詳細に述べたように、マルクスは、他の任意の商品と交換され一定の割合でこれと置き換わる能力こそが交換価値としての商品の特徴的な特質であることを、とりわけ『経済学批判』において、たえず強調している。）「交換価値の結晶体」としての貨幣は、全面的な同等化ないし直接的な普遍的交換可能性というこの能力が、一定の具体的な商品（金）に固着することを意味する。マルクスが『批判』で与えている貨幣の規定は、『資本論』での規定と完全に符合している。

強制の手段としての貨幣〈空欄への書き込み〉。以上に述べたことの要約として、貨幣の発展とその遍在は、生産の物的過程の社会的統一性を私的経済単位の形式的な独立性と融合させる商品社会の構造そのものの必然的な結果である、ということができる。労働生産物は個々の私的商品生産者の意向にしたがって生産と消費の過程のなかを進んで行くが、しかしそれと同時に、どの商品生産者も自分の取引相手の意思によって結びつけられている。二人の商品生産者が労働生産物を直接的に交換する行為は、「自由な」契約あるいは取引当事者双方の意思の一致の原則にのっとってはじめて成り立ちうる。交換の行為において、その参加者各人は他の参加者が彼にその労働生産物を差し出すことを要求する。このような条件のもとで交換行為は、不可避的に個別的で偶然的な性格をおびる。交換という社会的な、合法則的恒常性を特質とする過程は、生産物の前進運動が商品生産者のうちの任意の者〈鉛筆による訂正、最初は「ひとり」となっていた〉の主導性によって生じうるという条件のもとでのみ可能である。そしてこのことは、交換過程において歴史的に、その商品を所有している者に交換という生産関係の主導者あるいは能動的な確立者として振る舞う可能性を与える商品、すなわち貨幣が分出してくる、という場合に生じる。〈鉛筆による空欄の強調線のはじまりおよび「不十分」という書き込み〉形式上は同権的であり、合意の原則にもとづいてしか諸行為の相互的な協調を受け入れない私的経済単位からなるシステムに、貨幣は、商品生産者各人が交互に遂行する能動的役割と受動的役割の第一次的な差異化を持ち込み、従属（強制）と服従の萌芽的諸形態を持ち込む。貨幣は「社会的な力」であり、「その所有者の社会的な富の大きさを」、彼の社会的権力を「表す」（MEW, Bd. 23a, S. 146, 7. 邦訳『マルクス＝エンゲルス全集』第二十三巻a、一七二、一七四ページ）。形式的には参加者双方の絶対的同権を想定する「自由な」交換協定は、実際にはそのうちの一者すなわち貨幣の所有者の主導権にしたがって結ばれる。契約当事者双方の意志の一致にもとづく交換の過程の動きの取りにくさと制約性はこのことによって克服される。「契約をその形態とするこの法的関係」が商品社会の基礎であるとはいえ、「この法的関係、または意志関係の内容は、経済的関係そのものによって与えられている」（*Ebenda*, S. 99. 邦訳、一一三ページ）〈鉛筆による空欄の強調線の終わり〉。貨幣の発展によって完遂される交換という経済的関係は、個々の人格の個人的意志の合致に基礎を置く法的諸関係の体系に合法則性と恒常性をもたらす。

ルィカチェフの所説〈空欄への書き込み〉。ア・［エム・］ルィカチェフの著作『貨幣と貨幣の権力』には、現代の交換が、「この過程の参加者各人が前もってしかも他のすべての参加者の期待や欲望にはかかわりなく期待する正常な過程」[13]として、「二つまたはそれ以上の意志の一致を予期したり達成したりする必然性」[14]を前提とするような自由な協定を基礎とするようなことはありえない、ということが完全に明らかに示されている。「協定はサービスの交換のきわめて基本的な形態である。基本的であるがゆえに、この形態それ自体ではいくらかでも発達した人間社会の諸要求を充足することはできず必然的に——直接的な強制とか貨幣による評価といった——他の諸形態によって補完される」[15]。「貨幣は経済財の自由な選択を保障する手段であり」[16]、交換参加者を他の商品所有者たちの意志への依存から解放する。だがア・ルィカチェフは、もっとも本質的で重要な次のことを忘れている。すなわち、交換行為の一方の参加者にとっての経済財の選択の自由の可能性は、この同じ行為の他方の参加者にとってのこのような自由の同時的な欠如つまり強制を意味するのだ、ということを。交換における一方の参加者の〈鉛筆による挿入〉能動的な役割は他方の側に受動的な役割を想定している。現代の交換が、「この過程の参加者各人が前もってしかも他のすべての参加者の期待や欲望にはかかわりなく期待する正常な過程」であるとすれば、このことが可能であるのはただ、「他のすべての」商品生産者たちの「期待や欲望」が生産と交換の客観的な社会的過程によって合法則的に規定されている、という条件のもとにおいてのみである。個々の商品生産者の「動機」の明白な自由は、すべての商品生産者たちの総体としての行動の客観的な「制限」（限定、相互連関性）を必然的に前提とする。後者なしに前者があるとすれば、社会は個々人の個々ばらばらで交差しあう諸行動の混沌に転化してしまい、社会的生産過程は不可能になることであろう。商品経済における貨幣の基本的な社会的機能は、自由な動機づけの道具としてのその役割にある以上に、商品生産者たちの動機の「制約」あるいはそれに対する抑圧の道具としての役割にある。社会主義社会において個々の成員に交付されることになる、社会的ストックのなかから任意の生産物を一定の数量取得する権利を与えるチケットは、今日の貨幣におとらず「経済財の選択の自由を保障する手段」という役割を果たすであろう。だがこのチケットは生産者たちの動機や行動を直接的に規定することはないであろう、したがってまた、言葉の現在の意味における「貨幣」ではないであろう。ア・ルィカチェフは、従属の道具としての貨幣の役割を見損なったために、「購買・販売は二面的な取引であることをやめて、自分の利益を自律的に追求する購買者と販売者の一連の一面的な行為に転化する」[17]、という結論にいたっている。ア・ルィカチェフの描き出す商品社会は普遍的で無制限な自由という幻想の王国に転化する。各人は自分にとって好都合なことを一面的に行うが、それでも交換は「正常な過程」という性格を保持する、というわけである。だが実際には、貨幣的交換においても人々の生産諸関係のシステムは一面的な行為にではなく二面的な取引にもとづいている。しかも、この二面的な取引の特質は、能動的な役割と受動的な役割が取引のことなる参加者の人格として差別化される、ということにある。

ア・ルィカチェフが経済財の自由な選択の手段であるという彼の貨幣の規定を、一般的等価というマルクスの貨幣の規定と本質的に合致すると思っていても[18]、彼は実際には、貨幣の社会拘束的な制限的な役割についてのマルクスの学説のもっとも貴重な側面をまったく理解していない、ということにもちろん驚くべきではない。彼にとってマルクスの学説は、「商品の概念に含まれているという内的諸矛盾の論理的発展の結果」をもてあそぶ「哲学的思弁[19]」でしかない。

われわれが右に示した貨幣の規定は、［R・］ヒルファディングの次のような規定とはことなっている。「商品たちの共同行為によって他のあらゆる商品の価値を表現する資格をみとめられた物——これが貨幣である[20]」。だがわれわれの規定によれば、貨幣とは、諸商品の集合的作用を介して交換という生産関係を能動的にうち立てる全権、すなわち、直接的交換可能性という能力を受け取った物象のことである。貨幣のこの根本的性格の結果が価値尺度という貨幣の遂行する機能であるが、ヒルファディングはこれを彼の規定の基礎としている。われわれは次の二つの判断からヒルファディングの規定を採用しなかった。第一に、われわれはマルクス当人が与えた規定の意味を解明することを目的とした。マルクスにとって、一般的等価としてあらわれるのは、直接的な普遍的交換可能性という能力を有する商品であるが、ヒルファディングは等価を「他のすべての商品の価値を表現する商品[21]」と規定する。ここでもまたヒルファディングが価値尺度の機能から出発していることがわかる。だがマルクスにとっては価値尺度とは「貨幣の諸機能のひとつ、すなわち特殊な一形態規定における貨幣[22]」であるにすぎない。第二に、われわれは、一定の物象的範疇すなわち商品の貨幣形態によって表現される人々の生産諸関係を特徴づけるような貨幣の規定を与えることが望ましいと考える。われわれの規定では、交換の能動的な実行、すなわち、二人の商品生産者のあいだに対極的な形で配分される能動的役割と受動的役割の差異化をともなった彼らのあいだの交換という生産関係、これこそが問題なのだ、ということが強調される。これは一定のタイプの人間間の関係、——能動的な参加者の手にある商品に「貨幣」という特別な物象的属性を付与するタイプの人間間の関係、である。もちろん、ヒルファディングの定式も、これと同一のタイプの人間間の生産関係についてインプリシットには語っているが、しかしその直截な性格づけは含んでいない。

〔Ⅳ〕 貨幣の発生

すでに見たように、商品の全面的な交換をともなう発展した商品経済は、すべての商品の隊列のうちから、直接的な交換可能性という属性を有するすなわち貨幣の機能を遂行する一つの商品が分出することを、必然的に前提とする。だがこれだけではわれわれはまだ、このような貨幣の分出が実際にどのようにして生じたのか、貨幣の発生と発展の歴史的過程がどのようなものだったのか、という質問に答えたことにならない。

もちろん、資本主義経済の諸現象の解明を基本的な任務としていたマルクスは、貨幣の起源にかかわる専門的な歴史的探究、先史時代やもっとも初期の歴史時代に関連する探究に従事することはできなかった。しかし他面では、マルクスは、現代の経済体制のすべての側面を歴史的に経過的なものと見なしそれらの歴史的発展という視角から考察するのだから、貨幣の歴史的由来についての問題に注意を向けないわけにはいかなかった。この点について彼が記していることは、きわめて舌足らずだとはいえ、非常に興味深くまた貴重である。純粋に歴史的な性格のこれらの発言以外にも、マルクスには、とりわけ貨幣についての所説において、歴史的視点と理論的視点との独特の絡み合いが見られる。マルクスはしばしば、彼が自分で言っているようにヘーゲルの流儀に「媚びて」、歴史的発展の先行する諸局面を、同一の現象のより後のさらに発展した形態の個々の「契機」ないし側面として描いたり、または反対に、複雑な現象の論理的分析の諸段階を歴史的発展の後続的な諸段階ないし局面のように描いたりしている。理論的研究と歴史的研究のこのような絡み合いは「価値の諸形態」にかんするマルクスの所説にとりわけ顕著であり、この所説の理解を極度に困難にしている。

一九世紀の前半には、貨幣ならびにその他の社会生活上の諸形態の起源にかんする問題に対して、多くのばあい合理主義的な回答が与えられた。学者たちは、たとえば貨幣といったようなある社会制度の有用性または合目的性を確認すると、これをもって自分の仕事は完了したものと見なした。ある制度の有用性は、それを人々が意識的に導入することをうながす直接の動機となるものと想定された。ある学者たちは、物々交換の困難と貨幣の使用がもたらすその軽減を分析して、人々が個別的な合意または社会的な契約によってある一定の商品を交換の円滑化のために貨幣と見なすことに決めたのだ、と考えた。他の学者たちは、貨幣のよって来たる根源を個々の人物の発明（考古学者［A・］ベーク[*3]の理論）あるいは国家権力の意識的な活動のうちに見た。

マルクスの功績は、貨幣の社会的・自生的な発展を描いた最新の考古学的・民族学的・歴史的データがまだなかった時代に、自身の一般的な歴史的・経済的把握から出発して次のような観点を確固として保持したことにある。貨幣は、交換参加者たちの反復的な大量の無意識的[23]な行為を通じて、国家権力の決定的な意識的作用なしに、交換の漸進的な拡大と複雑化の結果現れたのである。言い換えれば、貨幣の起源の有する性格は、社会経済的であって国家的ではなく自生的であって意識的ではない。

「貨幣は反省や申し合わせの産物ではなく、交換過程のなかで本能的に形成される」（MEGA², II/2, S. 128. 邦訳『資本論草稿集③』二四〇ページ）。「商品所有者の自然本能」（MEW, Bd. 23a, S. 101. 邦訳『マルクス＝エンゲルス全集』第二十三巻a、一一六ページ）が、考える前に行為するように彼らを促した。交換当時者たちのこうした行為は交換過程の性格と要求によって規定された。

原初の交換は、自然経済また場合によっては共産主義的経済の条件下で生活していた共同体の成員のあいだでではなく、ことなる共同体のあいだないしそれらの成員のあいだで発生した（*Ebenda*, S. 102. 同邦訳、一一七—八ページ）。そこから段階的に交換は共同体の内部にも浸透して、その解体を引き起こした（MEGA², II/2, S. 129. 邦訳『資本論草稿集③』二四〇ページ）。労働生産物は、共同体間の交換において商品となり、共同体の内部においても交換価値を獲得した（*Ebenda*）。最初のうちは交換は少数の生産物を捉え、例外的で偶然的な性格をおびていた。それは物々交換の形でおこなわれ、そこでは交換される商品の双方が交換当時者にとっての使用価値であった。他面、生産物はまだ特に交換のために生産されておらず、自分の欲望の充足のあとに残った生産物余剰だけが交換に入っていった。このように、客観的な生産過程においても、交換当事者たちの意識においても、交換価値はまだ使用価値から分離していなかった（*Ebenda*, S. 128–9. 同邦訳、二四〇ページ）。二つの交換される生産物のうちのいずれもが他方の生産物の運動を規定すると同時に、自分の運動も他方の生産物によって規定された、すなわち、使用価値としての受動的な役割と交換価値または等価としての能動的な役割を同時に遂行したのである〈最後の命題に対して空欄に疑問符「?」が付されている〉。交換の偶然的な性格は、交換される諸物の量的な割合を偶然的で変動しやすいものにする。総じてこの物々交換の段階は、「商品の貨幣への転化の開始というよりも、むしろ使用価値の商品への転化の開始を表している」（*Ebenda*〔ルービンが引用しているロシア語訳では「の開始」という部分が二つとも欠落している〕)。労働生産物は交換価値の萌芽的形態を受け取るのであり、それは、マルクスが彼の価値形態の発展のシェーマにおいて「簡単なまたは偶然的な価値形態」と呼んだものに(完全にではないが)ほぼ相当する。

交換は、往々にして周囲の自然的条件の相違から生じていた個々の共同体のあいだでの原始的で萌芽的な分業を地盤として出現したのであるが、反対に分業に対して強力な推進力を与えた。ある種類の生産物のうち交換に入るものの割合の量的な増加という意味でも、また、それまでは元の経済単位内で消費されていた種類の生産物をあらたに交換に引き入れることによっても、分業の成長はふたたび交換の拡大と深化に導いた。ますます多くの種類の労働生産物が徐々にあたらしく交換に引き入れられるこの過程のなかで、すでに広い範囲で交換の対象であった労働生産物は目立った存在となり特別な意義を獲得するのがふつうである。市場に自分の生産物を持ち込む人はだれも、自分に示されるもっとも普及している交換対象のうちのひとつとそれを交換しようとする。それは、広く普及しているだけあってこうした生産物は彼がきわめて頻繁に必要とするものであるからか、あるいは、彼がこうした生産物を手に入れれば、後で自分が必要とする具体的な生産物をそれと引きかえに取得できるからである。一つあるいはいくつかの生産物は他のすべての物ともっとも頻繁に交換され、またもっとも頻繁にそれらと比較される。ふつうこのような役割を演じるのは一つではなくいくつかの商品であり、これらの商品のあいだにもまた一定の交換割合が確立される。一商品の他にいくつかの商品による価格評価の体系が生みだされる。西スーダンのボンドゥ族においては、奴隷は鉄砲一丁と火薬二瓶と同等とされていた、あるいは

＝雄牛五頭

＝織物一〇〇反。

中央アフリカのダルフ族においては、奴隷は一定の長さの綿織物三〇反、または六頭の雄牛、または一定の刻

印の入った一〇スペイン・ドルと同等とされていた。(24) エム・［イ・］ツガン－バラノフスキーは、交換の低位の諸段階において広範囲に存在したこのような価格評価の体系はマルクスの「展開された価値形態」に対応すると、正しく指摘している。(25)

交換の発展はこの段階にとどまってはいなかった。差異化の過程はさらに進展し、商品全体の集団のなかから交換にもっとも頻繁に登場する一つの商品が分出する方向に向かった。「商品所有者たちが彼ら自身の物品をいろいろな他の物品と比較し交換する交易は、いろいろな商品がいろいろな商品所有者たちによってそれらの交易のなかで一個同一の第三の商品種類と交換され価値として比較されるということなしには、けっして行われないのである」（MEW, Bd. 23a, S. 103. 邦訳『マルクス＝エンゲルス全集』第二十三巻 a、一一八ページ）。一商品のいくつかの商品による価格評価に代わって、いくつかの商品の価格評価がそれらの等価物として現れる一個同一の商品によってなされるようになる。最初のうちは「この一般的等価形態は、それを生みだした一時的な社会的接触と共に発生し消滅する。かわるがわる、そして一時的に、一般的等価形態はあれこれの商品に付着する。しかし、商品交換の発展につれて、それは排他的に特別な商品種類だけに固着する。言い換えれば、貨幣形態に結晶する」（*Ebenda*. 同邦訳、一一九ページ）。この貨幣機能が貴金属に固着されるまでには、久しい歴史的発展の過程が必要であった。さまざまな種族・国民にあって貨幣の役割はさまざまな商品が担った、またそれぞれの国民において貨幣金属は時間の経過とともに交代した。さまざまにことなる場所で一定の時代に貨幣として役立ったあらゆる商品を数え上げるなら、きわめて多様な対象物の延々と続く雑多なリストが得られるであろう。あれこれの対象物の貨幣としての選定は、その種族の経済の種類、その富裕の程度、他の種族との取引関係など、一連の客観的条件によって規定された。マルクスは『経済学批判』において、貨幣の役割を担ったのは通常その種族の

「素材の点で富のもっとも重要な構成部分」をなす「もっとも一般的な使用価値」である、と言っている（MEGA², II/2, S. 128. 邦訳『資本論草稿集③』二四〇ページ）。マルクスは『資本論』でこの点をさらに敷延している。貨幣の役割を果たしたのは、外部との交換によって外から得られたもっとも重要な物、したがってその土地の生産物の交換価値の発現の自然な形態であるかのように見なされた物か、または、たとえば家畜や奴隷などのようにその土地で譲渡される財産のなかで重要な要素をなす使用対象であった（MEW, Bd. 23a, S. 103. 邦訳『マルクス＝エンゲルス全集』第二十三巻 a、一一九ページ）。これら二つのマルクスの説明は全体として、人類学と考古学の最新のデータによって完全に裏づけられる。［K・］ヘルフリッッヒはこれらのデータを次のように要約している。「狩猟民族において交換手段として役立てられていたのは何よりも武器であった、放牧民族においては家畜、外部の商人との交易を営む種族においては外部商人から受け取った商品か彼らに交換に引き渡される商品が、交換手段となった[26]」。もっとも頻繁に原始貨幣として役立てられていたこれらの物財グループとならんで、ヘルフリッヒは装飾品も挙げている。この部類には貴金属も入る。とはいえ、装飾品はほとんどの場合マルクスの指摘するグループの第一のもの（すなわち外来の物財）に属すということ、そしてまた、金属一般ないし部分的には貴金属も古代諸民族にあってはもっとも重要な生産手段のひとつであった、ということを見落としてはならない（MEGA², II/2, S. 215. 邦訳『資本論草稿集③』三八二ページ）。

もともと金属類は他の諸商品とならんで貨幣の役割を果たしていた。往々にして一個同一の種族の下で商品の価格評価が金属と家畜等々とで同時になされていた。だがしだいに、貨幣の役割を果たしていた諸商品を金属類が駆逐していった。この原因は、金属類の周知の自然的属性に求めなければならない。この属性のおかげで金属類は量的な違いをもっとも適切に表現することができるのである。それは、金属の均質性と分割可能性である。これにさらに、その高度の堅牢さ、そして貴金属についてはその高度の比較価値がつけ加わる。後者の性質のゆえに貴金属はしだいに普通の金属類を排除してこれらを小銭の領域に追いやった（*Ebenda*, S. 213–6. 同邦訳『資本論草稿集③』三八〇―三ページ）。「金銀は生来貨幣ではないが、貨幣は生来金銀である」（*Ebenda*, S. 215. 同邦訳、三八三ページ、および、MEW, Bd. 23a, S. 104. 邦訳『マルクス＝エンゲルス全集』第二十三巻 a、一一九ページ）。貴金属の貨幣への転化は、商品経済と発展した交換に基づく社会の一定の社会的構造を前提とする。しかし、商品経済と発展した交換は貨幣の出現を呼び起こし、何らかの商品の背後に貨幣の社会的機能を固着させる。この社会的機能は自分にとっての最良の担い手を最終的に貴金属のうちに見いだす。世の中に貴金属ほど理想的な程度で均質性と分割可能性を際立った特質とする物財はなかったと想像してみよう。この場合、交換が発展して貨幣の機能が何らかの他の労働生産物の背後に固着したとしよう。そうすると、交換は貴金属を貨幣の役割でもちいることによって取り除かれる一連の技術的な不都合に出くわすことは間違いないであろう。[27] 貨幣の出現はもっぱら経済の社会的構造の帰結であるが、この機能のほかならぬ貴金属への固着の方は、第一義的には貴金属の自然的諸属性によって説明される。

金属類はもともとかたまり、延べ棒、リング等々の形で使用されていた。支払いの際に金属は秤量された。このことから多くの言語において「支払う」という動詞と「秤量する」という動詞は共通の語根に由来する。時の経過とともに、支払いの便宜のために、金属類は一定の品位と特定の量目の延べ棒やかたまり等々の形で用意されるようになった。貴金属が他のどこよりも早く貨幣の位置を占めたバビロニアでは、特別な重量体系が作り上げられた。一定の重量がタラントと名づけられ、これが六〇ミナに分割され、一ミナは六〇シェケルに分割された。「タラント」を基礎とするこの体系はきわめて広い範囲にひろがり、エジプト、近西アジア、ギリシャに変形された形で伝わった。ギリシャ、エチオピア、アッシリア・バビロニアのあいだの交差点に位置する活発な商業交通の中心地であった近西アジアは、また貨幣の役割を担う貴金属のさらにいっそうの発展の中心にもなった。富裕なフェニキアの商人たちは金属塊に自分のスタンプを押してその品位と量目を証明した。ここから鋳貨の鋳造まではすでにあと一歩だった。鋳貨とは、その地の国家権力がスタンプを押した一定の品位と量目の金属片にほかならない。初期の鋳貨はまた、紀元前八―七世紀に近西アジアにおいても、ある学者の意見ではリディアで、他の学者の意見では小アジアのギリシャ植民地で、出現した。こうして出現した鋳貨は他の諸国に急速に広まった。鋳貨の出現は貨幣流通の歴史においてとてつもなく大きい意義を持った。今や金属は貨幣つまり交換価値の担い手としての機能において、使用価値としての同一の金属とは外面的に視覚的にことなるものになった。その国の領土内ではただ国家鋳貨だけが、法的通用力を持ち受領義務を付与された交換と支払の手段となった。鋳貨を受け取る交換当事者はそれに含まれる金属の実際の量目と品位には興味を持たない。他方、インゴット状の金属は一国内では貨幣として機能しない。にもかかわらず、法定の交換・支払手段としての鋳貨の重要性は現在においても、貴金属の価値と――必ずしも直接的ではないとはいえ――密接な関連にある。最終的には一国の貨幣制度を金属的基礎から引き離すために自己の貨幣高権（貨幣鋳造の独占権）ないし紙幣発行権を利用しようとする国家権力のたびかさなる試みは、ふつうは失敗に終わり商品流通の側からの強力な反動を呼び起こした。このことをはっきりと示しているのは、ロシア、ドイツおよびその他の諸国が現在、直接金の流通に基づいていないとはいえ依然として金に「寄りかかった」貨幣制度へと復帰している事実である。われわれの研究対象は貨幣流通に対して国家権力が作用する程度やその諸形態ではなく、商品交換の発展によって規定される貨幣流通の内的諸法則なのだから、われわれは、前鋳貨的流通と鋳貨流通のあいだに、「G・F・」クナップの言う「秤量的」支払手段と「表券的」支払手段[*4]のあいだに、いかなる断絶も認めることはできない。

　このような断絶が現に存在すると確言することは進化史的観点からはさらにいっそう不可能である。貨幣の出現は鋳貨の鋳造よりもはるかに早くから始まった進化の諸段階のひとつだったのであり、クナップがしているように、初期の鋳貨のみを初期の貨幣と見なすことはできない。初期の鋳貨の鋳造において、国家権力は、商品交換の必要から引き起こされた商品所有者たちの大量の無意識的なはたらきかけにもとづいて国家権力の干渉に先立って形成されていた貨幣流通の状態を確認し、これに法的効力を付与したのである。国家権力は鋳貨の鋳造にあたって、それ以前から貨幣として使われていたのと同じ金属を採用した。国家権力はこの金属の価値すなわちさまざまな商品とのそれの交換割合を変更することはできなかった。鋳貨の重量でさえ大部分は国家権力の恣意的な行為によって設定されたのではなく、鋳貨が出現する前から流通に登場していた金属塊の重量に一致させられた。最新のデータは、貨幣流通のことなる諸段階を結びつける緊密な継承性をあますところなく示している。たとえば、著名な学者である［W・］リッジウェイは、金タラントはもともと雄牛の価格とちょうど等しい金塊片をあらわしていた、と考える。金属が貨幣の役割をしていた家畜に取って代わったとき、金属流通の貨幣単位はそれ以前の貨幣単位（雄牛はこのようなものとして役立っていた）との連続的なつながりを基礎にして決められた。[*5] リッジウェイはこれによって、古代の金鋳貨ときわめて多様な民族において貨幣として役立っていた金製のオブジェクトとが、重量の点で驚くほど一致していることを説明しようとする。リッジウェイの仮説では、ヨーロッパと近西アジアの全域にわたって家畜の価格はほぼ同じようであったが、このことによりまた右の金製のオブジェクトともともと雄牛の価格を表現していた鋳貨との重さがほぼ同じようであった（およそ一三〇―五グレーン［ヤード・ポンド法の重量単位＝〇・〇六五グラム］）ことも説明される。[28] それゆえにこそ、古代の鋳貨の表面にはあのようにしばしば雄牛や一般に家畜の描画が見られ、そして、多くの言語において貨幣の名称そのものが家畜の名前に由来するのである。

　鋳貨にもともと付されていた名称はまた、鋳貨が金属の一定重量分と結びついていたことをも示していた。鋳貨は、タラント［古代ギリシャ、メソポタミアなどの重量単位］、フント［ポンド］等々といった対応する金属重量部分の名称を受け取った。「重量の度量標準のありあわせの名称がまた貨幣の度量標準または価格の度量標準の元来の名称にもなっているのである」(MEW, Bd. 23a, S. 112. 邦訳『マルクス＝エンゲルス全集』第二十三巻a、一二九―三〇ページ)。長期にわたる歴史的発展の過程においてはじめて、貨幣の度量標準は重量の度量標準から分離して自律的に国家権力によって確立されるようになる。国家権力はそれぞれの鋳貨の重量と名称を恣意的に設定することはできるが、金属の選定の点でもその価値の点でも制約を受ける。その価値は鋳貨の購買力に直接・間接に反映される。

[V] 貨幣と抽象的・社会的労働

前章までわれわれは商品社会における貨幣の発生過程と貨幣の必然性を考察した。商品社会において人々は、彼らの労働生産物の価値としての全面的な同等化をつうじた生産諸関係によって結びついている。ここでは、貨幣を介しておこなわれる商品の同等化がどのようにして労働の同等化につながり、貨幣を社会的で抽象的な労働の表現とするのかを考察しよう。

第一の特性？〈空欄への書き込み〉貨幣の発展過程は、ある何らかの具体的な商品、最終的には金への貨幣の機能の固着にみちびく。金は、任意の他の商品と直接的に交換可能な商品であり、それゆえにどの商品所有者もまずもって自分の労働生産物を一般的等価としての金と交換しなければならず、それを販売しなければならない。一定の割合において任意の商品と入れ替わることのできる交換価値としての金は、直接的交換可能性という能力を喪失したものとしての他のすべての商品に対峙する。[29]「一商品、亜麻布が他のすべての商品との直接的交換可能性の形態または直接的に社会的な形態にあるのは、他のすべての商品がこの形態をとっていないからであり、またそのかぎりでのことなのである」(*Ebenda*, S. 82. 同邦訳、九二ページ)。使用価値の交換価値からの外的な目に見える分化が生じる。前者はすべての具体的な商品によってあらわされ、後者は貨幣としての金によってあらわされる。商品の貨幣との交換は使用価値を交換価値に転化させる。だが、貨幣の役割を遂行するのは、金という具体的な労働生産物ないし特定の使用価値にほかならない。一定量の金の価値はわれわれには不明なのだから、商品Aの何オンスかの金との交換は、まだわれわれにAの価値の正確な規定を与えないようにも思われる。だがこの価値もまた、商品経済においては労働単位として直接的には規定しえず、金と交換に与えられる他の商品の量として間接的に規定される〈後者の命題は空欄に鉛筆で強調されている〉。しかし、他の何らかの商品Bと金が同等化されると、この商品Bの価値の問題が生じる、等々。とはいえ、実際には、商品生産者たちは自分の商品を金と同等化しこうしてそれらの価値を規定するとき、さらに金の価値を問題とすることはない。もちろん、彼らは手に入れた金の購買力についての問題には強い関心を抱くが、しかしそれは、抽象的な貨幣単位(すなわち交換価値の単位)に対してどれだけの具体的な使用価値を手に入れることができるか、という問題であって、一定の使用価値ないし具体的な商品の交換価値がいかほどであるか、という問題ではない〈後者の命題の最後は空欄に鉛筆で強調されている〉。後者の問題は諸商品の金との同等化によって解決されるのであり、金はこのように一定の対象物というそれの具体的な形態において一定の価値と見なされるのである。「この商品種類は価値等式のなかではむしろただある物の一定量として現れるだけである」(*Ebenda*, S. 70. 同邦訳、七六ページ)。これが、マルクスが確認している等価形態の第一の特性である〈最後の二つの命題は空欄に鉛筆で強調されている〉。

だが、金の自然的形態は商品Aの交換価値をどのようにして表現することができるのであろうか。このことが可能なのはただ、金が直接的で一般的な交換可能性という属性を持つからであり、金と同等化されるのが特定の商品Aだけでなく金以外のすべての商品であるからである。まさにこのことによって商品Aは金との同等化を介して他のすべての商品とも同等化されるのである。そしてこのことのうちに、その交換価値が、つまり、それが他の任意の商品と全面的に交換されうるということが、表現される。一般的価値形態は、「商品世界の価値を、商品世界から分離された一個同一の商品種類、たとえば亜麻布で表現し、こうして、すべての商品の価値を、その商品と亜麻布との同等性によって表す」(*Ebenda*, S. 80. 同邦訳、八九ページ)。言い換えれば、すべての商品の全面的な相互同等化は、商品経済においては、諸商品のそれぞれがひとつの分離された具体的な商品（金）に同等化されることを介しておこなわれる。〈空欄での鉛筆による強調のはじめ〉ある商品の金との等置（金もそれ自身他のすべての商品に等置される）は、同時にその商品の他のすべての商品との等置を意味する。ひとつの具体的な商品との等置を通じてすべての商品との等置が生じるのである。マルクスは、交換〈鉛筆による書き込み〉価値の発現形態としての使用価値、または同じことであるが、すべての商品の全面的同等化の媒介者としての具体的商品、という彼の抽象的な定式においても、この現実的な日々市場で生じている現象を視野に置いていたのである〈空欄での鉛筆による強調のおわり〉。われわれはこの現象のうちに、自己の矛盾した性格の発現形態として役立つという使用価値の不可思議な属性の結果ではなく、自己の商品を一個同一の分離された商品に同等化する商品所有者たちの大量のはたらきかけの結果を見て取る。「ひとつの商品が一般的価値表現を得るのは、同時に他のすべての商品が自分たちの価値を同じ等価物で表現するからにほかならない。そして、新たに現れるどの商品種類もこれにならわなければならない」(*Ebenda*, S. 80. 同邦訳、九〇ページ)。

第二の特性〈空欄への書き込み〉。このように、商品経済においては、諸商品相互の全面的な同等化は、それらが一個同一の分離された商品つまり金と同等化されるという形態で生じる。だが、周知のように、諸商品の同等化という市場過程を通じて、さまざまな生産部門のあいだへの労働の配分と労働の同等化という社会的過程が生じる。これは、個々の労働種類の具体的な諸特質を捨象してそれらを一様な抽象的などの人間にも共通な労働と同等化する思考上の行為、すなわち、交換当事者ないし理論家・研究者の思考のなかで生じうる思考上の行為、なのではない。マルクスが関心を寄せるのは、「個人的労働の主観的同等化」ではなく、「社会的過程が等しくない労働のあいだで強制的になしとげる客観的な等置」（MEGA², II/2, S. 137. 邦訳『資本論草稿集③』二五八ページ）であり、この等置はことなる労働種類あるいは個々の生産部門のあいだの釣り合いとして表現される。意識的に制御するものが誰もいない商品経済においては、個々の生産部面のあいだのこのような釣り合い（絶えず攪乱され傾向としてのみ発現する）は、価値としてのそれらの生産物の一定割合における市場での同等化を通じてのみ確立される。「ただ異種の商品の等価表現だけが価値形成労働の独自な性格を顕わにするのである。というのは、この等価表現は、異種の諸商品のうちにひそんでいる異種の諸労働を、実際に、それらに共通なものに、人間労働一般に、還元するのだからである」（MEW, Bd. 23a. S. 65. 邦訳『マルクス＝エンゲルス全集』第二十三巻a、六九ページ、強調は引用者）。以下、さまざまの労働種類のこの同等化がどのようにして生じるのかについて考察しよう。

「たとえば上着が価値物として亜麻布に等置されることによって、上着に含まれる労働は、亜麻布に含まれている労働に等置される」（*Ebenda.* 同邦訳、六八ページ）。もし亜麻布が他のすべての商品と同等化されたならば、裁縫労働は他のすべての種類の具体的な労働に等置されることであろう。言い換えれば、亜麻布がそれ以外の諸商品のおのおのと交換される一定の割合において、裁縫労働とその他の対応する生産諸部面とのあいだの釣り合いが確立されることであろう。裁縫師の具体的労働は他の任意の具体的種類の労働に、すなわち抽象的労働一般に等置されることであろう。だが、すでに見たように、諸商品が相互に全面的に同等化されるのは直接的にではなく、それらのおのおのが特別の商品である金と同等化されることを通してのみである。したがって、すべての具体的労働種類の全面的な等置もまた、それらのおのおのが金の生産に支出される具体的労働種類と等置されることによってのみ生じる。具体的労働Aは、金を生産する具体的労働と同等化されると、このこと自体によってすべての具体的労働種類と同等化され、それゆえに、さまざまな生産部門のあいだに配分された抽象的社会的労働全体の一部として現れる。「等価物として役立つ商品の身体は、つねに抽象的人間労働の具体化としてみとめられ、しかもつねに一定の有用な具体的労働の生産物である。つまり、この具体的な労働が抽象的人間労働の表現になるのである」(*Ebenda*, S. 72. 同邦訳、七八ページ)。「だから、具体的労働がその反対物である抽象的人間労働の現象形態になるということは、等価形態の第二の特性なのである」(*Ebenda*, S. 73. 同邦訳、七九ページ)。この特性のうちにもまた、われわれは、等価物(金)の生産に支出される労働の何らかの不可思議な属性を見るのではなく、もっぱら、この労働にすべての具体的労働種類が同等化される社会的過程の結果を看取すべきである。等価形態の第二の特性が意味するのは、それぞれの具体的労働種類の他のすべての労働種類との等置は、等価物の生産に支出された具体的労働とそれらが等置されることを通じてのみ生じる、ということなのである。

　価値の理論で述べたように、生産部門A(たとえば仕立業)と生産部門B(織物業)のあいだでの労働の配分において釣り合いの状態が理論的に確立されるのは、これらの生産物の生産への労働支出によって規定される一定の割合で上着が亜麻布と市場で交換される、という条件下においてである。だがこの交換割合から価格が乖離すると、労働の流入と流出すなわちこれら二つの生産部面のあいだでの労働の再配分がはじまる。言い換えれば、われわれは、これら両方の部門の生産物の同等化もそれらに支出された労働の等置も、それらの直接的な相互作用の過程において生じると想定したのである。われわれは今ではこの同じ過程をより正確に現実により近い形で描写することができる。両方の生産物は市場において相互に直接的に同等化されるのではなく金に同等化される。これら両方の生産部面のあいだの釣り合いは、それらの生産物の市場価格すなわちそれらの金との交換割合が特定の状態にあるときにもたらされる。両部面における労働生産性のある状態に対応する特定の水準すなわちそれらの生産物の労働価値からこれらの価格が乖離すると、これらの部面のあいだでの労働の再配分が起きる。だが、部面Aはその生産物の価格（すなわちそれらの金との交換割合）を通して部面Bとだけでなく国民経済の他のすべての部面と同等化されるのであるから、この場合、部面Aと部面Bとのあいだの労働の再配分はそれらの相互の関係での相対的な有利さの比較によってではなく、他のすべての生産部面との関係におけるそれらの相対的な有利さによって規定されるであろう。市場価格の一定の状態のもとで部面Aでの生産が部面Bでの生産よりも有利であるが、国民経済の他のすべての部面C、D、E等々と比較するとこれら両部面での生産は有利さが小さいとしよう。この場合、これら二つの部面の直接的な相互作用のもとでは予期されえたであろうような部面Bから部面Aへの労働の再配分が生じるのではなく、これら両者から他の生産諸部門への労働の流出が起きるであろう。市場価格をつうじてそれぞれの種類の労働は他のすべての種類の労働と同等化される、すなわち、具体的労働は抽象的労働に転化する。

　第三、〈空欄への書き込み〉。このように、交換過程において、等価物は他のすべての商品に同等化され、その生産に支出された具体的労働は、他のすべての具体的な労働種類と等置され、まさにそのことによって抽象的労働の性格を獲得する。しかし、等価物の生産に支出された労働が他の任意の種類の労働と同等化されると、それは、この労働が直接的に社会的な形態において登場することを意味する。産金業は私的資本主義的企業の形態で組織されており、したがって、金を採掘する労働は、「商品を生産するあらゆる他の種類の労働と同じく私的性格をおびている」にもかかわらず、「直接的な社会的な〈鉛筆による挿入〉形態にある労働」（*Ebenda*）としてあらわれる。金の所有者は「貨幣の社会的権力」の代表者として、すなわち、社会的に承認され社会的に意義のある労働種類の代表者として登場する。彼は任意の交換行為の能動的な当事者として振る舞うことができ、そしてこのことによって彼が他のどの商品所有者とも等しいことを明らかに示す。反対に、具体的商品たとえばフロックコートの所有者は、任意の他の商品所有者と社会的に等しくまた同意義なものになるためには、まず最初に自分の商品を貨幣と交換しなければならない、すなわち、自分の私的（частный）[30]労働を、直接的に社会的な労働の形態で登場する産金業者の私的労働〈この箇所の空欄には疑問符が付されている〉と同等化しなければならない。このことによって裁縫師の労働も直接的に社会的な労働の性格を獲得する。「具体的労働がその反対物である抽象的人間労働の現象形態になるということは、等価形態の第二〔ルービンの引用では「第三」となっている〕の特性である」（*Ebenda*）。

交換「形態」？〈空欄への書き込み〉今やわれわれは「等価形態の諸特質」についてのマルクスの所説をまとめることができる。マルクスは、萌芽的「偶然的等価」からはじまり発展した「一般的等価」に終わるさまざまな等価形態についての彼の思想を例解しているが、にもかかわらず彼の思想が全面的に関係するのはまさに一般的等価ないし貨幣である。[31] 一般的等価ないし貨幣は、段階的で緩慢な進化の過程で諸商品のあいだから分出した。貨幣の出現は交換過程全体にまったく新しい性格を付与した。交換はある商品生産者から他の商品生産者への物的な物象の運動すなわち「社会的質料代謝」だけではなく、物象と商品生産者の社会的「形態」の変化でもある。流通は、「生産物が通過しなければならない、そしてそのなかで生産物が一定の社会的性格を取る過程」（MEW, Bd. 25b, S. 887. 邦訳『マルクス＝エンゲルス全集』第二五巻b、一一二四ページ）である〈最後の命題は空欄への書き込み〉。交換の物的な内容ではなくまさに交換のこの社会的形態こそマルクスが彼の貨幣論で研究しているものである。「われわれは全過程を形態の面から、つまり、社会的質料代謝を媒介する形態変換または変態だけを、考察しなければならない」（MEW, Bd. 23a, S. 119. 邦訳『マルクス＝エンゲルス全集』第二三巻a、一三八ページ）。マルクスは、価値論において「価値」の社会的「形態」の研究を前面に押し出したように、貨幣論においても彼の注意は「形態変換」に向けられている。マルクスは価値論において、過程の物的内容の背後にその社会的形態を見落としたとして経済学者たちを論難したが、貨幣論においても同様の非難の言葉を述べている。「この形態変換の理解がまったく不十分なのは、価値概念そのものがあきらかになっていないことを別とすれば、あるひとつの商品の形態変換が、つねに二つの商品の、普通の商品と貨幣商品との交換において行われるという事情のせいである。商品と金との交換というこの物的な契機だけに固執するなら、まさに見るべきもの、すなわち形態の上に起きるものを見落とすことになる」（*Ebenda.* 同邦訳、一三八―九ページ）。

三重の等値〈空欄への書き込み〉。交換過程で生じるこの「形態変換」とはどういうことなのか。交換過程で生じるのは、商品生産者、物象そして労働の社会的形態ないし社会的特徴の変化である。われわれは先に、交換過程における商品生産者たちの社会的役割の変化の必然性を詳細に考察した。商品生産者たちは私的経済単位あるいは私的労働の代表者つまり生産諸関係の受動的な受け手として交換に入る、だが、彼らは貨幣あるいは社会的労働という社会的権力の代表者として、つまり生産諸関係の能動的な確立者として交換過程から出てくる。商品経済においては商品生産者の社会的役割の変化は彼らの手元に一定の物象があることに依存しており、この変化が彼らに一定の社会的形態を付与するのであるから、商品生産者たちの社会的役割の変化と並行して物象すなわち労働生産物の社会的形態もまた変化する。すなわちそれは、消費の方向にしか動いて行くことのできない具体的な使用価値から、一般的で直接的な交換可能性を持つ、つまり市場の任意の方向に進んで行くことのできる交換価値ないし一般的等価物に、転化するのである。労働生産物の社会的形態の変化と密接に結びついた商品生産者の社会的性格の変化[32]は、商品生産者の労働の社会的性格の変化にもつながる。すなわち、彼の労働生産物の一般的等価物との交換によって、彼の労働は社会的分業の体系に包摂され、他のあらゆる労働種類と等値されることによって具体的労働から抽象的労働に生成する。価値論においてわれわれは、価値は「自律的な商品生産者たちのあいだの生産関係をあらわしており、この生産関係は諸商品の同等化という物象的形態で表現され、この生産関係の動きは生産の物的過程における労働の釣り合いと配分に密接に結びついている[33]」という結論にたっした。言い換えれば、商品経済には商品生産者たちの同等性があり、これは商品の同等性として表現される、またこれを介して労働の同等化がもたらされる。だが、このような等置が社会によって意識的におこなわれず、そこでは個々の私的商品生産者たち（商品生産者たちの非同等性）は、自分の労働を自分の裁量でさまざまな生産部門にあてがい（具体的労働諸種類の非同等性）、きわめて多様な欲望の充足に必要な品物を生産する（諸使用価値の非同等性）、こういう商品経済において、商品生産者、商品および労働のこのような等置はどのようにして可能なのであろうか。この問題に対しても貨幣論が回答を与える。現に、直接的生産過程においては、個々の私的商品生産者たちは具体的労働の支出によってきわめて多様な使用価値を作りだす。しかし交換過程においては商品所有者、商品および労働の社会的性格が変化する。ひとつの商品たとえば金が一般的等価物として分出するということは、その商品が他のすべての商品と同等化され、その所有者は他のすべての商品所有者と社会的に同等となり、また金採掘労働はその他のすべての労働種類と等値される、ということを意味する。それゆえに、任意の商品は金との交換をつうじて他のすべての商品と同等化され（使用価値の交換価値への転化）、またそれとともにその所有者の社会的性格も変化し（私的労働の社会的労働への転化）、それに支出された労働の社会的性格も変化する（具体的労働の抽象的労働への転化）。交換過程の結果、商品生産者たちは同等となり、諸商品は同等化され労働は等置される。市場交換の現実の過程で生じるこの三重の等置を、マルクスは等価形態の三つの特質についての彼の学説として表現したのである。

商品生産者たちの同等性、諸商品の同等化そして労働の等置という交換過程の三つの側面すべての密接なつながりは、結局のところ、人々の生産諸関係の「物象化」あるいは「商品の呪物性」をその内容とする、商品経済の根本的特質によって説明される。商品生産者たちが相互のあいだでの生産的結びつきに入るのは労働生産物の交換をつうじてだけであり、人々の生産諸関係のタイプの変異には、この関係がそれをとおして確立される諸物象の社会的機能ないし社会的形態の変異が対応する。人、物象および労働の等置の諸過程のあいだの緊密な結びつきはここから生じるのである。人々の生産諸関係の物象化にこれらの過程が依存していることを、マルクスは貨幣にかんする章で次のように指摘している。「商品に内在する使用価値と価値との対立、私的な労働が同時に直接的に社会的な労働として現れなければならないという対立、特殊な具体的労働が同時にただ抽象的一般的労働としてのみとめられるという対立、物象の人格化と人格の物象化という対立――この内在的な矛盾は、商品変態の諸対立においてその発展した運動形態を受け取るのである」(MEW, Bd. 23a, S. 128. 前掲邦訳、一五〇ページ、強調は引用者)。

交換の結果である等置の過程の三重の性格をマルクスはときとして、この過程の二重の性格と取り換え、この過程を商品の同等化と労働の等置に還元している。『経済学批判』でマルクスは貨幣の出現のうちに交換の二つの根本的な困難の解決を見ている。そのひとつは使用価値と交換価値の対立性にあり、もうひとつは「私的諸個人の特殊な労働」と「一般的社会的労働」との対立性にある(MEGA², II/2, S. 123. 邦訳『資本論草稿集③』二三五ページ)。貨幣を媒介とする交換の過程は物象を同等化し労働を等置する〈この命題は空欄に鉛筆で強調されている〉。この二重の定式のより詳細な展開は『剰余価値学説史』に見出される(MEGA², II/3・4, S. 1318. 邦訳『資本論草稿集⑦』一九二―三ページ。強調は引用者による)。「商品の交換価値の貨幣での独立化は、それ自身、交換過程の、商品に含まれている使用価値と交換価値との矛盾の発展の、また、それに劣らずその商品に含まれている次のような矛盾の発展の、所産である。その矛盾とは、私的個人の一定の特殊な労働が、その反対物、すなわち同等な、必要な、一般的な、そしてこの形態で社会的な労働としてあらわされなければならない、というのがそれである」。

ここでマルクスは、個々の商品生産者たちの労働のあいだのあらゆる相違を消却してしまうものとして労働の等置の過程を描いているのであり、この点で右の定式化は特別に貴重である。商品生産者は私的個人として他の商品生産者たちに向かい合う。彼は固有の生産部面で労働する。彼の従事する一定の労働種類は一定の程度の技能性を有する（これは場合によってはゼロに等しいこともあるいはマイナスでさえありうる、すなわち、技能性のレベルからすれば単純な平均的労働より低いこともありうる）。最後に、彼の労働支出は個人的なものであり、同一の生産物を製作している他の生産者たちの労働支出と質的にも量的にも区別される。すなわち、商品生産者の労働は私的で具体的で一定の技能を持った（つまり一定程度の技能と個性を有する）労働である。交換過程において、すべての商品の同等化を通して、個別の諸生産部面のあいだの現実の結びつき、それらのあいだでの労働の流出入の可能性、それらのあいだの一定の釣り合いへの傾向、が打ち立てられる。交換の結果、すべての私的経済単位が等置され（私的労働の社会的労働への転化）、すべての生産部面とすべての労働種類が等置される（具体的労働の抽象的労働への転化）だけでなく、さらに、さまざまな技能性の段階によって区別される労働諸種類も等置され（技能労働の単純労働への転化）、また、一個同一の生産部面のさまざまな企業でなされ相互に生産性の水準をことにする労働諸支出も等置される（個人的労働の社会的に必要な労働への転化）。交換という単一の行為をとおして、労働は、私的で具体的で一定の技能性をそなえた個人的労働から、社会的で抽象的で単純で社会的に必要な労働に、同時に転化するのである。マルクスは上に引用した定式化[34]においてこのこともまた視野に置いていた。これと同じ定式化をヒルファディングもおこなっている。「交換における諸商品の共同行為は、個々人の私的な、個人的な、具体的な労働時間を、価値をつくる、一般的な、社会的に必要な、抽象的な労働時間に転化させる[35]」。ただヒルファディングはここで、同じ交換過程において同時に生じる技能労働の単純労働への還元を等閑視している。

〔Ⅵ〕 価値尺度

価値尺度と流通手段。経済学では現在にいたるまで、貨幣の基本的で第一次的な機能は価値尺度としての機能なのかそれとも流通手段としての機能なのか、という論争がつづいている。ある学者たちは、金がすべての商品の価値の尺度となるのはすべての商品がそれと交換されるという条件のもとにおいてだけである、と指摘する。したがって、第一次的であるのは流通手段の機能である（［K・］メンガー、［K・］ヘルフリッヒ）。他の学者たちは、金が一般的な流通手段として現れるのは、一方ですべての商品が抽象的な計算単位で価格評価され、他方で一定量の金がこの同じ計算単位（たとえばルーブル）に等しいとされる、という条件のもとにおいてのみのことである、と反論する〈この命題は欄外に鉛筆で強調されている〉。だがこのことは、第一次的と認めなければならないのは価値尺度の機能である、ということを意味する（［G・］カッセル、［A・］アモン）。このように、論理的に一方の機能はあたかも他方の機能の前提であるかのようであり、したがって、論理的分析によってはここで提起された問題は解決不能である。

同様にこの問題は歴史的研究によっても解決にいたらない。一方では、すべての商品が金で価格評価されはじめるよりはるか前から、金が交換取引における媒介者としてつまり流通手段として役立っていたことは疑いない。しかし他方では、金が価値の尺度の役割で使用されていたものの金は実際には交換行為には登場していなかった、というはるかな古代に関連する諸事例も知られている。「たとえば、古代エジプト人はすでに紀元前三世紀には銅と金を貨幣商品および一般的な価値尺度として使用していた（ただし銀は使っていなかった）が、しかし、貨幣によって価値［ценность］が測られる商品は大部分直接的に交換されていた。たとえば、このような交換取引のひとつでは牡牛が交換された。その価値〔ценность〕は銅一一九ウトヌ（銅一四・四キログラム）と定められた。そしてこれと引き換えに、二五ウトヌと値づけされたむしろ一枚、四ウトヌの価値の銅五単位、一〇ウトヌの価値の油八単位、そしてさらに残りの金額に相当する七つのさまざまな品物、これらが与えられた。この場合、銅は価値の尺度器として機能している(36)」。しかし流通手段としては機能していない。

貨幣のこれら二つの機能のうちのいずれが論理的あるいは歴史的に先行したのかという問題は解決不可能であり、多くの学者はこれらの機能をともに基本的で第一次的で同権的なものと認めざるをえなかった。それゆえに、アドルフ・ワーグナーは貨幣を次のように規定している。「交換の場において流通手段と価値尺度の両方の経済的機能をそのうちに統合しているものが、経済学的意味での貨幣である(37)」。

マルクス主義文献において広く見られるのは、価値尺度としての貨幣の機能に決定的な意義を付与する見解である。「この貨幣の機能は商品生産の発展にとって交換そのものと同じように必要であり重要である。流通手段としてさえも、貨幣商品は価値〔ценность〕尺度ほどには必要ではない(38)」。ヒルファディングは価値尺度としての役割を貨幣の規定の基本的な徴候と捉え、この考えをさらにいっそう明確に次のように言明している。「商品たちの共同行為によって他のあらゆる商品の価値を表現する資格をみとめられた物象——これが貨幣である(39)」。しかしこの規定をさらによく検討してみると、ヒルファディングは流通手段としての貨幣の役割についての指示を彼の規定から〈鉛筆による挿入〉完全に除去することに成功していないことが明らかになる。「商品たちの共同行為によって」とは何を意味するのか。これは、すべての商品が一定の商品と交換されこのことによってこの商品に流通手段としての性格をも付与したために、この商品がすべての商品の価値を表現する能力を受け取った、ということを意味する。

われわれが興味をよせる問題についての直接的な回答は、マルクスにも見いだせない。マルクスを皮相に読むと、彼がさまざまな箇所で相互に矛盾する見解を表明しているようにさえ思えるかもしれない。ある箇所では彼は次のように言う。「金は諸価値の一般的尺度として機能し、ただこの機能によってのみ、金という独自な等価物商品はまず貨幣になるのである」[40]（MEW, Bd. 23a, S. 109. 邦訳『マルクス＝エンゲルス全集』第二三巻a、一二五ページ）。ここでは価値尺度の機能が基本的であるように思われる。しかし、「他方、金は、ただそれがすでに交換過程で貨幣商品としてかけまわっているからこそ、観念的な価値尺度として機能するのである」[41]（*Ebenda*, S. 118. 同邦訳、一三七―八ページ）。明らかに、マルクスは流通手段の機能を価値尺度の機能から導出してはいない。

マルクスの考えを正しく理解するためには、貨幣の諸機能にかんする彼の学説の特殊性に注意を向けなければならない。貨幣の個別的な「機能」ないし「形態規定」とマルクスが呼ぶものは、非常に長い歴史的発展の結果として一定の商品が獲得し、この商品の自然形態と合生していてそれがあたかも「社会的な自然属性としてもっている」（*Ebenda*, S. 107. 同邦訳、一二四ページ）かのようなものとなった貨幣の諸属性である。金は価値尺度と流通手段というそれに内属する一定の機能をすでにそなえて交換の場に登場するのであり、これらの機能はこうして、交換の性質からつまり商品所有者たちの社会的生産諸関係の性質からではなく、金そのもの〈鉛筆による挿入〉の自然的性質から生じるかのように見える。マルクスは次のことを示すことを自己の任務として課した。すなわち、金のこれらのあたかも「物象的な」諸属性は、人々の社会的生産関係が「物象化された」あるいは「結晶化された」すなわち金に固着した結果にほかならない、つまり、さまざまな種類の労働の生産物の金を媒介とした相互の全面的な交換の過程において商品所有者たちが幾度となく繰り返す社会的はたらきかけの結果にほかならない。マルクスはこの「媒介する運動」（商品所有者たちの社会的はたらきかけ——イ・ルービン）をあばき出そうとする。この運動は、「運動そのものの結果では消えてしまって、なんの痕跡も残してはいない」（*Ebenda*）のであり、痕跡は貨幣の物象的諸機能として目に見える〈鉛筆による挿入〉。

以上に述べたところから、貨幣の諸機能にかんするマルクスの所説をきわだたせる彼の方法の特質が明確になる。すなわち、彼は、ひとつの物象的な貨幣機能を別のそれから導出するのではなく、商品所有者たちの何度も繰り返される社会的はたらきかけと関係から、これら両方の機能を導き出すことを目的としているのである。この過程をマルクスは次のように描いている。「商品所有者たちが彼ら自身の物品をいろいろな他の物品と交換し比較する交易は、いろいろな商品がいろいろな商品所有者たちによってそれらの交易のなかでひとつの同じ第三の商品種類と交換され価値として比較されるということなしには、決して行われないのである」（*Ebenda*, S. 103. 前掲邦訳、一一八ページ）。この商品は貨幣の役割を演じるが、しかしそれは、この商品が等価物として登場する交換関係の限度内においてのことにすぎない。この商品は、人々のこの交換関係すなわち「それを生み出した一時的な社会的接触」（*Ebenda.* 同邦訳、一一九ページ）が止むと、すぐにこの一時的な等価の形態を失う。この萌芽的な貨幣の形態においてすでにその商品は、同様に萌芽的な形態において、価値尺度の機能も流通手段の機能も同時に遂行するのである。マルクスの指摘するように、他の諸商品はこの第三の商品と「交換され」〈鉛筆による強調〉、「価値としてのこの商品と同等化される〈鉛筆による強調〉」。しかし実際には、この商品は等価物としてのこの役割をその交換関係の限度内で一時的にのみ遂行するにすぎない。諸商品が一個同一の第三の商品と交換され価値としてのこの商品と同等化されるこのような交換行為の幾重もの繰り返しが、この商品を他の諸商品のあいだから分出させ、その背後に等価物ないし貨幣としての恒常的な性格を固着させるのである。いまやこの商品たとえば金は、「その等価形態をその関係」つまりあれやこれやの個別的な交換行為「にはかかわりなくもっているかのように見える」（*Ebenda*, S. 107. 同邦訳、一二四ページ）。金は、すでにその背後に固着しそのうちに「結晶化した」貨幣としての性格をもって、それぞれの交換行為に入る。この瞬間からはじめて、価値尺度と流通手段というそれに内属する恒常的な〈鉛筆による挿入〉機能をそなえた、貨幣という物象的範疇が出現するのである。

このように、貨幣の基本的諸機能の双方の発展は並行的に、一個同一の社会的過程において生じる。長い時間の経過において、まだこれらの機能の恒常的な担い手ではない金は、一連の個別的な交換行為のなかでこれらの機能を遂行する。金が流通にしだいに根づいてくるにつれて、労働生産物はますます頻繁に金によって価格を表現されはじめ、また反対に、金による価格表示が徐々に拡がってくると金の流通手段としての位置が確定してくる。貨幣の生成と発展の過程のこれら双方の側面は相互に密接に結びついており相互に支えあう。この長期にわたる過程の最終的な結果が、貨幣の二つの基本的な機能の金への「固定化」ないし「結晶化」なのである。なぜなら、この瞬間以前においても、金は、散発的で中断をともないながらではあるが、他の諸商品がそれと「交換される」商品（すなわち流通手段）の役割も、それらがそれに「同等化される」商品（すなわち価値尺度）の役割も、繰り返し遂行していたからである。まさにこの準備的な社会過程のうちにこそ、貨幣の双方の基本的機能の根源をもとめるべきであって、一方の機能を他方から導出するべきではない。まさにこのゆえにマルクスは、これら両方の機能の分析にあたって、一見すると金そのものに内属するかのように見えるこれらの機能のおのおのが、実際には商品交換という総体的な社会的過程の反映となるのはどのようにしてかということを、まず第一に示そうと努めているのである。

貨幣の一方の機能を他方の機能から導出しようところみる一面的な諸理論は、貨幣の発展の準備過程を無視することからのみ生じるものである。実際、貨幣はすでに一般的な流通手段になってからその後にはじめて価値尺度としての属性を獲得すると、想定することができるであろうか。実際には、その背後に恒常的に固着した一般的な流通手段としての属性を獲得するより以前から、貨幣はすでに無数の交換取引にすがたをあらわしており、交換される諸商品の価格が表示される材料としての役割も同時に遂行していたのである。またその反対に、金は、それが広く普及した価値尺度になってからはじめて、交換取引に実際に根づいたと想定することができるであろうか。これはまさに、だれかがすべての商品所有者の全労働生産物さらには彼らの全財産さえをもあらかじめ金で一般的に評価しておいて、その後に現実の金を交換取引に導入したと考えるに等しいことであろう。

長期にわたる発展過程の結果として金の背後にこれら二つの機能が固着するという事情は、さらにその後の発展につれて、流通手段の機能の分化が起こり、この機能が金とならんでまたは金に代わって、（銀や銅といった）他の金属貨幣あるいは紙幣によって遂行されはじめる、という状況が発生することを妨げるものではない。

価値尺度とは何か

価値尺度としての貨幣の機能とはいったいどういうことをいうのか、この問題に経済学者たちはさまざまな、ときとして不明確な回答を与えている。これらの回答の大部分には、問題に対する個人主義的・合理主義的アプローチの悪影響がみられる。経済学者たちは、商品交換に加わる個人にとってなにゆえに商品の価値尺度が必要なのか、と問う。あれこれの解答を発見して、つまり、個人が交換にさいして一般的な価値尺度を使用することから引き出しうる効用あるいは便益を示して、経済学者は価値尺度の社会的本性がすでに解明されたものと思い込む。しかしここで彼は往々にして、価値尺度をもちいることによる効用を示す合理主義的な諸論拠の分析に彼の注意をまったく限定してしまって、いまだ現実の経済現象の考察にさえ取りかかっていないのである。

主観理論〈空欄への書き込み〉。主観価値〔ценность〕論の側に立つ者には、明示的または暗示的な形で、価値尺度が必要なのはさまざまな生産物の限界効用の測定（ないし比較）のためである、という想定が往々にしてみられる。彼らが言うには、交換行為とは交換される諸商品の限界効用を測定（ないし比較）する心理学的〈手稿では「心理学的」は「心理的」に置き換えられている〉行為の結果ではないか。交換当事者がさまざまな生産物の主観的な限界効用をより容易に規定することができるためには、彼は一定の測定単位を持つことが必要である。このような単位として、特定の欲望を満たすことに役立つしたがって一定の有用性を有する、奢侈品としての金の単位量の限界効用が受け入れられる。

　このような観念は実際の現実とひどく乖離しており、主観価値〔ценность〕論の支持者でさえ大部分は、商品が貨幣と交換されるという現象へのこの理論のこのような直線的な適用が可能とはみなしていない。諸商品の同等化という客観的な行為が交換当事者たちの主観的な評価から説明しうるのかという一般的な問題は別としても、商品を貨幣と交換するにさいして貨幣材料（金）の限界効用が主観的に評価されるという事実はそもそも現実には起こらない、ということに疑問の余地はない。「もし彼（交換当事者——イ・ルービン）が支払い手段を流通的に（すなわち流通目的で——イ・ルービン）もちいようとするならば、ただ法的性質である通用性が彼にとって問題となるにすぎない。しかし、素材の種類および分量は彼にとってどうでもよいことである」[42]。クナップはもちろん、貨幣の法制的意義をその「経済的」意義すなわちその客観的な購買力と置き換えている点で誤っている。しかし、交換当事者が貨幣材料の効用を主観的に評価するという事実を否認する点で、彼と彼の同調者たちは無条件に正しい。ただし、この点においてクナップと同じ見解をとり、反対者たちをすべて「金属主義者」というキーワードのもとに十把ひとからげにして、彼らが「何らかの欲望の充足手段であり主観的評価の対象である」[43]ものとしての貨幣材料の価値を貨幣の価値の基礎として認めている、とする経済学者たちの論難は無益である。マルクス主義の理論においては、貨幣材料は（貨幣の萌芽的諸形態ではなく発展した商品社会が問題なのだから）主観的評価の対象としてではなく、一定の量の労働の産物としての役割を演じる。

　主観的労働価値論〈空欄への書き込み〉。しかしながらこのマルクス主義理論において一般に受け入れられている命題も、誰もが同様の意味で理解しているわけではない。マルクスの価値論は、商品所有者たちが二つの異種の商品を等量の抽象的労働の生産物と認めるので、交換行為においてそれらを相互に同等化するのであるかのような意味に理解されることがまれではない。労働〈鉛筆による挿入〉価値論のこのような主観的・個人主義的な理解は、貨幣論についても同様の理解にみちびく。貨幣は商品所有者たちにとって、商品に含まれる抽象的労働の量を確認し計測するための道具として役立つ、というわけである。このような見解は弱められた形ではあるがイ・ア・トラハテンベルクにみられる。「どの交換行為にさいしても生産物を質的に対置してそれらを同一単位で量的に測定することが必要である。同一単位で量的に測定するとは、それぞれの商品に体化されている抽象的労働、そのすべての具体的属性をはぎ取られた社会的必要労働の量を規定するという意味である。ところがこの量を規定するためには、その媒介によって諸商品を相互に同等化しそれぞれの商品に体化されている抽象的人間労働を同一単位で量的に測定することのできるような、抽象的労働の純粋な体化物として現れるようなあるものがなければならない[44]」。一見したところイ・ア・トラハテンベルクはこの過程の主観的ではなく客観的な側面に関心をよせているようであるが、しかし彼の叙述の仕方からしてその叙述は主観的・個人主義的意味で理解しうる。実際、商品が相互に同等化されるのは、商品所有者たちが彼らの労働を相互に主観的に同等化するからではなく、さまざまな種類の労働が等置される客観的な過程が、市場における諸商品の価値としての等置の結果としてまたこの等置をとおして生じるからである。主観的には商品所有者たちは諸商品のなかの抽象的労働の量を確認しようとはしない。諸商品が金と同等化されるのは金が「抽象的労働の純粋な体化物」であるからではなく、反対に、すべての商品が金と同等化されるから金は抽象的労働の体化物として現れるのである。

価格をとおした釣り合い〈空欄への書き込み〉。価値論におけると同様に貨幣論においても、「価値尺度」の概念から主観的・個人主義的要素を取り除いて、過程の全体をその客観的側面から見なければならない。商品経済においてはさまざまな生産部門のあいだへの社会的労働の配分は自生的な仕方で、より収益の高い生産部門では生産が拡大し収益の低い部門では生産が縮小することをつうじて、おこなわれる。個々の生産部門のあいだの釣り合いは、単純商品経済の条件においては、その生産に社会的に必要な労働に比例して生産物が交換されるという条件のもとでのみ確立される。ある二つの生産部門のあいだの釣り合いの状態に対応するのは、労働価値に対応したそれらの生産物のあいだの一定の正常な交換割合である。これらの生産物の市場交換の実際の割合がこの正常な割合から上方ないし下方に乖離すると、これらの二つの生産部門のあいだでの労働の再配分すなわち一方から他方への労働の流出が起きる。

これが、二つのことなる生産部門の生産物の市場における直接的等置の過程を観察する限りでの、商品経済の釣り合いの一般的な図式である。両部門間にはこのようにして一定の釣り合いの状態が直接的に確立される。しかし、交換過程において自生的に、ひとつの特殊な商品（金）が分出して、すべての他の商品がそれともっとも頻繁に交換されそれと同等化されるようになるにつれて、右に展開した釣り合いの図式は別のもっと複雑な様相を呈してくる。二商品の直接的交換は、金という第三の商品を介した間接的な貨幣的交換に席をゆずる。二つのことなった生産部門の生産物は今では相互に間接的に、それらのおのおのが金という一個同一の第三の商品との同等化をつうじて、同等化される。だが、商品経済においては価値としての労働生産物の市場での等置の過程は、対応する生産部門のあいだでの労働の配分の過程と密接に結びついているのであるから、前者の過程の直接的交換から貨幣的交換への進化は不可避的に、社会的労働の配分の過程における根本的な変化をもともなう。

ここでは、貨幣経済の発展によってひき起こされる素材的性格の変化、すなわち、ますます発展していく貨幣的交換の作用を受けて個々の経済単位が他の業種や労働種類に移行すること（たとえば、ある種の土地の耕作から別種のそれへの移行、商業的農業の拡大にともなう家内加工生産の排除、工業のための農業の縮小、等々）には触れない。ここでわれわれの興味を引くのはただ形態的性格の変化のみ、すなわち、種々の生産部門のあいだでの社会的労働の配分における釣り合いを確立する過程の社会的形態自体の変化のみである。今や、貨幣的交換の発展とともに、ある部門から他の部門への労働の流出はそれらの生産物に対する貨幣価格の運動によって、つまり、それらを市場で販売することから手に入れられる貨幣の量によって、規制されるようになる。部門Ａと部門Ｂのあいだでの社会的労働の配分は今では、それらの生産物の相互的交換の割合の変化に直接的に依存するのではなく、それらおのおのの金との交換割合の変化すなわちそれらの価格に依存する。一方での部門Ａと他方での他のすべての生産部門とのあいだの労働の配分における釣り合いは、Ａの生産物がその労働価値に対応する一定の価格となったときに確立する。その市場価格がこの正常な価格以下に低下すると、部門Ａにおける生産は縮小する、すなわち、部門Ａからより収益性の高い諸部門への生産諸力の再配分が生じる。右の正常な価格以上に市場価格が高騰すると逆の事態が生じる。言い換えれば、生産物の生産者たちはまだそれらを市場で販売する前から、それらの金での評価をすでに頭の中で作りだしている、すなわち、一定の販売価格を手に入れることを当てにしているのであり、この価格であれば彼らは従前の規模でその生産物の生産を継続するであろう。この期待される価格からの上方ないし下方への市場価格のどのような乖離も、この部門における生産の縮小または拡大を呼び起こす。このようにして、期待される正常価格ないし生産物の正常な価格評価が、この生産部門とその他の生産部門のあいだでの労働配分の規制者となる。この価格は生産部門間の釣り合いの状態に対応する。そして、この状態が現れるのはさまざまな労働種類の生産物がそれらの価値にしたがって交換されるときなのだから、生産物の事前の価格評価はしたがってそれらの価値の表現なのであり、また貨幣はこの価格評価の行為において価値尺度の機能をはたすのである。

孤立的な価格評価〈空欄への書き込み〉。ここで、商品の販売に先行するその価格評価のこの行為をさらに詳細に、現実にそれが実行される形において考察してみよう。ラシャの生産者は一アルシン〔約七一センチ〕のラシャをあらかじめ三ルーブルと価格評価する、すなわち、それを一定量の金と同等化する。この行為は交換対象（物象）の側からでもその主体（人間）の側からでも考察することができる。前者の場合にわれわれが目にするのは物象間の一定の交換割合、それら相互間の同等性であり、これは一見するとそれらの属性から生じるようにみえる。一アルシンのラシャが三ルーブルと交換されるという特別な能力を持っているように思われる。「自分にひとつの価値形態を与えることは、いわば個別商品の私事であって、個別商品は他の商品の助力なしにこれをなしとげるのである」（MEW, Bd. 23a, S. 80. 前掲邦訳、九〇ページ）。われわれが目にするのは二つの物象の個別的な等置行為である。交換主体の側から見るとこの行為は、あれこれの動機をもとにした一定の主観的な価格評価であり、この価格評価はその主体がラシャに付与する意義の観点からこれを他の生産物と同等化するもののように映る。われわれが目にするのは主観的・心理学的〈手稿では「主観的・心理学的」は「主観的・心理的」と書き換えられている〉性格の個別的行為である。どちらの場合にも、価格評価の行為は、当の個人・当の二つの商品にしか関係しない個別的で孤立的な行為とみられる。商品の価格評価のこのみかけ上の孤立的な性格は、この価格評価が一見すると、二つだけの商品の等置行為としての「個別的な価値形態」として現れることによって説明される。しかし、これらの商品のうちの一方（金）がすでに一般的等価であり、他のすべての商品がこれと同等化されこれと交換されるのであれば、実際には、われわれが目にしているのはすでに個別的な価値形態ではなく一般的な価値形態であり、個人的な価格評価の行為ではなく社会的性格の行為なのである。

価格評価行為の社会的性格〈空欄への書き込み：「その社会的性格」〉は、何よりも、この行為が特定の社会的諸条件を与件として想定しているということに示される。これらの条件は、生産と交換の過程の社会的形態にもまたその技術的側面にも関連する。一アルシンのラシャを三ルーブルと価格評価するある行為が想定しているのは、(1)すべての商品生産者が彼らの生産物を金で評価すること、つまり彼らの諸交換価値に価格の形態を付与すること、⑵ラシャ産業における労働の生産性が、ラシャをアルシンあたり三ルーブルの価格で販売することがラシャ産業と他の生産諸部門とのあいだの釣り合いの状態に対応するようなレベルにあるということ、である。（生産と交換を含む）再生産過程の特定の社会的形態を表現する第一の条件は、価格評価行為をその質的な側面から可能にする。生産技術の特定の状態を表現する第二の条件は、同じ価値評価行為をその量的な側面から可能にする。

質的側面〈空欄への書き込み〉。価格評価の行為においては「質的な契機と量的な契機とが区別されなければならない」（MEGA^2, II/2, S. 141. 邦訳『資本論草稿集③』二六七ページ）。まず前者の契機に立ち入ってみよう。質的な側面からは、価格評価の行為とはひとつの具体的な商品（ラシャ）を、まずあらかじめすでに他のすべての商品と等置されており、したがって抽象的商品（すなわち、任意の使用価値の姿態を取ることのできる商品）としての性格を受け取っている、別の具体的な商品（金）と同等化することを意味する。ラシャは金と同等化されることによって他のすべての商品と同等化され、任意の他の商品と交換される能力を獲得する。このことによってラシャ生産者の具体的労働は他のすべての種類の労働と等置される。使用価値は交換価値に転化され、私的で具体的な労働は社会的で抽象的な労働に転化される。価格評価の行為は、労働生産物と労働そのものの双方の社会的性質の（さしあたってはまだ期待された観念的なものにすぎない）質的な変化を意味する。

しかしながら、金との同等化を介したラシャの社会的性質のこのような変化は、双方の社会的性質の差異をすでに前提している、すなわち、そのすべての生産物を金と交換しこれによって金に一般的等価つまり貨幣の性格を賦与する、すべての商品生産者たちの集合的なはたらきかけをすでに前提している。ラシャが、金との同等化を介して価格を決められうるのは、すなわちその交換価値を表現する価格を受け取ることができるのは、ただ、他のすべての商品もまた金で価格評価をされるという条件のもとにおいてのみである。「金が価値の尺度となるのは、すべての商品がその交換価値を金で評価するからにほかならない」（*Ebenda*, S. 141. 同邦訳、一六七ページ）。「もし諸商品が全面的にその価値を銀または小麦または銅で測り、したがって銀価格、小麦価格または銅価格としてあらわすならば、銀、小麦、銅は価値の尺度となり、こうして一般的等価となるであろう」（*Ebenda*）。この行為によってラシャは金を介して他のすべての商品と同等化される、つまり、金はこの場合貨幣の役割を遂行するのであるから、このような「他のすべての商品の全面的なはたらきかけ」（*Ebenda*, S. 124. 同邦訳、一三七ページ）なしには、すなわち、すべての商品生産者の集合的なはたらきかけなしには、このラシャの評価行為は不可能である。「一般的価値形態は、ただ商品世界の共同の仕事としてのみ成立する。一つの商品が一般的価値表現を得るのは、同時に他のすべての商品が自分たちの価値を同じ等価物で表現するからにほかならない。そして、新たに現れるどの商品種類もこれに倣わなければならない」（MEW, Bd. 23a, S. 80. 邦訳『マルクス＝エンゲルス全集』第二十三巻a、九〇ページ）。マルクスのこの言葉はある生産者の価格評価行為が他のすべての商品生産者のはたらきかけに依存していることをさらに強く強調している。この生産者が（具体的な生産物としてではなく）貨幣としての金で自分の生産物を価格評価することができるのは、他のすべての商品生産者たちもまた同時に同じことをするという条件においてのみのことである。また反対に、この条件が存在するときには、われわれの商品生産者もまた自分の商品を金で評価し、この生産物の金での市場価格の変動に応じて自分の生産を拡大したり縮小したりすることを強いられる。

量的側面〈空欄への書き込み〉。価格評価行為の質的側面からその量的側面に移ろう。ラシャは一般的等価としての金と一般的に同等化されるだけではなく、一アルシンという特定量のラシャが三ルーブルという特定量の金と同等化される。金はすでに一般的等価としてだけではなく価値尺度としても登場する〈この命題は空欄に鉛筆で強調されている〉。一アルシンのラシャが三ルーブルと価格評価されるのは、その生産者がどのような状況のもとでも一アルシンのラシャをこれより安く売ることに同意しない、という意味ではない。市況が悪ければ彼はそうせざるをえないであろう。他方、この価格評価は、ラシャの生産者がもっと高い価格を付けることを望んでいなかったという意味でもない。有利な市況のもとでは彼はその価格を引き上げようとする。最後に、ラシャの価格評価は、生産者がこれによって、一方での一アルシンのラシャの効用と他方での一定量の金の効用について彼の全体的な主観的評価を与えている、という意味でもない。一アルシンのラシャを三ルーブルと価格評価するのは、生産者が従前の規模でのラシャの再生産を継続することを希望し、またそれが可能な交換割合について事前に彼の頭の中で決める、という意味である。[45] 商品のこの事前の価格評価ないし基準計算は、社会経済における釣り合いの状態に対応する市況の状態の頭の中での先取りであり、個々の生産者にとっては、彼が自分の経済活動をそれに合致させようとする調整器として役立つ。この基準計算からの上方ないし下方への市場価格の乖離を見て、彼は生産の拡大または縮小をはかる。

価格形成の不断の継続〈空欄への書き込み〉。商品生産者が自分の計算によって社会経済の釣り合いの状態を先取りしうるのは、この計算自体がすでにあらゆる生産部門の相互作用と相互適応の長期にわたる自生的な過程の結果であり反映であるからである。これらの部門のあいだには無数の摩擦と攪乱をつうじて結局はやはり相対的な釣り合いの状態が確立される。この釣り合いは、さまざまな生産部門における生産諸力の一定の状態に対応しており、単純商品経済のもとでは個々の生産物の労働価値に対応する平均的水準を中心とした市場価格の変動のメカニズムによって（たえまのない乖離をともないながら）保持される。あらゆる生産部門の相互適応のこの過程の結果が、その生産物の一定の平均的な価格評価なのであり、それは生産者の計算において、それらの生産部門のあいだでの将来の釣り合いの状態についての頭のなかでの先取りに転化される。

ラシャ産業における労働生産性の一定の状態のもとで、ラシャの労働価値に対応するアルシンあたり三ルーブルというまさにこの価格において、この生産部門と他の諸部門のあいだの釣り合いが（傾向として）確立された。三ルーブルという平均価格、これは長く続いた競争過程の総決算でありその沈殿物であり、アルシンあたりのラシャに対してその正常な価格評価として固定された価格である。このまさに三ルーブルに固定された価格はまた、生産者にとっては商品の計算過程における出発点ともなるものである。生産条件が変化した場合、たとえば原材料の高騰とか技術の改善の結果としての生産の低廉化などの場合、この数字にはもちろん訂正と変更が加えられる。だがいずれにしても生産者は計算にあたって、すでに競争の社会的過程が総括されていて当該部面における生産諸力の状態が客観的に織り込まれている出発点を持っているのである。生産者が一回ごとのあらたな生産過程にさいして、あらゆる計算をはじめから開始して労働生産性と生産物の労働価値を主観的に算出する必要はいささかもない（主観的労働価値〔ценность〕論の欠陥はこの点の無理解にある）。彼はすでに一定の価格から出発するのである、すなわち、一方での原材料、機械その他の価格（すなわち生産費）、また他方での予測による期待される生産物価格から出発するのである。それぞれの与えられた価格の状態が先行する価格の状態を基礎にして発生することを、マルクスはいささかも否定しようとは考えなかった。それぞれの新しい生産過程にさいして価格評価が生産物の労働価値から新規に導出される〈鉛筆による挿入〉とは彼は明言していない(46)。だがもちろん、生産費理論がそうするように、価格が不断に変化するという事実と、価格形成過程の個々の局面の相互関連性とをこのように確認することをもって、価格変化の因果的説明と受け取ってはならない。さまざまな商品の平均価格の相対的な高さを規制する諸原因、またとりわけそれらの運動つまりそれらの変化の過程を規制する諸原因を、さらに発見しなければならない。これらの原因を見いだすこともまた価値の理論の課題をなすのである。

このように、価格評価の行為の量的な側面は社会的諸条件にも依存していることが示される。この依存性は次の点にはっきりと現れる。(1)価格評価は生産者の主観的な評価の表現ではなく、生産諸力の客観的な状態の表現である。⑵この生産諸力の状態は諸商品の価格評価または計算の形で全体として示されるが、それはある一人の商品生産者の力によるのではなくすべての商品生産者の集合的なはたらきかけによるのである。特定の生産者の価格評価の行為にとってはこのはたらきかけの結果がその出発点となる。言い換えれば、生産諸力の変化は商品生産者の意識によって直接的に、主観的な価値のそれに対応する変化の形で〈鉛筆による挿入〉、考慮に入れられるのではなく、商品生産者たちの一連の集合的なはたらきかけ（生産の縮小や拡大、ある生産部門から他のそれへの移行、等々）を呼び起こすのである。その結果は諸物象の社会的属性の形で、たとえば、一定の平均価格の形で客観的に示される、つまり「結晶化」する。さらにこの価格は個々の商品生産者の意識によって確認され考慮に入れられ、彼にとっては計算の出発点として役立てられる。このように、商品の価格評価の行為の先行する価格状態への依存性は、個々の生産者の動きの社会的諸条件への依存性を表現するものにほかならないのである。

再生産の不断の継続〈空欄への書き込み〉。価格形成過程の右のような不断の継続は、再生産過程の不断の継続を反映するものである。ある生産過程はその前の過程の繰り返しである。それはなにもないところから始まるのではなく、前回の生産の結果をすでにその前提としている。この結果は一定の価格の形で固定されている。社会的諸関係が商品生産者たちを結びつけるのは直接的には市場交換の行為においてのみであり、交換行為が終わるとこの関係は途切れてしまうとはいえ、その結果として、労働生産物の背後に固着した一定の社会的性格たとえば一定の平均価格が生じる。商品生産者が市場で原材料や機械などを買い入れてそれらを生産過程に投じてしまうと、それらは商品ではなくなり生産諸要素に転化するが、しかしこのことはまだ、これらの商品が交換過程において獲得した社会的形態（一定の交換価値ないし価格）が交換過程の終了後に跡形もなく消えてしまう、ということを意味しない。反対に、この形態はこれらの物象のなかに社会的属性として固着し結晶化している。あたかもこれらの物象に内在する属性でもあるかのように、それらが市場で登場した売り買いという生産関係が終わった後もそれらによって保持されているかのように。市場から紡績職人の仕事場に移動した綿花を、紡績職人は依然として一定の価格を有する物象と見なすのである。綿花に対する技術的操作にあたって彼はこの種の原材料の価格のことを一瞬とも忘れることはできない。このように、交換過程のなかで確立された価格はそれに続く生産過程においてもその作用を継続するのである。他方、その生産過程の後にはふたたび交換過程が続くのであるから、生産物のそこでの実現の見通しはすでに生産過程自体において考慮され、計算され、意識される。まだ生産過程のなかにある生産物はまだ商品ではないとはいえ、先取りされた価格をすでに有するのである。この価格は、すでに詳しく述べたように、その価格評価あるいは正常な計算として表現される。

それゆえ、価値の理論では、直接的生産過程では商品生産者は他の商品生産者たちとは独立に活動する（商品生産の無政府性）のであり交換過程においてはじめて彼らと結びつく、とわれわれは述べたが、この命題は、生産過程と交換過程を抽象的観点からそれぞれ個別に考察していた限りにおいて正しかったのである。だが実際の現実においては、ある生産過程は不断の社会的再生産過程の繰り返される諸局面のうちのひとつ、交換の行為が先行しまた後続する局面でしかない。それゆえに、市場での交換過程にある生産者をとらえて離さない社会的な結びつきの濃密な網の目は、中間の生産期間においても解体されず、先行する交換過程の結果としてまたその直後の交換過程の先取りとして、そこでもその作用を継続するのである。社会的な結びつきのこの網の目は、過去の突起と未来の子房とをもって生産過程をとらえ、これによって、再生産過程全体の流れのなかでの人々の社会的な結びつきと物象の社会的形態とを不断に維持するのである。商品生産者は、自分の仕事場では形式的には自律的にそして他の商品生産者たちからは独立に活動するとはいえ、実際には、前者を後者と結合しその経済的活動を規定する社会的な結びつきのこの濃密な網の目から一瞬も切り離されることはない。まったく同様に、彼の仕事場にある生産手段もそこから徐々に成熟してくる生産物も、一瞬といえども、社会的形態を奪われた純粋に技術的な生産諸要素と見なすことはできない。これらのものは、仕事場という安全な場所に隔離されて生産の技術的過程に飲み込まれており、この時には人々のあいだの生産諸関係の積極的な担い手ではないが、しかしこのことによって、過去と未来の生産諸関係の担い手であるというその性格を失うわけではない。それらは、その社会的な来し方行く末の刻印を保持している。価値尺度にかんするマルクスの所説の根本的な社会学的〔социологический〕意味はこの点にある。それはほかでもない、交換行為に先行する生産過程における労働生産物の価格評価についての所説である。

流通以前の価格評価〈空欄への書き込み〉。マルクスは、商品の貨幣による価格評価の行為が商品が交換過程に登場する以前にすでに行われることを、力をこめて強調する。それは、交換行為そのもののなかで購買者が貨幣を支払う前に販売者との相互の合意によって商品の価格を確定しなければならない、という意味[47]ではなく、生産過程そのもののなかでその作用を発揮する右のような生産物の正常な計算ないし価格評価という意味である。販売者と購買者の形式的な相互の合意からの交換割合の決定（これは実際には販売者または購買者から一方的に開始されうる）は、二商品の規則的な交換においてだけでなく偶然的な交換においても行われ、貨幣的交換においてだけでなく物々交換においても行われる。交換行為自体に先行し、すでに生産過程において形成され、正常な再生産の継続と当該生産部門の他の生産諸部門とのあいだの釣り合いの維持とを可能にする諸条件を先取りする生産物の価格評価は、これとはことなる。生産物の予備的な価格評価というまさにこの行為は商品生産に必ずともなう固有の属性をなす。商品生産を特徴づけるのは労働生産物が販売されるということではなく、それがすでに販売を目的として生産されるということである。偶然的な交換では、労働生産物は交換されるときになってはじめて交換の対象（商品）という一過的な形態を獲得するが、交換行為の前後にあっては商品としても交換価値としても現れない。この場合、「AとBという物象は交換以前には商品ではなく、交換によってはじめて商品になる」（MEW, Bd. 23a, S. 102. 前掲邦訳、一一七ページ）。このことが意味するのは、商品生産はまだ人々の生産諸関係の一定の確固としたシステムとはなっておらず、物象の確固とした社会的形態としての価値という商品生産に対応する物象的な範疇もまだ存在していない、ということである。商品生産が発展するのは、労働生産物が「はじめから交換を目的として生産される」（*Ebenda*. S. 103. 同邦訳、一一八ページ、強調は引用者）ようになるのに応じてのみのことである。生産物が「特に交換のために」生産されるようになると、「物象の価値性格がすでに、それらの生産そのものにさいして考慮されるようになる」（*Ebenda*, S. 87. 同邦訳、九九ページ、強調は引用者）。そしてこのことはまさに、生産の過程そのものにおいて、それ固有の価値形成の現象をともなった先行する交換過程にもとづいて次の交換過程の価格形成を先取りする一定の価格評価が生産物に対してなされる、ということに示される。

生産物は、生産過程そのものにおいてすでに予備的な価格評価を受けるのであるから、交換過程にはすでに一定の交換価値とそれに対応する価格を身につけて登場する。マルクスはこの事情を力をこめて強調している。「諸商品は価格を決められた商品として」（MEGA^2, II/2, S. 158. 邦訳『資本論草稿集③』二九八ページ）、「一定の価格をもつ使用価値」（*Ebenda*, S. 159. 同邦訳、二九九ページ）として「交換過程にはいりこむ」（*Ebenda*, S. 158. 同邦訳、二九八ページ）。マルクスは、「商品は価格をもたずに流通過程にはいる」（MEW, Bd. 23a, S. 138. 邦訳『マルクス＝エンゲルス全集』第二十三巻a、一六一ページ）という仮定をばかげていると言う。マルクスのこのような執拗な指摘は次のような意味で理解されるのがふつうであった。すなわち、生産過程では生産物を作るのにすでに一定量の社会的に必要な労働が支出されているのであるから、生産物の価値は市場交換の諸条件によってではなく、生産過程を特徴づけ交換行為に先行する技術的諸条件によって規定される、と。しかしながらこのような理解はマルクスの思想を狭隘化するものである。マルクスは次のように断言する。すなわち、われわれは生産過程自体において、一定の技術的諸条件だけでなく生産の特定の社会的形態（販売を目的とする生産すなわち商品経済）をも、すでにできあがった形で有しているのである、と。それゆえに、労働生産物もまた生産過程自体においてすでに、特定の労働支出の結果としてだけでなく、特定の社会的形態をもった物象、すなわち、貨幣での一定の価格評価を受けた商品としても現れるのである。貨幣はすでに流通過程の前から価値尺度の機能を遂行する、というマルクスの所説を十分に理解しうるためには、これを彼の次の所説と関連させて捉えなければならない。すなわち、「価値としての物象の性格はそれらの生産そのものにおいてすでに意識にのぼる」、それゆえ、労働生産物は生産過程それ自体においてすでに一定の価格評価を受け取り流通過程には特定の価格をもって入りこむ、という所説と。だが、まだ交換行為の前に労働生産物が価格評価されるというこの可能性を理解するためには、当該生産過程にはすでに交換過程が先行していることを思い出さなければならない。この交換過程の結果は、物象の特定の社会的属性すなわちさまざまな商品の価格の体系という形で、今度は当該生産過程の諸前提となるのである。

価格評価の観念的性格〈空欄への書き込み〉。商品の価格評価の行為はその商品が交換にまだ入り込む前に生じるのであるから、この行為は観念的性格を帯びており、「その価値尺度機能においては、貨幣は、ただ想像されただけの、観念的な、貨幣として役立つのである」（*Ebenda*, S. 111. 前掲邦訳、一二七ページ）。商品の事前的な価格評価によって、いわばその商品の「釣り合いの価格」、すなわちその生産部門とそれ以外の諸部門とのあいだの釣り合いの状態に対応する価格水準が確定する。だが、生産の無政府性をともなう商品社会においては、このような釣り合いの状態はただ観念的で平均的な基準線としてだけ可能であるが、社会的労働の実際の配分はたえずそこから上下に乖離しているのだから、商品の事前的な価格評価もまたその観念的で平均的な価格の先取りでしかなく、実際の価格はたえずそこから上下に乖離する。「商品の価格規定は、商品の一般的等価物へのたんに観念的な転化であり、依然としてこれから実現されなければならない金との等置である」（MEGA², II/2, S. 143.

邦訳『資本論草稿集③』二七〇ページ)。商品のこの事前的で観念的な価格評価が市場で実現する可能性は、「その商品が使用価値として実証されるかどうかに、それに含まれている労働時間の量が〔…〕生産のために社会が必然的に必要とする労働時間の量として実証されるかどうかにかかっている」(*Ebenda*, S. 143. 同邦訳、二七一ページ)。

ここにわれわれが目にするのは、価格すなわち貨幣によって表現される商品の交換価値とわれわれが価値論において研究した交換価値とのあいだの、きわめて本質的な区別である。価値論においてはわれわれは個々の生産部門のあいだの釣り合いを想定していた。その場合さまざまな種類の労働の生産物は価値として相互に同等であり、またこのことによってさまざまな種類の労働も相互に同等であった。だが商品経済においてはこのような労働の等置は生産の社会的過程の意識的な前提ではなく自生的な競争過程の結果でしかない。そこでは労働配分における不等性や不比例性が不可避的に発生する。商品経済のこの特質は貨幣による商品の価格評価にも反映する。この価格評価に示されるのは、その商品の他のすべての商品との等置したがってまたその労働種類の他のすべての労働種類との等置が、まだ完結した事実ではなく今後の実現を俟つにすぎないものであることである〈この命題の最後は空欄に疑問符が打たれている〉。ある商品の他のすべての商品との等置はそれの金との等置によってのみ可能である。しかし金は、すべての商品がそれを介して等置しあう(すなわちすべての商品生産者が自分の生産物を金と交換する)というまさにこのことによって、他のすべての商品が自己のものとしえない貨幣という特別な社会的形態を保有する。分離された商品すなわち貨幣のこの特種な特性は、この商品は任意の具体的商品といつでも交換されうるが後者の方は金といつでも交換されうるとは限らない、という点にある。一アルシンのラシャを三ルーブルと価格評価することは、三ルーブルと引き替えにいつでも一アルシンのラシャを受け取れることを意味するが、しかし反対に一アルシンのラシャがいつでも三ルーブルと交換されるということは意味しない(MEW, Bd. 23a, S. 117. 邦訳『マルクス゠エンゲルス全集』第二十三巻a、一三五―六ページ)。すなわち、商品の金での価格評価はそのうちに同等性の契機（商品の金への同等化）とともに不等性の契機（貨幣の社会的形態の商品の社会的形態との区別）を含むのである。言い換えれば、ある商品の他のすべての商品との等置はまだ実現されていないのであり、それは、商品が市場でその社会的形態からして商品とは等しくない金と実際に等置されるかどうかにかかっている。それゆえ、商品の価格評価に表現されているのは、「商品が響きを発する金と引き替えに譲渡される必然性とその譲渡されない可能性」であり、「要するに生産物が商品であるということから生じる全矛盾、言い換えれば、私的個人の特殊的労働が社会的効果をもつためにはその直接の対立物として、抽象的一般的労働としてあらわされなければならないということから生じる全矛盾が、潜在的に含まれている」（MEGA^2, II/2. S. 144. 邦訳『資本論草稿集③』二七一ページ）。商品の価格評価の行為の観念的性格は、それが頭のなかで思い浮かべられた行為として交換過程に先行するという点だけではなく、その交換過程での実現はいつも多かれ少なかれ近似的にのみなされ、価格評価からの市場価格の上方または下方への乖離をともなっている点にも、はっきりと示される。「価格と価値の大きさとの量的な不一致の可能性、または価値量からの価格の偏差の可能性は、価格形態そのもののうちにあるのである」（MEW, Bd. 23a, S. 117. 邦訳『マルクス＝エンゲルス全集』第二十三巻a、一三五―六ページ）。

〔Ⅶ〕 流通手段

マルクスは、流通過程に先行する商品の観念的な価格評価の行為から次の行為に移行する。商品がどの程度その予備的な価格評価に対応して実現されうるか、言い換えれば、どの程度市場価格が商品の価値に接近するのかは、ただ実際の流通過程においてだけはっきり示される。個々の生産部門間への実際の労働の配分が社会的労働の比例的な配分から大きく乖離しているほど、価値からの市場価格の乖離は大きくなる。ある生産者の一〇時間の労働支出は市場では五時間の社会的労働に還元されるかもしれない、すなわち、彼の私的で具体的な一〇時間の労働の生産物は、市場では、ただ五時間だけの社会的で抽象的な労働に対応する価格で販売されるかもしれない。このようなことが生じるのは、その生産物に対する（支払い能力のある需要として表現される）社会的欲望が現時点では存在しないからか、または、その生産物の生産の量がそれに対して今現在存在する欲望の量を量的に上まわっていたからか、あるいは、その生産者が遅れた技術的諸条件のもとで労働していて彼の個別的労働支出が平均的な社会的必要労働を上まわっているからである（*Ebenda*, S. 121. 同邦訳、一四一ページ）。

マルクスは、流通手段としての貨幣の機能の研究にあたって、価値尺度としての貨幣の機能の研究の場合と同様の方法をもちいている。一見したところ、貨幣はそれ自体で商品の価値を測定するという属性を有しているように思われる。マルクスは、このような属性を貨幣が獲得したのは、貨幣を介してすべての商品が相互に全面的に同等化されるようになる長期にわたる過程の結果であること、すなわち、「すべての商品の全面的なはたらきかけ」の結果であることを、示した。これは実際にはすべての商品生産者たちの全面的なはたらきかけなのであるが。流通手段の分析においてマルクスはこれと同じ途を歩んでいる。一見したところ、貨幣はあたかもそれ自体で流通手段としての属性を有しているように思われる。貨幣は、それ自身の力でいかなる種類の商品をも運動に引き込むかのようにして、それらを購入する。しかしながら、マルクスは、貨幣のこの「物象的」属性を諸商品そのものの運動からみちびき出す。この運動はまた、商品生産者たち自身の一定のはたらきかけと相互関係を反映している。このことに対応して、マルクスは何よりもまず諸商品の運動すなわち「商品の変態」を分析し、その後にはじめて「貨幣の流通」に移行するのである。

マルクスは商品の流通過程の分析に着手するにあたって、そのうちに「質料代謝（Stoffwechsel）」と「形態変換

(Formwechsel)」という二つの側面を区別している。「交換過程は、諸商品を非使用価値とする人の手から使用価値とする人の手に移すかぎりでは、社会的質料代謝である」(*Ebenda*, S. 119. 前掲邦訳、一三八ページ)。すなわち素材的物象の運動である。この過程の「物象的契機」は次の諸点にある。すなわち、⑴まず最初に「商品と金との」実際の「交換」、「普通の商品と貨幣商品との交換」(*Ebenda*. 同邦訳、一三九ページ)が行われ、これらはともに一定の素材的物象の形で、商品は販売者の手から購買者の手へ、金は購買者の手から販売者の手へと、反対の方向に進んで行く、⑵この後商品と金との反対方向への同じ運動が再び繰り返され、以前の販売者は今では自分の金を譲渡して引き替えに自分に必要な生産物を受け取る。この全過程の総結果として「ある有用な労働種類の生産物が他の有用な労働種類の生産物と入れ替わる」(*Ebenda*. 同邦訳、一三八ページ)。「その質料的内容から見れば、この運動はW—W、商品と商品との交換であり、社会的労働の質料代謝であって、その結果においては過程そのもの(すなわち過程の社会的側面〔ルービンによる追加〕)は消失している」(*Ebenda*, S. 120. 同邦訳、一四〇ページ)。

最後の文言からわかるように、ある人から別の人への諸物象(商品と金)の前進運動を内実とする流通過程の質料的・技術的側面は、マルクスの真の研究対象にほかならないその社会的形態をわれわれから覆い隠すのである。マルクスは人々の生産諸関係の「担い手」としてのみ物象に興味を持つ、すなわち、それらの物的・技術的〔материально-технический〕諸属性の面からではなく、それらの社会的形態の面からのみ、すなわち、人々のあいだに特定の生産諸関係が現存する場合にだけ物象が獲得するそれらの社会的諸属性の面からのみ、興味を持つのである。流通過程に姿を現し一見したところそれらの質料的諸属性によってのみ相互に区別される諸物象(金とその他の諸商品)は、実際にはそれらの社会的諸形態によって相互に区別されるのである。金が交換過程に登場するのは、すでに他のすべての商品と等置されていて任意の他の商品と直接的に交換されることができ、またそれゆえに、一般的等価ないし抽象的・社会的労働の表現者という特別の社会的機能を遂行する、労働生産物としてなのである。ところが商品の方は、まだ他の諸生産物と等置されていない労働生産物として、言い換えれば、私的で具体的な労働の生産物として、金と対峙する。商品と金がことなる社会的諸形態によって区別されるようになると、金との商品の交換はひとつの質料的物象の他のそれとの入れ替わりだけでなく、物象の社会的形態そのものの変換（Formwechsel）をも意味することとなる。まさにこの「社会的質料代謝を媒介する諸商品の形態変換または変態」（*Ebenda*, S. 119. 同邦訳、一三八ページ）に、マルクスは興味をよせるのである。彼は「全過程を形態の面からだけ」（*Ebenda*）、すなわち、労働生産物の質料的諸属性〈の面から〉ではなくその社会的形態の面から、研究するという目標を設定するのである。

しかしマルクスはこの点に止まっていることはできない。なぜなら、諸物象の社会的形態は労働の組織の特定の社会的形態すなわち人々の特定の生産諸関係の反映であるからである。流通過程は諸物象の質料的運動（質料代謝）であり、それらの社会的形態の変化（諸商品の変態）であるだけでなく、交換当事者としての個々の商品生産者たちのあいだの生産諸関係の運動でもある。商品と貨幣という社会的形態の対置は、販売者と購買者のなすことなる社会的はたらきかけの対置を反映している。「商品のこの二つの反対の変態は、商品所有者の二つの反対の社会的過程で行われ、商品所有者の二つの反対の経済的役割に反射する。販売の当事者として彼は販売者になり、購買の当事者として購買者になる」（*Ebenda*, S. 125. 同邦訳、一四七ページ）。商品の呪物性の理論からわれわれが知っているように、交換行為において商品所有者たちが（販売者と購買者という）対極的な役割を果たすという彼らのあいだでの生産関係の差異化は、（商品と貨幣という）交換される諸物象の社会的形態の差異化という「物象化された」表現を見いだす。労働生産物の商品と貨幣への分化は、商品所有者間の生産諸関係の変化と物々交換の排除の結果である。しかし、変化した諸関係が、分出した商品（金）の貨幣機能の形で固定化またはは「物象化」されてしまうと、ある商品所有者の手元にそれが現にあるということが、それ自体によって、交換行為における購買者としての彼の役割を規定することになる。まさにこれに対応して、商品所有者の手元に分出した商品以外の他の諸商品（つまり単なる商品）があれば、その交換行為における販売者としての彼の立場はすでに決まっている。このように、商品と貨幣という社会的諸形態は経済の一定の構造と人々の生産諸関係との結果であるとしても、他面では、ある具体的な交換行為における個人の立場は彼に属する物象の社会的形態によって規定される。「流通過程の内部では、彼らは販売者と購買者という対立的形態で、一方は人格化された砂糖棒として、他方は人格化された金として相対する。さて砂糖棒が金になると、販売者は購買者になる」（MEGA², II/2, S. 164. 邦訳『資本論草稿集③』三〇七ページ）。商品所有者たちの「社会的性格」（*Ebenda*）の変化は、物象の社会的形態の変化と並行して生じる。後者の過程を理解するためには、前者に特徴的な特質を明らかにすることが必要である。

それゆえ、マルクスがこの場合、彼の体系のこれ以外の諸部分におけると同様、貨幣流通に特別な形態を付与するタイプの人々の生産諸関係の研究に特に注意を向けたということは、驚くにあたらない。人々の生産諸関係のこのような分析はW–G–Wという回転循環についてのマルクスの周知の所説に見いだされる。

貨幣流通の外面的な現象から分析を開始する研究者は、そのうちに「偶然にあいならんで行われる多数の購買と販売」（*Ebenda*, S. 166. 同邦訳、三一二ページ）以上のものを見て取らない。これらの行為はどのひとつを見ても商品の貨幣との交換であり、他の行為といかなるものによっても絶対に区別されない。販売者の側からは販売W–Gをあらわすその同じ行為が、購買者の側からは購買G–Wである。貨幣はこれらの行為のいずれにおいても購買手段の役割を演じる。購買手段がさまざまな商品の価格を次々と実現していて、諸商品それ自体はあたかも自分からは動かないように見える（*Ebenda*, S. 167. 同邦訳、三一二ページ）。あるルーブル貨と引き替えに商品Wが購入されると、この商品のそれまでの販売者はこの同じルーブル貨と引き替えに他の商品W_2を買い入れ、この商品のそれまでの販売者はこの同じルーブル貨と引き替えに再び商品W_3を買い入れる、等々。これらすべての交換行為はばらばらに行われそれらを相互に結びつけるものはなにもない。それらのおのおのにおいて、以前の商品とは何のかかわりもない新しい商品が姿を現す。それぞれの商品はただ一回しか販売されない、すなわちいったん貨幣と交換されるとただちに購買者の使用の領域に移行する。交換の全過程が、偶然的に併存するかあるいは相互に続く購買と販売の行為の混沌としたかたまりとして現れ、これらの行為は何によっても結びつけられていない。

この一見混沌とした状態のなかに合法則性を見いだすためには、われわれの注意の中心を貨幣と商品それ自体から商品生産者に移行させなければならない。「商品変態の諸契機は、同時に、商品所有者の諸取引――売り、すなわち商品の貨幣との交換、買い、すなわち貨幣の商品との交換、そして両行為の統一、すなわち買うために売る、である」(MEW, Bd. 23a, S. 120. 邦訳『マルクス゠エンゲルス全集』第二十三巻 a、一四〇ページ)。われわれの研究の出発点として商品生産者を取り上げさえすれば、交換の諸行為はたちまち一定の・合法則的な・必然的な一貫した繋がりに配列される。それぞれの商品生産者のはたらきかけは、最初に販売 W–G そして次に購買 G–W という特定の順序に従わなければならない。ここで販売はまさに購買をなす可能性を得るという目的をもって遂行される、言い換えれば、ある行為が合法則的に別の行為に続くということはそれらの間の内的な繋がりから生じるのである。そしてこの内的な繋がりの方も商品経済の基本的な性格によって規定されている。

商品生産者たちは社会的分業によって相互に結びつけられ市場に向けて商品を生産しているのであるから、生産過程のあとには必然的に流通過程が続かなければならない。この後者だけが商品生産者に、彼が製造した彼自身には必要のない商品に代わって、「その他の生活手段や生産手段」(*Ebenda*) を手に入れる可能性を与える。彼はこれらのものを受け取らないかぎり生産過程を更新することができない。このために必要な、先行する生産期間のうちに彼が使い果たした生産手段も、後続の生産期間のあいだ自分と自分の家族を養うための生活手段も、ないからである。しかし、必要な生産手段と生存手段を自分の思うように手に入れることが可能なためには、彼は自分が製造した商品をあらかじめ貨幣に転化していなければならない、つまりそれらを市場で販売していなければならない。「社会的分業は彼（商品生産者――イ・ルービン）の労働を一面的にするとともに、彼の欲望を多面的にしている。それだからこそ、彼にとって彼の生産物はただ交換価値としてのみ役立つのである。しかし、彼の生産物はただ貨幣においてのみ一般的な社会的に認められた等価形態を受け取るのであり、しかもその貨幣は他人のポケットにある」（*Ebenda*, SS. 120–1. 前掲邦訳、一四一ページ）。「すでに生産をした人間に売るか売らないかを選択する自由などない。彼は売らなければならないのである」（MEGA^2, II/3・3, S. 1125. 邦訳『資本論草稿集⑥』七〇六ページ〔強調は原文〕）。すなわち、生産過程の必然的な仕上げが商品の販売行為なのであり、新たな生産過程を開始する可能性を得るためには、商品生産者は、自己の商品の販売行為のあとで、それに応じた生産と生存の手段の購買者の役割で必然的に登場しなければならない。二つの行為（W–G と G–W）の合法則的な交替の形を取る流通過程は、二つの生産過程のあいだの（前者を完了させ後者を準備する）必然的な媒介環である。流通過程は再生産過程全体にその一部として入り、後者の過程の合法則的な進行は前者の過程の合法則的な流れを前提とする。商品経済のメカニズム自体が必然的に再生産過程全体に対して、個々の個人の意思とは独立に、次のような形を付与する。⑴生産過程、⑵流通過程（ⓐ販売 W–G とⓑ購買 G–W）、⑶生産過程、等々。再生産過程の周期的な搏動は、その二つの行為 W–G と G–W（「互いに補い合う二つの反対の運動」（MEW, Bd. 23a, S. 125. 邦訳『マルクス＝エンゲルス全集』第二三巻 a、一四七ページ、強調は引用者））が規則正しく交替する流通過程の周期的な搏動をそのうちに含む。

　一個同一の再生産過程に入り互いにおぎない合う流通の両方の行為（W–G と G–W）の内的な繋がりは、これら双方の行為が分離し個別化された形で現れるために、一見したところでは明らかではない。まさにこの点に、「自分の労働生産物を交換のために引き渡すことと、それと引き替えに他人の労働生産物を受け取ることとの直接的同一性を、流通が売りと買いとの対立に分裂させる」（*Ebenda*, S. 127. 同邦訳、一五〇ページ）という、貨幣的交換の特殊性がある。両方の行為のこの分裂は次のように現れる。⑴購買の行為において、前に自分の商品をAという人に販売したわれわれの商品生産者は、今ではBという別の人との生産関係に入る、⑵購買の行為は販売の行為がなされた場所ではなく別の場所で行われるかもしれない、そして⑶購買の行為は若干の時間延期され、販売の行為の後にすぐには続かないかもしれない。流通過程の双方の行為のあいだには人的・空間的・時間的な断絶が生じる。「個々の販売または購買はどれもみなひとつの無関係な独立的な行為として存立し、それを補完する行為は、時間的にも空間的にもそれから分離されることができ、〔…〕任意のG―Wが任意のW―Gに、一商品の生涯の第二章が、他の商品の生涯の第一章につながるのである」（MEGA^2, II/2, S. 163. 邦訳『資本論草稿集③』三〇六ページ）。流通過程の双方の行為のあいだのこの分裂は流通過程に「種々の総変態[48]の雑多にいりまじった諸環の無限の偶然的な併存と継起」（*Ebenda*）という姿を付与する。「現実の流通過程は、商品の総変態としてではなく、対立する局面を通過する商品の運動としてではなく、偶然に並行しまたはつぎつぎとつづく多数の購買と販売のたんなる集合として現れる」（*Ebenda*, S. 163–4. 同邦訳、三〇六―七ページ〔強調は引用者〕）。

しかしながら、流通過程のこの混沌とした様相はこの過程についての正しい表象をわれわれに与えない、なぜなら、ここでは「過程の形態規定性」つまりその合法則的な社会的性格が「消え去っている」（*Ebenda*, S. 164. 同邦訳、三〇七ページ）からである。この性格を暴き出すために、マルクスはいつものように物象のこの運動の背後に人々の特定の生産諸関係を見いだそうと努めている。マルクスは、生産過程と双方の行為を含む流通過程（W―G―W）との規則的で一定のリズムにしたがう特有の交代をともなう商品生産者の経済活動を、彼の研究の出発点に設定することにより、市場での諸商品の無秩序な踊りがそれをめぐって回転する軸を見いだした。この軸は物象そのものではなく人々の生産諸関係のなかに、すなわち、商品生産者のはたらきかけのうちに、そしてその他の商品生産者たちの世界との彼の相互作用のうちに、求めなければならない。両方の流通行為のあいだの人格的、空間的そして時間的な断絶にもかかわらず、マルクスはこの両者のうちに確固たる中心を見いだした。それが、両方の流通行為（W–GとG–W）[49]に加わり、これによって、この双方を彼の経済単位の遂行する再生産過程の全体に包括する、商品生産者の姿である。マルクスは、購買と販売という二つの対立する行為に交換が分裂することの重大な意義を否定せず、この契機を過小に評価する経済学者たちをするどく批判しながら（*Ebenda*, S. 165. 前掲邦訳、三〇九ページ）、それと同時に、「独立して相対する」流通過程の双方の行為の「ひとつの内的な統一」（MEW, Bd. 23a, S. 127. 邦訳『マルクス＝エンゲルス全集』第二十三巻a、一五〇ページ）をも暴き出している。この統一は、W–GとG–Wという両方の行為が、単一の流通過程W–G–Wの、独立分化しているとはいえ相互に補完し合う諸環をなす、という点にある。この観点からすれば、どの売り買い取引ももはや孤立的な行為とはとらえられず、全体的な商品流通の体系のなかにその位置を占めるものとなる。この取引が購買者の側からG–Wとして観察されるかぎりでは、それはその前の販売という行為を完結させる。そこでは今の購買者は販売者として登場していた。そして現在の取引は彼のために生産過程更新の可能性を準備するのである。だが販売者の側からW–Gとして観察すれば、この取引は終了した生産過程を完遂するのであるが、この行為自体は続くG–Wという行為を必ずその補完物としなければならない。この補完行為がいくらかの時間をおいてまたことなる場所で遂行されるとしても。W–GとG–Wという両方の対立的な行為は、空間的にも時間的にも引き離されているとはいえ、単一の再生産過程の必然的な諸環として相互に結びついているのである。しかしそれらは相互に結びついているだけでなく他の流通諸行為とも結びついている〈この命題に対して空欄に疑問符が付されている〉。これらの行為のおのおのは二つの経済単位の相互作用（交換）の結果として生じるのであるから、それは当該経済単位の再生産過程とともにその取引相手の再生産過程にも同時に入るのである。「この商品が流通の前半を開始して第一の変態をとげる(50)あいだに、同時に第二の商品が流通の後半にはいり、その第二の変態をとげて流通から脱落する。そして逆に第一の商品が流通の後半にはいり、その第二の変態をとげて流通から脱落するあいだに、第三の商品が流通にはいり、その行程の前半を通過して第一の変態をとげるのである。だから、一商品の総変態としての総流通W—G—Wは、つねに第二の商品の総変態の終わりであると同時に、第三の商品の総変態の始めである」（MEGA², II/2, S. 162–3. 邦訳『資本論草稿集③』三〇五ページ）。個別の諸商品の諸変態は相互に絡み合っている。「各商品の変態列が描く循環は、他の諸商品の循環と解きがたく絡み合っている。この総過程は商品流通として現れる」（MEW, Bd. 23a, S. 126. 邦訳『マルクス＝エンゲルス全集』第二十三巻a、一四八ページ、強調は引用者［——イ・ルービン］）。

貨幣との生産物の交換であれば何でも商品流通の概念に包摂されるというわけではない、ということをしっかり把握することが必要である。交換が商品流通になるのは次の二つの条件のもとにおいてのみである。⑴それが定期的に反復されること、しかも、⑵入手した貨幣と引き替えにさらにその後の生産に必要な生産手段と生活手段を買い入れるという目的のために、当該経済単位の生産物が譲渡されるということを前提とした、W—G—Wという特殊な社会的形態において反復されること。これらの条件が満たされないところでも貨幣的交換はありうるが、しかしそこには商品経済に特徴的な形態での商品の流通は存在しない。中世末期の経済から例を取ってみよう。農民は自分のパンの一部を町で貨幣と引き替えに販売し、そしてこの貨幣を封建領主に年貢として納めていた。領主はこの貨幣をもって商人から彼が東洋から運んできた奢侈品を買い入れていた。われわれは一連の売り買い取引ないし貨幣的交換を目にする、だがW—G—Wの形態における商品の流通はここにはない。農民は自分のパンを販売するが、しかしそれで得た貨幣は領主に引き渡すのである。農民の経済単位においてはW–Gという行為のあとにG–Wという行為が続かない。その代わりに、領主がG–Wの行為を遂行する。だがこの行為は領主の経済単位においてはW–Gという行為の仕上げではない。なぜなら、領主は貨幣をみずからの経済単位の生産物の販売から得たのではなく農民からの年貢として得たのだから、つまり、それを商品生産者としてではなく領主として得たのだから。人々のあいだの生産諸関係の封建的形態は、商品所有者としての人々のあいだの商品経済に固有の生産諸関係をともなうそれに特徴的なW–G–Wという形態とは区別される、特有の交換形態[51]を生み出す。W–G–Wというこの社会的形態においてのみ、交換は商品流通となり、「商品流通の媒介者として」のみ「貨幣は流通手段という機能をもつことになる」(*Ebenda*, S. 128. 前掲邦訳、一五一ページ)のである。ふつう、流通手段機能といえば単に交換手段としての貨幣のことと考えられる。今やこれが正しくないことが理解される。一定の社会的経済形態(つまり商品形態)とそれに結びついた交換の形態(つまりW–G–W)のもとでだけ、貨幣は流通手段の機能を遂行する。「貨幣は、商品交換の手段として現れるが、しかし交換手段一般としてではなく、流通過程によって特徴づけられた交換手段、すなわち流通手段として現れる」(MEGA^2, II/2, S. 165. 邦訳『資本論草稿集③』三〇九ページ、強調は原文)。だが、人々のあいだの生産諸関係の別の性質によって区別される他の社会的環境においては、貨幣は、右の意味での流通手段の機能を果すことなく、交換手段としては役立ちうる。

　このように、商品所有者としての人々の生産諸関係の一定のタイプから、マルクスは、一定の商品流通の形態(W–G–W)を導き出している。この形態はまた、流通手段という貨幣の特殊な機能と貨幣の運動の一定の形態を条件づけている。商品経済の諸原則にしたがって組織された再生産過程の絶え間のない周期的な反復が前提するのは、商品生産者が周期的に商品を生産し、それを周期的に流通に投入し、すなわち貨幣に対して販売し、そして、得られた貨幣をもって同じく周期的に生産の更新のために自分が必要とする諸生産物を買い入れる、ということである。商品生産者によるこのような形での貨幣の支出は、生産過程が繰り返されること、そして新たに生産された商品が再び販売されること、したがって、W―G の行為の結果としての貨幣が商品生産者のもとに還流してきて G―W の行為においてあらためて彼から去って行くことを、すでにあらかじめ想定しているのである。言い換えれば、一定の経済単位に周期的に流れ込みまたそこから流出していくという、貨幣の周期的な搏動が生じるのである。「たえず新しい使用価値が商品として生産され、したがってたえず新たに流通に投じられなければならないのだから、W―G―W は、同じ商品所有者の側からくりかえされ、更新される。商品所有者が購買者として支出した貨幣は、彼が新たに商品の販売者として現れるやいなや、その手にもどってくる。こうして、商品流通の不断の更新は、貨幣がある人の手から他の人の手へとブルジョア社会の全表面にわたって、たえず転々とするばかりでなく、同時に多数のさまざまな小さな循環を描き、限りなく違った点から出発して同じ点にもどりながら、あらたに同じ運動を繰り返す、ということに反映される」[52]（*Ebenda*, S. 168. 同邦訳、三一三―四ページ）。問題が拡大再生産ではなく単純再生産すなわち以前と同規模の再生産であるかぎり、当該経済単位に定期的に流れ込みまた定期的にそこから出て行くのは、商品と貨幣との価値が変化していないとすれば、一個同一の貨幣額である。

あらゆる販売は同時に購買でありまたその逆でもあるから、W―G の行為におけるある経済単位への貨幣の流入はどれも、G―W の行為における他の経済諸単位からの同額の貨幣の流出を意味する。反対に、当該経済単位からの貨幣の流出はどれも他の経済諸単位への貨幣の流入を意味する。言い換えれば、貨幣は絶え間なくある経済単位から他の経済単位に流れていき、販売行為 W―G の行われる瞬間と購買行為 G―W の行われる瞬間のあいだの（長短さまざまの）中間時間は、いずれかの経済単位に滞留する。貨幣はそれゆえ流通過程のなかを休みなく運動する、そしてまさにこの機能において流通手段として現れるのである。相互に結びついた一定数の私的経済単位からなるいわゆる「国民経済〔五〕」をとってみれば、単純再生産および対外交易の欠如という条件のもとでは、この国民経済のなかを一定額の貨幣が流通し、これらの貨幣は、ある経済単位から別の経済単位へ絶えず流れて行きしかも（摩滅した鋳貨を除いて）一定の流通部面にとどまり続ける。商品流通の形態 W–G–W においてのみ、流通する貨幣の総量は当該流通部面について（諸条件が変化しないとすれば）特定のそして恒常的な大きさをあらわす。この大きさの分析は貨幣の量的問題にかかわる。

G–W–G の形態での商品流通の性格によって、貨幣が流通のなかを絶えず動き回りそれぞれの経済単位に周期的に流れ込むという貨幣流通の基本的な諸特質、ならびに、売り買いのそれぞれの個別的な行為において貨幣が遂行する機能もまた規定される。ここでわれわれは、これまで十分な注意を惹かなかった貨幣についてのマルクスの所説の独特の特徴にたどり着く。一定の商品（亜麻布）が金（貨幣）に置き換わりまた後者が他の商品（聖書）に置き換わる過程を、マルクスは最初の商品（亜麻布）の形態転換の過程として描いている。「商品の変態」というマルクスの理論の中心的な考えはまさにこの点にある。この考えをさらに明らかにするためにマルクスからいくつかの文章を引いてみよう。

われわれが売り買いの行為のうちに直接的に観察するものは何か。「すぐ目につく現象は、商品と金との、二〇エレの亜麻布と二ポンド・スターリングとの、持ち手変換または場所変換、すなわちそれらの交換である」（MEW, Bd. 23a. S. 122. 邦訳『マルクス＝エンゲルス全集』第二十三巻 a、一四三ページ）。だがある物象の他の物象による置き換わりというこの外面的な見かけの背後に、マルクスは前者の物象の形態転換の過程を見て取る。「商品はまず特殊な使用価値として存在し、次にこの存在を脱して、その自然のままの定在とのいっさいのつながりから解かれた交換価値または一般的等価としての存在を獲得し、ふたたびこれから脱して、最後に個々の欲望のための現実的な使用価値として残るひとつの運動をあらわす。この最後の形態で、商品は流通から脱落して消費にはいる」（MEGA², II/2, S. 158. 邦訳『資本論草稿集③』二九九ページ）。W—G—W（亜麻布—金—聖書）という循環において、金と聖書は亜麻布が取る諸形態以上のものではない。亜麻布の販売においては「商品体から金体への商品価値の飛び移り」（MEW, Bd. 23a. S. 120. 邦訳『マルクス＝エンゲルス全集』第二十三巻a、一四一ページ）が生じる。「商品の肉体である使用価値は貨幣の側に飛び移り、その魂である交換価値は金そのもののなかに飛び込む」（MEGA², II/2, S. 162. 邦訳『資本論草稿集③』三〇四―五ページ）。「亜麻布はまず自分の商品形態を貨幣形態に変える」が、この貨幣形態は「次には亜麻布の最後の変態G—Wの、亜麻布の聖書への再転化の、最初の極になる」（MEW, Bd. 23a. S. 130. 邦訳『マルクス＝エンゲルス全集』第二十三巻a、一五三ページ）。二番目の行為G—W（聖書の購入）において亜麻布自体の運動はさらに継続する、ただし貨幣という転化した形態において。「流通の後半を、商品はもはやそれ自身の自然の皮をつけてではなく金の皮をつけて通り抜ける」（*Ebenda*, S. 129. 同邦訳、一五二ページ。『批判』にも同趣旨の文言がある（MEGA², II/2, S. 167. 邦訳『資本論草稿集③』三一二ページ））。W—G—Wという過程の全体は最初の商品である亜麻布の形態転換ないし変態をあらわす。

一見すると、商品の変態についてのこの所説は奇妙で現実と矛盾しているようにさえ思われるにちがいない。金はW—Gの行為において亜麻布と場所を替えたのであって亜麻布の転化した形態ではないのではないか。われわれは、W—Gの行為すなわち販売と同時に、亜麻布は流通の部面から脱落し消費の部面に移行するのではないかと思う。だがマルクスは、「商品（亜麻布——イ・ルービン）の使用価値は流通から脱落して消費にはいる」（MEW, Bd. 23a. S. 129. 邦訳『マルクス＝エンゲルス全集』第二十三巻a、一五二ページ）とはいえ、商品としての亜麻布は、つまり交換価値は、金の姿をとって依然として流通のなかでその運動を続けている、と主張する。亜麻布と交換に得られたこの金が聖書に対して引き渡されるときにはじめて、亜麻布は現実に流通部面から消費の部面に移行するのである。

亜麻布が金と聖書に「変身する〔体現する姿態を変える〕」という、一見するとわかりにくいマルクスのこの主張は、彼の商品の呪物性の理論の観点からはまったく現実的な意味を獲得する。マルクスの描く商品変態の全過程は、諸物象の運動と密接につながっているとはいえそれとは一致しない人々の生産諸関係の運動として考察しなければならない。もちろん、「物象的な」観点（すなわち諸物象の運動の観点）からは、亜麻布が金や聖書として体現することはなく、単に亜麻布が金にまた後者が聖書に取って代わられるというだけである。だが、諸物象がその担い手となる生産諸関係の観点から、われわれはことなる結論に到達する。われわれの商品所有者は一定の交換価値を持った商品として亜麻布を生産したのであり、亜麻布は生産過程自体においてすでに金による一定の価格評価を受けている[53]。商品所有者は亜麻布の生産という事実そのものによってすでに、他の商品所有者たちとの一定の生産上の関連に入り込んでいる。つまり彼は自分の亜麻布と同じ価格の他の任意の使用価値の受け取りを請求しうる者となっているのである。亜麻布の交換価値もまた、その生産者がこのような交換という生産関係に入り込むこの可能性を表現するものである。ただしさしあたってはこれは可能性、交換という潜在的な生産関係にとどまる。亜麻布の販売すなわちその金との交換の瞬間から、この商品所有者とその他の商品所有者とのあいだの潜在的な生産関係ははっきりと表面にあらわれる、すなわち、彼の生産物は市場に呑み込まれる、また彼は金の所有者として交換という生産関係の能動的な関与者となる。聖書の購買によって彼はまたこの生産関係を実現するのである。この商品所有者とその他の商品所有者とのあいだの一個同一の生産上の結びつきは、彼が生産物（亜麻布）を商品として生産するという事実に根拠を置くもの[54]であり、潜在的なものから顕在的なものへと転化されそして実現されるという、連続的な諸局面を通過する。この生産上の結びつきがそのすべての局面において統一されていることは、いずれの先行する局面も後続する局面を前提としまた後者は前者がなければ不可能である、ということに示される。商品所有者たちの生産関係のさまざまな局面の連続性は、これらの継起的な諸局面の担い手としての諸物象の連続性に[55]反映される。商品経済においては人々は物象をつうじて結びついているのだから、人々の生産関係のそれぞれの局面に物象の特別な社会的形態が対応する。「商品形態」（亜麻布）、「商品形態の脱ぎ捨て」（金）そして「商品形態への復帰」（聖書）（*Ebenda*, S. 126. 前掲邦訳、一四七ページ）。他方、これらの局面の物的には別々の担い手（亜麻布、金、聖書）が一個同一の価値の別々の諸形態をあらわすにすぎないのは、人々の生産関係のさまざまな局面が一定の統一性を示すからにほかならない。

ここにおいて、なぜ亜麻布は販売されても価値としては貨幣の形で依然としてその存在を続けいまだ流通の部面から出て行かないのか、その理由が理解可能になる。もちろん、亜麻布の物体としての現物はその販売とともに流通の部面から消費の部面に移行する。しかし、亜麻布がその担い手であった生産関係、すなわち、亜麻布の生産者と他の商品所有者たちのあいだの生産上の結びつき（前者が市場向けの商品として亜麻布を生産したという事実に基づく）は、ここですでに打ち切られたのであろうか。この生産関係は亜麻布の販売によってはまだ打ち切られていないだけでなく、いわば今初めて明確に現れ社会的に有意味な形態を受け取った。すなわち、この生産関係の表現としての亜麻布の交換価値は、金に「貼り付けられて」または「物象化されて」依然として存在し続けているのである。聖書の購入によってはじめて、亜麻布の生産者は、亜麻布の生産という要因によって結んだ他のすべての商品所有者たちとの自身の生産上のつながりを、実現しまた同時に終了させる。それゆえ聖書の購入によってのみ交換価値としての亜麻布は流通の部面から消費の部面に出て行くのである。

亜麻布が販売にさいして金の形態をとるとすれば、金はそれに対応して亜麻布の転化した形態となる。流通においては金はいつも諸商品の転化した形態または貨幣形態をあらわす。マルクスはこの考えを力説している。もちろん、その生産源では金は単なる商品として流通に入り、他の諸商品に対峙して直接的な交換取引の行為においてそれらと交換される（MEGA^2, II/2, S. 160. 邦訳『資本論草稿集③』三〇三ページ）。このような行為においては金と亜麻布は一様な社会的形態で登場し、それらおのおのの価値は他方において表現される。だが、新産金が流通に入るこれらの地点を無視し、流通を絶え間なく繰り返され継続される過程としてとらえるならば、金はすでに単なる商品としてではなく、貨幣としてすなわち他のすべての商品とすでに等置された商品として、登場する。ここでは亜麻布の価値は一面的な仕方でつまり金のみによって表現されるが、金の価値の方はそれと引き換えに購入される亜麻布の分量で表現されるのではなく、他の商品の総体においてのみつまり価格の一般水準によってのみ表現されうる。それぞれの与えられた流通行為において金はある何らかの商品の転化形態として登場する。それぞれの商品生産者は（産金業者を除いて）G–W の行為に購買者の役割を帯びて登場することができるが、それは、彼があらかじめすでに自己の商品を販売している、したがって、彼の手にある金がすでに「彼が手放した商品の離脱した姿」（MEW, Bd. 23a, S. 123. 邦訳『マルクス＝エンゲルス全集』第二十三巻 a、一四四ページ。『批判』にも同様の文言がある。MEGA², II/2, S. 161. 邦訳『資本論草稿集③』三〇三ページ）をあらわす、という条件のもとでのみのことである。われわれの商品所有者が自分の亜麻布を他の商品所有者に販売することができるのは、後者がすでに自分の商品たとえば小麦を販売しているという条件のもとでのみのことである。すなわち、W–G というこの行為（亜麻布の販売）に、すでに金は小麦の転化した形態すなわち貨幣形態として登場するのである。亜麻布の販売というこの行為が遂行されると、その同じ金は亜麻布の転化形態となるが、それも、この金が聖書等々と引き換えに譲渡されるまでのことである。「金の運動は転化した商品の運動である」（*Ebenda*, S. 167. 同邦訳、三一二ページ）。

一見すると、金の性格は転化した商品であるというマルクスの主張は、商品は販売後も金の姿で存在し続けるという、右に検討した主張と同様に奇妙で理解しがたいものに思われる。前者の主張は後者からの結論であり、後者と同様に、物象的諸関係の言語から人々の生産諸関係の言語に翻訳することによってのみその意味が明らかになる。物象的な視点からすれば、金のルーブルは、それが小麦の販売の結果なのかあるいは鉄の販売の結果なのかとはまったく関係なく、金のルーブルである。「金をみても、それが変態をとげた鉄であるか、変態をとげた小麦であるか、見分けがつかない」（*Ebenda*, S. 163. 同邦訳、三〇六ページ）。だが、この金のルーブルの所有者がこれから市場で入り込もうとしている交換という生産諸関係の性格は、まさに、彼がこのルーブルを小麦の販売によって得たのか鉄の販売によって得たのかに、少なからず依存している。購買者としての役割において、*G–W* の行為に登場する金の所有者の行動が、この同じ人物が販売者であった *W–G* という先行する行為に依存するということは、*G–W* の行為において金が特定の商品の、転化した形態として登場する、ということをも意味している。この命題は市場交換のメカニズムをはっきりさせるのに役立つ。

われわれがある時点で市場の状態をいわば瞬間的に撮影すると仮定してみよう。一方の側には販売者つまり商品所有者たちがいて、また〈鉛筆による挿入〉他方の側には購買者つまり貨幣所有者たちがいる。後者は交換の能動的な参加者として登場し、自分の選択によって、また、一見するとそう見えるように、自分の気まぐれによって、彼の欲する商品を選び出す。すべての購買者の手中にある貨幣の総額（たとえば一〇〇万金ルーブル）によってあらわされる需要は、市場交換の第一次的で規定的な力であるように思われる。需要は、規定的な大きさでありながら、それ自体としては質的にも量的にもまったく規定されていないものとしてあらわれる。質的に規定されていないというのは、需要が一様な抽象的な貨幣単位（ルーブル）の一定額としてあらわされ、そのおのおのの単位は任意の商品の購買に向けられうる、すなわち、そのうちに特定方向に向けられた具体的な需要を指し示すものを何も含んでいないからである。量的に規定されていないというのは、一〇〇万ルーブルという金額は、その起源が不明な、できあがったあらかじめ与えられた大きさとして、市場交換に入るからである。

市場交換についての右のイメージは極度に一面的で誤ったものであり、市場交換からひとつの環節（需要）を引き離して、この環節自体を規定している諸要因の分析を拒むものである。このような分析によってまっさきに示されるのは、ある時点で購買者の側からの需要をあらわす貨幣額は彼らがみずから製造した商品の先行する販売から得たものである、ということである。この貨幣額は、それゆえ、この時点で購買者の役割において登場する商品所有者たちの生産物の転化した形態ないし貨幣形態をあらわすのである[56]。今おこなわれる購買行為G–W は先行する販売行為 W–G の補完であり、現在の需要は量的な面からも質的な面からも先行する生産過程によって規定されている。ただちに明らかなことは、購買者の側からの需要の大きさが、彼らがあらかじめ生産し先行する販売行為 W–G において市場で実現した商品ないしその交換価値の量に依存する、ということである。さらに、それぞれの商品所有者の生産の性格と大きさは彼が市場に持ち出す需要の質的な側面に対しても影響をおよぼす。原材料、機械、補助材料その他といった生産手段に対する需要が問題であるかぎり、これは自明のことである。その商品所有者が貨幣を手に入れたのが鉄の販売によるのか小麦の販売によるのかによって、彼は手にした貨幣の一部を必然的に、労働過程の更新に不可欠のあれこれの生産手段の購入に向ける。入手した貨幣額の残余部分は消費手段の購買に使われる。彼の購買する消費手段の質と量はなによりもこの残余額の大きさに依存し、またこの大きさの方は彼の生産の規模と様式によって規定される。

　このように、需要の大きさと性格は生産の規模と性格に依存し、購買行為 G–W は実際には先行する販売行為W–G を補完するものである。そして G–W という行為に現れる金は、W–G という行為において実現された生産物の転化した形態ないし貨幣形態をあらわす。金のルーブルを見てもそれが転化した鉄なのか転化した小麦なのかはわからないが、しかしこの金のルーブルのそれから後の運命はこのことに大きく左右されるのである。まったく同一の金のルーブルが農民にとっては彼の転化した小麦をあらわし、それが職工の手に移ると、転化した亜麻布を、さらには転化した聖書、等々をあらわす。きらきら輝く硬い変化しない金のルーブルに社会的生産諸関係の刻印が押されており、この場合ルーブルはその「担い手」となるのである。ここでもまた、彼の理論のこれ以外の諸部分におけると同様に、マルクスの分析はじっとして動かない物象の下に人々のダイナミックに動く流動的な生産諸関係を暴き出す。物象的経済的諸範疇は、人々の社会的諸関係の多様で移り変わるあらゆる色彩をそのうちに反映するきわめて大きな柔軟性を獲得する。

流通手段としての役割における貨幣の機能にかんするマルクスの所説は、価値尺度についての彼の所説と同じく、それらが商品所有者としての人々のあいだの生産諸関係の特定のタイプを所与のものとして前提している点に、その深い社会学的な〔социологический〕性格をあらわす。交換行為の前に生産物が頭のなかで一定量の金と同等化されればかならず金は価値尺度の機能を遂行し、生産物と金が実際に相互に交換されるならばかならず流通手段の機能を果たす、という一般に受け入れられた見方はマルクスの理論には当てはまらない。この観点からすれば、金は、種々の生産物の比較と交換のためにひろく使用される手段でありさえすれば（たとえば、自然経済を主体とする部族における貨幣的交換、商品経済をともなう社会の境界における偶然的な交換、等々）、偶然的な交換のなんらかの行為においてこれら二つの機能を遂行する。だがマルクスの観点からすれば、ここで問題になりうるのはただ貨幣の発生と発展の過程のみであって、商品生産の規則的な過程において貨幣に内属する諸機能は問題にはならない。ここには価値尺度の機能はない、なぜなら生産の規制者としての価値そのものが存在しないからである。ここには流通手段はない、なぜなら再生産過程の必然的な構成部分としての商品流通がないからである。生産物があらかじめ商品として生産され、そしてまだ生産過程にあるときから金による事前的な価格評価を受け、この価格評価が当該生産部門とその他の生産諸部門とのあいだの釣り合いが維持される価格のレベルをあらわす場合にのみ、金は価値尺度の機能を遂行する。生産過程の後に、生産の更新のための必然的な条件として、流通過程がその両方の局面（W–G と G–W）をともなってかならず続く場合にのみ、金は流通手段の機能を遂行するのである。容易に気付かれるように、これら二つの機能は発展した商品経済を前提とし、そこでは、生産ははじめから交換を見込んでおり（商品の事前的な価格評価と価値尺度としての金の機能はここから生じる）、他方では、交換は再生産過程全体の中間段階にすぎないのである（商品の変態と流通手段としての金の機能はここから生じる）。

［VIII］ 蓄蔵貨幣

W–G–W の形態での商品流通が多少とも間断なく進んで行き、それぞれの販売行為 W–G の後にこれを補完する購買行為 G–W がすぐに続くならば、貨幣は手から手へと迅速に移行し流通手段としての機能を果たす。「（商品の――――イ・ルービン）変態列が中断され、売りが、それに続く買いによって補われなければ」（MEW, Bd. 23a, S. 144. 邦訳『マルクス＝エンゲルス全集』第二十三巻 a、一七〇ページ）、貨幣は販売者の手元に長くとどまり蓄蔵貨幣の機能を果たす。

歴史的には蓄蔵貨幣の集積はきわめて早く出現した。貴金属は、貨幣となる前から、富の保存にもっとも適したその堅牢性のゆえに、すでに具体的な使用対象（たとえば奢侈品）として好んで蓄積された。交換と貨幣が発展するにつれて、貴金属の蓄積は、堅牢で珍重される使用対象だけではなく「富のいつでも出動できる絶対的に社会的な形態」（*Ebenda*, S. 145. 同邦訳、一七二ページ）の、その所有者の手中への集中を意味した。この瞬間からはじめて、具体的な有用物の総体という意味ではなく、特定の対象物（金）の所有者としての「個人」の手に集中された「社会的な力」（*Ebenda*, S. 146. 同邦訳、一七二ページ）という意味での、貨幣蓄蔵が問題になりうる。奴隷経済や封建経済が依然として支配的であるかぎり、社会成員たちはまだ相互に独立した同権的な商品所有者として相互に関係し合う「私的諸個人」とはなっていないのだから、貨幣ももちろんまだ唯一の「社会的な力」にはなっていない。社会成員たちはまだ相互に封建的支配や農奴制等々の諸関係によって相互に結びついていた。しかし、貨幣所有者は諸侯・封建領主に配慮することをよぎなくされていたとしても、他方では、これと同じ社会諸関係の遅れのゆえに、両者の社会的境遇が同等であれば、貨幣所有者の方が諸使用価値の所有者に対してそれだけより大きな優位を持ったのである。まさしく自然経済の圧倒的な大きさと交換の発展の不足こそが、任意の使用価値の貨幣への転化を不可能にするかあるいはよくても問題含みのものにしていた（MEW, Bd. 25b, S. 612–3. 邦訳『マルクス＝エンゲルス全集』第二五巻b、七七二―三ページ）。蓄蔵貨幣として、もちろんまだすべての他の社会的な繋がりを変えてはいないもののすでにそれらをうまく補い訂正しそして少しずつ解体していた社会的な力として、手に入れた貨幣を手元に置いておこうとする販売者の志向はそれだけ強かった。東洋（とりわけインド）において広がっていた蓄蔵貨幣の集積の習慣を描いて、アドルフ・ワーグナーは次のように言っている。「「資産のない」人民大衆にとって蓄蔵貨幣は物価高などの必要時に備える生存の保障のための貯金箱の役割を演じていた。〔…〕富裕な貴族諸侯にとっては蓄蔵貨幣は社会的・政治的支配の手段として役だった、すなわち、贈り物をしたり[57]、労務に支払いをしたり、家人を抱えたり、戦争を遂行したり、租税を支払ったり等々のための手段として役だった」[58]。古代社会や封建社会では、「職業的な蓄蔵貨幣の集積者」は往々にして高利貸しに転化し、その活動によってこれらの社会に特有の経済諸形態のさらに大規模な解体をうながした（MEW, Bd. 25b, S. 609–11. 邦訳『マルクス＝エンゲルス全集』第二十三巻b、七六八―七一ページ）。

発展した商品経済においては、蓄蔵貨幣の形成は商品流通の正常で恒常的なそして必然的な諸機能のひとつである。一方で商品流通が不断の回転循環 W–G–W を前提しているとすれば、他方ではそれはこの回転循環を W–G と G–W という二つの行為に引き裂き、二番目の行為の長期にわたる延期の可能性、場合によってはその必然性さえも生み出す。それぞれの商品所有者は交互に販売者と購買者の役割で登場しなければならないが、しかしそれと同時に、販売から手に入れた貨幣の一部を流通に解き放つことなく、一時的に自分の手元に置いておかなければならない。先に見たように、商品生産者は販売から手に入れた貨幣を消費手段と生産手段の購入に支出する。この両方の目的のために、彼は往々にして貨幣を準備金ないし蓄蔵貨幣の形で手元に置いておかなければならない。

商品生産者は自分の生産物の販売を各回の生産過程の終了とともに定期的におこなう。それゆえ、販売の周期は生産の周期によって条件づけられる。たとえば、農民は生産物の大部分を毎年秋に販売するが、工業では生産の周期はそれより短い、しかし、どの商品生産者にとっても生産の周期は一定の長さをあらわす。だが商品生産者の消費手段への支出は、さまざまな消費欲望の性格とその周期的な反復にかかっている（MEGA², II/2, S. 189. 邦訳『資本論草稿集③』三四五ページ）。若干の消費対象（たとえば食料品）に対しては、支出は周期的であり生産過程が完了するよりも頻繁になされるが、他のもの（たとえば衣料品、住宅）に対してはその頻度はより低い。すなわち、生産過程の終了と製造した商品部分の販売の後に、商品生産者は入手した貨幣のうち次のものを自分のもとに保持しておかなければならないのである。(1)次回の生産期間が続くあいだ消費手段（食料品）に徐々に支出していくために必要な貨幣額、そして、(2)ある回数の生産期間が終了したときに一挙に支出に付される基金を段階的に蓄積しておくための相応の貨幣額。生産過程が三カ月続き、生産者が自分の衣服を一年に一回二〇〇ルーブル支出して新調するとすれば、それぞれの生産期間の生産物の販売から手に入れた金額のうち、この目的のために五〇ルーブルの金額を取っておかなければならない。

また同様に、言葉の広い意味での生産手段の買い入れにそなえるための金額から、これと同様の準備金を取っておかなければならない。もしも労賃が労働者に毎週支払われるのに、固定資本（機械）は五年が経過〔六〕してから更新されるとすれば、三カ月間続くそれぞれの生産期間の後に資本家は、(1)週ごとに支払われる労賃の一二倍の額に等しい金額、⑵摩耗した機械の価値の二〇分の一の部分に等しい金額を、準備金として取っておかなければならない。固定資本が巨大な規模に達する資本主義経済においては、その「償却」ないし返済のために取っておかれるこうした金額はきわめて著しいものとなる。単純商品経済では生産手段へのさまざまな金額の支出期間の相違の幅はそれほど大きくないが、いずれにせよ存在する。それゆえ、単純商品経済においても、それほど高額にはならないとはいえ、消費目的のためにも生産目的のためにも一定の準備金の蓄積が必要である。単純商品経済と資本主義経済のあいだのさらに深い相違は、準備金の蓄積様式それ自体のうちにある。発達した信用制度とりわけ銀行システムが存在すれば、蓄蔵貨幣の「蓄積」というのは、この言葉の文字通りの意味ではなく派生的な意味で使用されることになる（*Ebenda*, S. 195. 同邦訳、三五七ページ）。商品生産者は予備の金額を自分の手元に「蓄積する」のではなくそれを銀行に預金し、銀行はこの金額が一時的に有休しているのを利用して、その時に現金を必要としている他の商品生産者たちに貸し付けをおこなう。しかしマルクスは貨幣論においては信用制度の存在は捨象しており、実際の蓄積を、すなわち、準備金として役立てられる一定額の貨幣を、商品生産者各人が保管しておくものと想定している。

このように、商品の販売から手に入れた全貨幣額を商品生産者が消費手段と生産手段の購入に残りなく使い切ってしまうと仮に想定したとしても、この貨幣の一部は準備金として彼の手元に一時的にとどめ置かれることになるであろう。この貨幣のうちのいくらかの部分を彼はすぐに少しずつ支出するであろう。したがってこの部分は彼の「手持ち現金」をなす。これは――「鋳貨準備金」あるいは一時的に「停止させられた鋳貨〔マルクスの原文では強調〕」（*Ebenda*, S. 190. 同邦訳、三四六ページ）であり、たしかにこの時点では支出されないとはいえ、本質的には流通部面から出ていないのである。この「鋳貨準備金」は、「いつも流通内にある貨幣総量の一構成部分」（*Ebenda*, S. 198. 同邦訳、三六二ページ）とみなすことができ、それゆえ、「鋳貨」に対置されるつまり流通の部面から排除された「貨幣」という意味での蓄蔵貨幣ではない〈後の方の命題の最後は欄外に鉛筆で強調されている〉。流通からとり置かれた「貨幣」のこのような役割を演じるのは、多かれ少なかれ長きにわたる中間期間を通じて（たとえば固定資本の損耗後になって）はじめて消費手段と生産手段への支出に充てられ、それゆえ一時的に「流通の流れ」から退出し蓄蔵貨幣として沈殿するないし「滞留する」貨幣額である。これは「支払い手段の準備金」であり、その形成は購買手段すなわち流通手段としての貨幣の機能の必然的な帰結である。信用取引と貨幣の支払い機能が拡大するにつれて、商品生産者は特定の期日に債務を支払うのに必要な金額を少しずつ蓄積しておくことも必要になる。支払い手段としての貨幣の機能に基礎を置く「支払い手段の準備金」が発生する。（購買手段と支払い手段の）双方の準備金とも、先に触れた「鋳貨準備金」とは区別される蓄蔵貨幣ないし「貨幣準備金」をなす[59]。

これまで、準備金として流通から一時的に取り置かれる貨幣は一定の時点でふたたび流通に投入される、と仮定してきた。言い換えれば、商品生産者が生産物の販売から手に入れる貨幣は最終的にはその全額が他の生産物の購買に支出される、と想定してきたのである。だが、商品所有者が、もはや決して流通に解き放たないことを意図して、こうした貨幣の一部を自分の手元にとどめておく、ということもありうる。このような場合にわれわれが見るのは、W–G と G–W という二つの行為のあいだの一時的な（鋳貨準備金の場合には短期の、貨幣準備金の場合にはもっと長い期間の）中断ではもはやない。そうではなく、全流通が W–G という行為をもって完結し、そのあとに第二の行為、購買 G–W がまったく続かないのである。販売 W–G によって入手された貨幣は蓄蔵貨幣に転化される。われわれはこれを貨幣準備金と区別して「蓄積された蓄蔵貨幣」と言い表すことができる。これが言葉の正確な〈手稿ではここに訂正がある。「正確な」が、次いで「狭い」、それから「ぴったりした」と直され、もっとも意味にかなったものとして「正確な」に訂正されている〉意味での蓄蔵貨幣の蓄積である。

ここで、蓄蔵貨幣のこのような蓄積が多少とも恒常的な現象として可能なのは、どのような技術的・社会的生産条件のもとにおいてなのかを考察してみよう。商品生産者が生産物の販売からの売上金の一部を蓄積された蓄蔵貨幣の形で手元においておくことができるためには、この売上金が、消費手段と生産手段の購入に必要とされる金額を超えるいくらかの余剰分を彼の手元に残すほどのものであることが必要である。商品生産者は生産手段の購入を切り詰めることはできない、なぜなら、その必然の結果として次回の生産の規模が縮小され、したがって、次回の売上金ないし所得が減少するからである。たしかに、商品生産者は自分の消費を切り詰めて消費手段を購入するための支出を減らすことはできる。個人的消費のこのような切り詰めは、実際に、農民経済や手工業経済において行われていることであるが、それはもちろん狭い範囲に限定される。前資本主義期における蓄蔵貨幣の蓄積の初期の段階を特徴づける個人的消費の「節約」は、ほとんどの場合、個人的消費の切り詰めというより、むしろ、生産力の発展が一定の水準にあれば可能であった個人的消費の拡大を断念することによっていた。商品生産者の労働の生産性はすでに発達しており、彼の生産物の販売代金は、普通の消費対象と必要な生産手段の購入のための支出をまかなった上に余剰を残すほどであった。したがって、生産の技術的条件は個人的消費の拡大の可能性を許容したが、しかし、生産過程の社会的形態とりわけ貨幣的交換と貨幣の「社会的な力」との発展が、この貨幣を蓄蔵貨幣のかたちで手元に置いておくよう商品生産者にうながした。このように、ここで描かれている原始的な形態における蓄蔵貨幣の蓄積の積極的な条件となるのは、労働生産性発展の一定の水準と、「富のいつでも出動できる」したがってまた商品所有者がつねにほしがる「富の絶対的に社会的な形態」（MEW, Bd. 23a, S. 145. 邦訳『マルクス＝エンゲルス全集』第二三巻 a、一七二ページ）としての貨幣の発展とである。最初の条件のおかげで、商品生産者は生産物を販売して必要な支出事項をまかなったのちに、一定の貨幣余剰を取得する、また第二の条件はこの余剰金を個人的消費の拡大に支出することを断念するよう彼にうながす。結局、貨幣的余剰は「蓄積された蓄蔵貨幣」として保持されることになる。恒常的な性格を得た蓄蔵貨幣の蓄積は、この商品生産者の経済単位がすでに彼とその家族の個人的欲望の充足の必要性によって左右される範囲を超え出ていることを示す。「実際には、貨幣のための貨幣のためこみは、生産のための生産の、すなわち伝来の欲望の制限を超えた社会的労働の生産力の発展の野蛮な形態である」(MEGA^2, II/2, S. 196. 邦訳『資本論草稿集③』三五九ページ)。

資本主義経済においては蓄蔵貨幣の蓄積は資本の蓄積に転化しその性格をまったく変える。資本家は蓄蔵貨幣の収集者と同じように、彼の追加的な収入を個人的消費の拡大に費やすのではなく(またはごくわずかの程度だけ費し)、「蓄積をおこなう」(「剰余価値」のうちの、「消費」部分と区別される、いわゆる「蓄積部分」)。しかし彼は、蓄蔵貨幣の収集者とはことなって、この追加的貨幣を流通から引き揚げるのではなくこれを再びそこに解き放つのである。彼は生産を拡大するつまり新たな生産手段と労働力を買い入れるか、あるいは、生産を拡大しようとする他の資本家たちに、通常は銀行を介して、貨幣を貸し付ける。この貨幣を事業に投資することのできない短い期間でさえ、彼はそれを自分の手元に置いておくのではなく、銀行の自分の当座勘定に送金しそれに対する相応の利子を取得する。現代の銀行制度は、貨幣そのものを手元に置いておかなくても、貨幣から付与される「社会的な力」を自分に保持する可能性(すなわち、交換という生産関係の能動的な担い手としていつでも登場しうる可能性)を、資本家に与える。資本家は、貨幣という属性を有する物象そのものを自分の手元に置いておかなくても、彼の手中に社会的な「貨幣の権力」を集積するのである。しかし、個々の商品生産者の手中に社会的な「貨幣の権力」が集積される初期の発展段階においては、それは、商品経済に固有の人々の生産諸関係の物象化のもとで、貨幣(金)という物象の実物的な集積の形でのみ可能であったにすぎない。「未開の単純な商品所有者にとっては、また西ヨーロッパの農民にとってさえも、価値は価値形態から不可分なものであり、したがって金銀蓄蔵の増加は価値の増加である」(MEW, Bd. 23a, S. 147. 邦訳『マルクス＝エンゲルス全集』第二十三巻a、一七四ページ)。蓄積の対象となるのは、金銀の鋳貨、または、鋳貨に変えることのできる鋳塊の形をしたいわば「自然のままの貨幣」である。東洋では貨幣を地中に埋める習慣が広く行われていた(MEGA², II/2, S. 193. 邦訳『資本論草稿集③』三五〇ページ)し、ヨーロッパでは土製の壺や靴下などのなかに貨幣を隠すことが行われていた。この蓄蔵貨幣集積の原始的な形態は前資本主義期および資本主義期の初期段階に広くみられたが、現在においてもなお小ブルジョア層とりわけ農民層に残存している。

鋳貨や延べ棒の形での蓄蔵貨幣の蓄積とならんで、具体的な使用・奢侈の対象としての金や銀の商品(容器、装飾品、等々)の形での、「審美的形態における蓄蔵貨幣」が存在する。これらの対象物が貨幣として役立つのと同一の材料から作られているという事情が、これらをその他の消費対象物の圏外に引きはなす。それらは、その直接的な形では具体的な使用対象をあらわすとはいえ、第一に、いつでも貨幣に転化することができ、また第二に、使用価値としてそれらをもちいることは、その所有者の手中に集積された貨幣の社会的権力のもっとも明らかで目につく指標として役立つ。「商品所有者は生産の一定の段階では彼の蓄蔵貨幣を隠すとしても、この蓄蔵貨幣は、安全にやれるところではどこでも、彼を駆り立てて、他の商品所有者に対して金持ち〔rico hombre〕として現れさせるのである。彼は、自分とその家を金ぴかにする」(*Ebenda*, S. 196. 同邦訳、三五九ページ)。農民およぴ一般に小ブルジョアジーのあいだでは、もっとも必要な生活必需品まで惜しんでわずかずつ蓄蔵貨幣をためこむ「吝嗇家」の類型がよく見られるとすれば、ブルジョアジーの発展のさらにその後の段階では奢侈品への支出が現れる。平穏な時期には中流ブルジョアのあいだでは一種の奢侈の規範が形成される。すなわち、ある社会階層のうちでは持っているのが当たり前と見なされるよりもわずかしか金製品を持っていないことは恥ずかしいこと、とされるのである。だが同時に、ある家族の資産状態に明らかに不相応な奢侈品をこれ見よがしに大量に見せびらかすことも恥ずべきとされる。規範をあからさまに逸脱すれば、高価な品物の使用は蓄蔵貨幣の収集の形から、現に存在する蓄蔵貨幣の取り壊しすなわち「浪費」や「無駄遣い」を示唆するものに転化する。普通、このような奢侈品の過度の使用は、急速に富を増やしたブルジョアジー、「成り上がり」——「成り金」のあいだでみられることである。封建制から資本主義への急激な変化の時代に中小ブルジョアジーが「清教徒的」[60]生活様式をつらぬき、封建領主を浪費や無駄遣いのかどで激しく非難したとすれば、急速に富を拡大させた上層ブルジョアジーは、みずからの生活様式の豪華さによって封建領主の影を薄くしようと努めた[61]。

なんらかの形態（鋳貨準備基金、貨幣準備基金、蓄積された蓄蔵貨幣、審美的形態での蓄蔵貨幣）で流通から取り置かれる金は、流通内にある金から越えることのできない境界によって隔てられているのではない。金は毎日のように流通の部面から蓄蔵貨幣の部面へまたその逆方向へ移動している。もしこの両方の過程が相互に同等になれば、流通内にある金と蓄蔵貨幣のあいだの量的な相互関係は変化しないままである。たとえば回転する商品の増大または商品価格の高騰の結果、流通の部面のためにより多くの貨幣が必要とされるならば、金の一部が蓄蔵貨幣の形態から流通の部面に流入していく。逆の事態すなわち蓄蔵貨幣の増大はこれと反対の状況の下で生じる。こうして蓄蔵貨幣は、流通の部面が必要とする追加の貨幣量をそこから受け取りまた過剰な貨幣量をそこへ投げ返す貯水池の役割を果すのである。このようにして、流通内にある貨幣の数量の商品流通の要求への適応が達成されるのであり、貨幣は「その流通水路からあふれることはないのである」（MEW, Bd. 23a, S. 148. 邦訳『マルクス＝エンゲルス全集』第二十三巻 a、一七五ページ）。金属流通下では、流通内に存在する貨幣の数量は、貨幣流通の自生的なメカニズムのはたらきによって自動的に調節される。

しかしながら、貨幣蓄蔵と流通の部面との結びつきは、流通から取り置かれる金のさまざまな部分について種々ことなる性格をおびる。鋳貨準備基金はたえず流通に流れ込んで行くのであり、本来的にはいつも流通の部面内にあるものとみなしうる。貨幣準備基金は、その性格と最終使途によって決定される期限に（たとえば、機械が損耗したときとか支払い期限が到来したとき）流通に流れ込んで行く。蓄積された蓄蔵貨幣（資本主義経済においては、銀行の準備金）が流通の部面に部分的に流れ込んで行くのは、通常は、流通部面に貨幣の必要が高まる時期（たとえば景気拡大の昂進期）であり、このようなときには、流通する商品の数量が大きくなりまた同時にその価格が高騰する。最後に、流通の部面と審美的形態における貨幣蓄蔵すなわち金・銀の商品との結びつきはもっとも迂遠で弱いものである。戦争や革命などといった社会的動乱の時期においてだけ、このような奢侈品は著しい程度で貨幣に転化される（MEGA², II/2, S. 197. 邦訳『資本論草稿集③』三六〇ページ）。

蓄蔵貨幣の部面から流通の部面へまたその反対方向への金の移行は、その社会的機能と形態の転変を意味するが、それでもその自然形態はほとんどの場合変化しないままである。まったく同一の金鋳貨が今日は流通手段として明日は予備基金として役立ち、その後は蓄積された蓄蔵貨幣となる。この最後のものは、鋳貨ではなく金や銀の延べ棒からなっているかぎり、延べ棒という同じ形態のままで国際流通の部面に入ることもできるし、または、国内流通の必要に応じてたやすく鋳貨に鋳直すこともできる。金商品も銀商品も必要とあれば簡単にこのような鋳直しにかけられる。鋳貨の形態から延べ棒の形態へ後者から奢侈品の形態へまたその逆方向へと移行するこの能力によって、貴金属は、「たえずひとつの形態規定性から他の形態規定性に転化しなければならない貨幣」（*Ebenda*, S. 215. 同邦訳、三八二ページ）としての機能を遂行するための格好の材料となる。

蓄蔵貨幣としての貨幣の機能についてのマルクスの結論は、第一義的には、単純商品経済の諸条件に対応する蓄蔵貨幣の蓄積のあの原初的な形態に関連するものである。したがってこの結論には、高度に発展し最高度に複雑な信用制度をともなう資本主義経済の条件下での蓄蔵貨幣の経済的機能と性格を理解するための材料はあまり多く含まれていない。しかし、他方では、このマルクスの結論はわれわれに、きわめて興味深い社会学的

〔социологический〕材料を与える。それは注意を惹くことがほとんどなかったものであり、それゆえここで立ち入って検討してみなければならない。

さきに流通手段についての章で見たように、（交互に販売者と購買者の役割を演じる）商品所有者のあいだでの一定の生産諸関係と、商品流通の一定の形態（W‒G‒Wという回転循環）とが現に存在するときにのみ、貨幣は（流通手段という）一定の機能を遂行する。ここでわれわれは、蓄蔵貨幣としての貨幣の機能の例についても、ことなる社会的諸現象（人々の生産諸関係、商品流通の諸形態および貨幣の諸機能ないし諸形態）のあいだに同様の結びつきがあることを示さなければならない。すでに前述のように、「変態列が中断され、売りが、それに続く買いによっておぎなわれなければ」（MEW, Bd. 23a, S. 144. 邦訳『マルクス＝エンゲルス全集』第二十三巻a、一七〇ページ）、貨幣は蓄蔵貨幣に転化する。W‒GとG‒Wのあいだに中断が生じ、それゆえ、商品流通の性格自体が変化する。「こうして、貨幣は蓄蔵貨幣に化石化し、商品の販売者は貨幣蓄蔵者になるのである」（*Ebenda.* 強調は引用者）。ここに見られるのは、人々、商品および貨幣の社会的性格の同時的で並行的な変化である。人々の生産諸関係の変化がどの点にあるのか、すなわち、社会的生産過程における蓄蔵貨幣の収集者の立場は蓄蔵貨幣を蓄蔵しない商品所有者の立場から何によって区別されるのか、この点を観察してみよう。

W‒G‒Wという中断することのない回転循環における流通手段としての貨幣の機能が前提としていたのは、それぞれの私的経済単位は、それがあらかじめそれ自身の生産物を販売して得た貨幣の総額を費やして生産物を購入するということ、つまり、それぞれの私的経済単位の生産と消費は釣り合っているということであった。ところが、ある商品所有者が蓄蔵貨幣の蓄蔵を始めるのは、まさに、彼の生産と消費のあいだの釣り合いが攪乱されるとき、前者が後者の大きさを上回るとき、流通から商品の形で引き出されるよりも多くの（すなわち、より大きな額の交換価値ないし貨幣に相当する）商品が同じ流通に投じられ、しかもその差額の全体が流通から貨幣の形で引き出され蓄蔵貨幣として保持されるとき、である。「いまや貨幣蓄蔵者となった商品所有者は、できるだけ多く売り、できるだけ少なく買わなければならない」(MEGA², II/2, S. 191. 邦訳『資本論草稿集③』三四八ページ)。生産が消費を上回ることは、社会的生産過程全体のなかでその私的経済単位が占める立場が変化することを意味する。販売と購買のあいだの量的な相互関係の変化は、その商品所有者を他の商品所有者たちと結びつける生産諸関係の質的な変化を意味する。

このように、蓄蔵貨幣の収集者が自分の商品(62)を販売するとき、彼のこのW–Gという行為は外面的には、蓄蔵貨幣を蓄積しない商品所有者のおこなう同様の販売行為とまったく区別がないように見える。しかし本質的には両者のあいだには非常に大きな差が存在する。回転循環W–G–Wの参加者としての商品所有者は彼の生産物を販売するが、そののちこの生産物は変化した形で(つまり、その販売の後にそれによって得られた貨幣で消費手段と生産手段が購入されて)彼自身によって消費される(63)。それゆえ、彼は販売者としての社会的役割につづいて購買者としての役割を遂行するのである。だが、蓄蔵貨幣の収集者は、消費を上回る彼の生産高に相当する貨幣額で商品を販売するのであり、彼は販売者でありまた同時に蓄蔵貨幣の収集者であるという一面的な社会的役割をおびる(64)。孤立的にあらわれるW–Gという販売行為は、そのよって来たる条件と客観的な結果によってだけではなく、その主観的な動機によっても、途切れることのない回転循環W–G–Wにつながっていく販売行為W–Gとは区別される。回転循環W–G–Wにおいては、販売はまさにそれに続く購買のためになされるのであり、それゆえ、ひとつの使用価値W_1を貨幣Gを媒介として別の使用価値W_2に変換することを目的としている。回転循環W–G–Wの最終的な目的は消費にある。だが蓄蔵貨幣の蓄積にあっては、販売W–Gは購買のための貨幣を受け取ることを目的にしているのではなく、もっぱら、WをGに転化させて商品の代わりにその貨幣的等価を受け取るためにのみおこなわれる。「商品は、商品を買うためにではなく、商品形態を貨幣形態と取り替えるために、売られるようになる。この形態変換は、質料代謝の単なる媒介から自己目的になる」(MEW, Bd. 23a, S. 144. 邦訳『マルクス＝エンゲルス全集』第二十三巻 a、一七〇ページ)。見られるように、流通手段から蓄蔵貨幣への貨幣の転化は、生産と消費のあいだの相互関係、商品所有者たちの生産諸関係、交換の動機、商品流通の形態、そして、貨幣の機能と形態、これらのものの同時的で並行的な変化をあらわす、社会諸現象の複合体全体を前提とするのである。

一見すると、交換に加わる商品生産者たちの動機の変化が回転循環 W–G–W から蓄蔵貨幣の蓄積への移行の究極の原因であるように思えるかもしれない。経済現象の変化の究極の原因を経済活動をする個人の心理に求めるこのような理解は、マルクスとはこの上もなく疎遠である。マルクスは、史的唯物論の方法に忠実に、この場合にもまた、交換の参加者のなかに新しいタイプの経済動機があらわれるという事実そのものが、人々の生産諸関係が変化したことの結果であると、力をこめて強調している。商品を貨幣に転化しようとする志向が交換の自律的な動機となりうるのは、すでに生産物の貨幣的形態がその商品的形態から分化していて、商品所有者たちが彼らのはたらきかけによって一つの商品に、一般的な直接的交換可能性という能力を持つ貨幣としての性格をすでに付与している、という条件のもとにおいてのみである。「衣服、装飾品、家畜などのような特殊な自然的富または使用価値に対する欲求とは区別された致富欲は、一般的な富がそのものとしてある特殊な物に個体化されており、したがって個別の商品としてしっかりとにぎりうるときに、はじめて可能である。だから貨幣は、致富欲の対象としてあらわれるのと同じ程度に、その源泉としてもあらわれる」(MEGA^2, II/2, S. 194–5. 邦訳『資本論草稿集③』三五六―七ページ。強調は引用者)。すでに致富欲が貨幣の発生の結果であるとすれば、反対に、貨幣の発生は必然的に、蓄蔵貨幣の蓄積を目的として商品を貨幣と交換しようとする新しい交換の動機を生み出す。「商品流通そのものの最初の発展とともに、第一の変態の産物、商品の転化した姿態または商品の金蛹を固持する必要と情熱が発展する」(MEW, Bd. S. 23a, S. 144. 邦訳『マルクス＝エンゲルス全集』第二十三巻 a、一七〇ページ。

強調は引用者）。〈次の命題に対して空欄に「削除」というマークが入れられている〉「商品を交換価値として、または交換価値を商品として固持する可能性とともに、黄金欲が目ざめてくる」（*Ebenda*, S. 145. 同邦訳、一七二ページ）。「商品所有者は商品を交換価値としての姿で、あるいは交換価値そのものを商品として、しっかりにぎっていることができるという事実そのものによって、商品を金という転化された姿でとりもどすための商品の交換が流通の本来の動機となる」（MEGA², II/2, S. 191. 邦訳『資本論草稿集③』三四七―八ページ。強調は引用者）。新しい経済的「事実」は新しい経済的「動機」を生み出し、貨幣の発生をその結果とする商品生産者たちの社会的はたらきかけは新しいタイプの経済的動機づけもまた呼び起こす。

　この新しいタイプの経済的動機づけは、回転循環W–G–Wにおけるように、商品所有者が「生活物資」を得ること、ある使用価値を他の使用価値と取り替えることをもはや目的としてではなく、自分の商品の貨幣的形態を受け取り保持することを目的として、交換に入ることにある。彼が欲するのは「形態転換」を完遂すること、すなわち彼の生産物にことなる社会的（貨幣的）形態を付与し、また自分自身には「貨幣という社会的権力」の主体ということなる社会的性格を付与することのみである。彼はこうして、交換という生産諸関係にいつでも能動的に関与することができる。蓄蔵貨幣の蓄積は、「生活物資の獲得」を主眼とする（手工業的で農民的な）単純商品経済に最初の亀裂を生じさせる。経済活動は使用価値の獲得の手段ではなく、その目的は交換価値そのものとなる。「その根底にあるものは、交換価値そのものが、それとともにその増加が目的となるということである」（*Ebenda*, S. 195. 同邦訳、三五七ページ）。この交換価値の増加への志向は、蓄蔵貨幣の取集者が資本家と共有するものである（MEW, Bd. 23a, S. 168. 邦訳『マルクス＝エンゲルス全集』第二十三巻a、二〇〇ページ）。しかし両者のあいだには重大な差異がある。後者は、発展した資本主義経済とりわけ賃労働者階級の存在を前提として、自分の価値を流通に投じることによって大きくする可能性を有する。資本の運動の定式はG–W–Pm―(G＋g)、すなわち、流通過程（生産過程をもその内に含む）における価値の「自己増殖」である。だが前資本主義的時代においては蓄蔵貨幣の収集者には交換価値を増大させる別の方法しかなかった。つまり、W_1–G_1、W_2–G_2、W_3–G_3等々という販売の行為を反復して、彼の手中に一定額の貨幣を保持しそれを次々と付け加えていくしかなかった。ここで可能なのは、価値の「自己増殖」ではなく、$G_1+G_2+G_3$等々という文字通りの意味での価値の「蓄積〔ためこみ〕」、すなわちひとつの貨幣額を別の金額に蓄積ないし付加していくことでしかなかった。資本家が貨幣を流通に投入するのに対して、蓄蔵貨幣の収集者は貨幣を流通から「救い出し」、それを手元に保持しそれが流通手段の機能を遂行するのを妨げる。

このことは、蓄蔵貨幣としての貨幣が一般になんらの社会的機能も果さないということ、貨幣のしまい込みとりわけその地中への埋蔵が貨幣を社会的諸関係のネットワークから切り離して、その社会的機能を一時的とはいえ全面的に停止させること、を意味するのではないか。経済学者たちのうちには、貨幣蓄蔵が特別の「経済的機能」を果すのは、その所有者が他の人に貸し付けを行う場合のみのことであり、貨幣が流通から取り置かれるときではない、とする者もいる[65]。マルクスはこのような疑念を予想してこれに対する回答を与えていた。いつものように、彼の注意は地中に埋められる金にではなく、金がその担い手である社会的生産関係に向けられていた。「蓄蔵貨幣は、それがたえず流通にむかって待機しているのでなければ、いまやたんなる無用の金属であろうし、その貨幣魂はそれから抜け出てしまい、それは流通の燃えつくした灰、流通の残り滓〔caput mortuum〕として残るであろう」（MEGA², II/2, S. 194. 邦訳『資本論草稿集③』三五五―六ページ）。比喩的な形で表現されたマルクスのこの考えは、人々の生産諸関係の物象化についての彼の所説に照らしてみれば理解可能となる。この社会的諸関係は物象の「魂」をなすものでもあり、後者は前者なしには「灰燼」に、「社会的な事物の神経（nervus rerum）」（*Ebenda*）を欠いた「物体」に、なり変わってしまう。商品経済においては、交換という社会的関係を打ち立てる可能性をその内容とする「社会的な力」は、「だれの私有物にもなれる外的な物象の」所有者としての人物に所属する。「こうして、社会的な力が個人の個人的な力になるのである」（MEW, Bd. 23a, S. 146. 邦訳『マルクス＝エンゲルス全集』第二十三巻a、一七二ページ）。まさにこの社会的な力を自分の手中にためこむためにこそ、商品所有者は金を流通過程の社会的結びつきから引き離すのである。「社会的富は地下の不滅の財宝として、商品所有者とまったく秘密な私的関係におかれる」（MEGA², II/2, S. 193. 邦訳『資本論草稿集③』三五〇ページ）。「凝縮した形態での社会的関連――商品所有者にとってはこの関連は商品のうちにあり、そして、商品の十全な定在は貨幣である――は、社会的運動から救いだされる」（*Ebenda*, S. 194. 同邦訳、三五五ページ）。しかし、蓄蔵貨幣を地中に埋めても、その所有者は、商品生産者たちの社会全体と彼をつなぐ社会的結びつきのネットワークから自分を切り離すわけではない。ぎりぎりの必需品さえ断念し隠者のような生活のさまを見せるとしても、彼は決して人々を避けて砂漠に逃げ込んだ隠者になるわけではない。金の所有者は、たとえ金を地中に埋めても、金をその担い手とする社会的な力の持ち主であることをやめない。この力は潜在的な状態にあり、有利な条件が出現すれば能動的に顕現する。蓄蔵貨幣の収集者はこのとき高利貸、商人、あるいは産業資本家に変身する。しかし、この瞬間が到来する以前にも、彼はその見かけ上の非社会的な性格にもかかわらず、実際には一定の社会的な類型をあらわしているのである。彼はその蓄蔵貨幣を一定の社会的なはたらきかけによって、つまり購買行為があとに続かない一連の反復的な販売行為によって、受け取る。[66] 彼はこの活動の反復にたえまなく努力する。蓄蔵貨幣は「たえず流通にむかって待機している」という先に引用したマルクスの言葉は、もちろん蓄蔵貨幣の収集者にかかわるものである。蓄蔵貨幣そのものは地中に埋められても、その「たえず流通にむかって待機している〔…〕貨幣魂」（*Ebenda*）は、販売と蓄積の行為をたえまなく繰り返そうとする志向として、その所有者のなかで生き続ける。

蓄積がこのように反復される傾向あるいは蓄積の「無限性」を、マルクスはここでもまた蓄積の対象としての貨幣の社会的役割から導き出す。「質的には、またその形態から見れば、貨幣は無制限である。すなわち、素材的な富の一般的な代表者である。貨幣はどんな商品にも直接に転換されうるからである。しかし、同時に、どの現実の貨幣額も、量的に制限されており、したがってまた、ただ効力を制限された購買手段でしかない。このような、貨幣の量的な制限と質的な無制限との矛盾は、貨幣蓄蔵者をたえず蓄積のシシュフォス労働へと追い返す」（MEW, Bd. 23a, S. 147. 邦訳『マルクス＝エンゲルス全集』第二三巻a、一七四ページ）。「このように貨幣蓄蔵はそれ自身のうちになんらの内在的限界も基準ももつものではなく、その一回ごとの結果のうちにその開始の衝動を見いだす無限の過程である」（MEGA^2, II/2, S. 194. 邦訳『資本論草稿集③』三五六ページ。強調は引用者）。一般的等価としての貨幣の社会的性質は、貨幣の蓄積を交換の新たな推進動機として呼び起こすだけでなく、この動機をたえず活動状態に維持する。この性質は、蓄積行為が反復されまたその推進動機が強固になる傾向をつくり出す。一定のタイプの経済的動機づけの反復と確定は、蓄蔵貨幣の収集者の心理全体にその刻印を押す。蓄積行為の反復性はその主体を一定の社会的類型ないし経済的形象にする。

マルクスは、矛盾に満ちていて何度となく文学作品における描写の対象となっている蓄蔵貨幣の収集者の心理状態の描写に、多少の言葉を費している。蓄蔵貨幣の収集者「にとってはただ社会的形態にある富だけが問題であり、それゆえに彼はそれを埋蔵して社会から隠す。彼はいつも流通可能な形態にある商品を欲し、それゆえに彼は商品を流通から引き揚げる。彼は交換価値に熱をあげ、それゆえに交換を行なわない」（*Ebenda*, S. 196. 同邦訳、三五九ページ）。この矛盾の基礎にあるのは、貨幣の「機能的」存在とその「素材的」存在のあいだの、社会的生産関係とその物象的担い手のあいだの、矛盾である。「社会的」諸関係の主体として登場しうるためには、物象を自分の「私的」占有下に置いておくことが必要であるが、このことはまた、蓄蔵貨幣の収集者にいくつもの矛盾に立脚した形象を付与するのである。

蓄積行為とこれに特有の推進動機の反復性は、その主体を一定の社会・経済的類型にする。この点において蓄蔵貨幣の収集者の社会的役割は、W—G—Wという回転循環に加わる単純商品所有者の社会的役割とは区別される。回転循環W—G—Wにおける購買者ないし販売者は一定の「社会的行為」を遂行するあるいは「経済的機能」を果す（MEW, Bd. 23a, S. 125. 邦訳『マルクス＝エンゲルス全集』第二十三巻a、一四七ページ）。しかしある種類（たとえば販売者）の機能を果すには、この場合、同じ人物が反対の種類（すなわち購買者）の機能を果す必要性がすでに前提となっている。それぞれの人物は交互にことなる機能を果すのである。「だから、販売者と購買者はけっして固定した機能ではなく、商品流通のなかでたえず人を取り替える機能である」（*Ebenda*）。このような「一時的な、そして同じ流通当事者たちによって交互に演じられる役割」とはことなって、「いっそう結晶しやすい」（*Ebenda*, S. 149. 同邦訳、一七七ページ）経済的役割がある。この役割は、個々の人物の背後に固着して彼らの特別な社会的機能となり彼らの上に不変の刻印を押しつける。以前のある章〔「Ⅲ」商品の使用価値と交換価値のあいだの矛盾の結果としての貨幣。本訳書22—41ページ〕で示したように、購買者と販売者のあいだの対立性が商品所有者のあいだの社会的差異化の最初の萌芽形態をなす。しかし、おのおのの商品所有者は交互にまた短期的に両方の機能を果していたのだから、それは諸個人の差異化をともなわない経済的諸機能の差異化でしかなかった。だが、経済的機能がある種類の活動そのものを反復させ反対の性格の活動を排除する傾向を生み出すとすれば、それは当該主体を一定の社会経済的類型にする。一定のタイプの経済的動機づけの固定化とある種の活動の反復への傾向をともなう蓄蔵貨幣の蓄積は、まさにこのような結晶化に向かう能力を際立った特質とする。蓄蔵貨幣の蓄積はこうして「蓄蔵貨幣の専門的収集者」をつくり出し、経済的諸機能の差異化は諸個人間の差異化として固定化される。商品所有者たちのこの生産関係——あるいは同じことだが——彼らの社会的活動は、同一の人物たちによるそのたえまのない再生産と反復の条件をつくり出すことによって、活動に加わる人物たちに対しても彼らのあいだの連結環として現れる諸物象に対しても、一定の刻印を押しつける。一連の繰り返される活動としての蓄蔵貨幣の蓄積は、(1)蓄蔵貨幣としての貨幣の機能のうちに、また(2)特有の心性を有する蓄蔵貨幣の収集者という社会的類型のうちに、「固定化」あるいは「結晶化」される。人々の活動の社会的形象は、一面ではこれらの人々の社会的類型と彼らの心理を規定し、他面では諸物象の社会的形態を規定する。経済的諸機能（すなわち生産諸関係）の差異化は、一面では人々の経済的形象の差異化に他面では経済的・物象的諸範疇の差異化につながる。単純商品生産者の蓄蔵貨幣の収集者への転化は、平等な商品生産者の社会から諸個人間の深刻な差異化（社会の階級分化となってあらわれる）をともなう、資本主義社会への道のりの第一歩をなす。

興味深いことに、購買者あるいは販売者という「一過的な役割」から蓄蔵貨幣の収集者という「結晶化した」役割への移行と並行して、流通手段としての貨幣の「一過的な」機能から蓄蔵貨幣というその「凝固した」、「結晶のような」機能への移行が生じる。マルクスは「流動的な形態にある貨幣」と「流通の結晶した産物としての」（MEGA², II/2, S. 219. 邦訳『資本論草稿集③』三八八ページ）貨幣とを明確に区別している。前者に対応するのは流通手段であり後者に対応するのは蓄蔵貨幣および支払い手段である。両者のあいだの差異をはっきりさせるために、マルクスはしばしばこれらを結晶化の過程また一般に液体から固体への物体の移行過程に視覚的にたとえている。流通手段は、「富の流動的な形態」が「その化石」（*Ebenda*, S. 196. 同邦訳、三五九ページ）に対置されるように、蓄蔵貨幣に対置される。「貨幣が鋳貨としてたえず流れるためには、鋳貨がたえず貨幣となって凝固[67]しなければならない」（*Ebenda*, S. 189. 同邦訳、三四六ページ）。「流通手段は貨幣に凝固する（erstarrt）」（*Ebenda*, S. 198. 同邦訳、三六一ページ）。流通手段の蓄蔵貨幣への移行は「凝固（Erstarrung）」として性格づけられる。蓄蔵貨幣の方は反対の移行においては流通に「流出する（ergiessen）」（*Ebenda*）。もちろん、この場合マルクスは、流通手段としての金が現実に運動したり「流れ」たり、また蓄積の原初的な形態のもとでは蓄蔵貨幣として実際に動かなくなって「凝固し」たりしていた、という事実を右のような比喩によって表現しようとしたのである。しかし、なんらかの現実の物象の実際の不動化がまったく問題にならないような場合においても、マルクスはこれと同じ比喩を使用しているということに注意を向けなければならない。彼にあっては「結晶化」とはなによりも、物象の背後に一定の社会的形態が、あるいは人格の背後に一定の社会的形象が、持続的に固着することを意味する。それゆえに、マルクスが流通手段を貨幣の「流動的な」形態に関連づけるのは、この機能を遂行する物象が現実に動いているからだけではなく、販売者または購買者というこれに対応する経済的機能が（一時的にそして交互にことなる諸個人によって遂行される）「一過的な」性格を帯びているからでもある[68]、と考えなければならない。また蓄蔵貨幣が貨幣の「凝固」し「結晶化」した形態に関連づけられるのは、それが地中または壺のなかで動かないでいるからだけでなく、蓄蔵貨幣の収集者のそれに対応する経済的機能が一定の個人の背後に「結晶化される」または持続的に固定化される傾向を持つからでもある。ここでもまた、マルクスの体系の他の箇所でと同じように、諸物象の社会的形態の区別は人々の社会的生産諸関係の区別を反映するのである。

ロシア国立社会政治史文書館（*РГАСПИ*）。

Фонд 374. Оп. 2. Д. 1. Л. 1–138 ——自筆原稿。

手稿本文により印刷。

ここに初めて公刊される〔二〇一一年のロシア語原語版〕。

原注

（1）Marx〔, K.〕Lohn, Preis und Profit. 次の版から引用。Diehl-Mombert. *Ausgewählte Lesestücke zum Studium der politischen Oekonomie/*〔Hrsg. Von Karl Diehl und Paul Mombert〕B〔d〕. 5 abt. II.〔Karlsruhe: B. Braun.〕1920. S. 93.

（2）このような意見は〔Franz〕Petry が支持している。〔次を参照。Petry F.〕Der soziale Gehalt der Marxschen Werttheorie.〔Jena: Fischer,〕1916.〔S. 2. 友岡久雄訳『マルクス價値論の社會的研究』弘文堂書房、一九二六年〕

（3）ヘーゲルにおける「尺度」の概念については次を参照。クーノー・フィッシャー『新しい哲学の歴史』第八巻、第一分冊。〔サンクト・ペテルブルグ：ジューコフスキー、〕一九〇二年、四九〇―五ページ〔Fischer, Kuno, Einleitung in die Geschichte der neuern Philosophie, Carl Winter, 1891, 4. Aufl. 加藤玄智訳『哲學史要』同文館、一九〇一年〕。

（4）前掲〔注1〕ドイツ語版から引用。S. 94. ロシア語訳（国立出版所、一九二〇年）ではマルクスの用語法が完全に抹消されている。機能は「発現」という語に訳され、実体は「要素」となっている。

（5）『賃金、価格、利潤』の次の箇所を参照。「物象化された、凝固された、またはそういいたければ結晶化された社会的労働」（MEW, Bd. 16, S. 123. 邦訳『マルクス＝エンゲルス全集』第一六巻、一二一ページ）。

（6）ヴェ〔・ア〕・バザロフとイ・イ・スチェパーノフのロシア語訳では、「人間労働の同一の社会的単位」と訳されている。〔原文の〕「Einheit」はここでは「共通性」を意味する。

（7）Kaulla〔, Rudolf〕. *Die Grundlagen des Geldwerts.*〔Stuttgart, Berlin: Verlaggenossenschaft「Freiheit」,〕1920. S. 15, 18.

（8）Elster〔, Karl〕. *Die Seele des Geldes.*〔Jena: Fischer,〕1920. S. 53.

（9）われわれの意見では、最後の文章はより正確には次のように訳すべきである。「私的諸労働がそれら自身の生産者たちのさまざまな欲望を満足させるのは、ただ、〔…〕かぎりでのことである」。〔本文中の引用文のうちルービンが批判して訂正している最後の文章のみ、ルービンが引用しているロシア語訳文にしたがって和訳した。この注でルービンが示している訳文の訂正は大月版『全集』の訳文とも合致している。このような注も、本書の執筆が『経済学批判』の新たな翻訳の作業と並行して進められたことを傍証するものであろう。〕マルクスの文体の特質は、「nur」（ただ）という語がしばしば主文のまんなかに置かれるが、しかし論理的にはこの限定句は従属節全体にかかっている、という点にある。逐語訳したのでは、『経済学批判』の半分はまったく意味不明になってしまうであろう。

(10) マルクスは、ペティーとアダム・スミスは分業の第一の側面だけしか理解しなかった、と指摘している。『批判』五四、五八ページ（MEGA², II/2, SS. 130–1, 136–7. 邦訳『資本論草稿集③』二四三―四、一五七―九ページ）。

(11) 『批判』三二ページ（MEGA², II/2, S. 130. 邦訳『資本論草稿集③』二四二―三ページ）。ロシア語訳（五三ページ）は翻訳が不正確である〔ルービンは既存のロシア語版を、引用するためというよりもむしろ批判するために引き合いに出しているにすぎない。この草稿執筆当時に進めつつあった彼みずからの『批判』新訳作業との関連においてこのような措置を取ったと考えられる〕。

(12) マルクスは第一の側面は『経済学批判』で、第二の側面は『資本論』で（第一章および価値形態論において）、より強調している。

(13) ルィカチェフ、A・〔M〕、『貨幣と貨幣の権力』〔資本主義の理論的解釈と正当化の試み。第一部。サンクト・ペテルブルグ、M・M・スタスュリェヴィッチ印刷所〕、一九一〇年、八一ページ。

(14) 同、六一ページ。

(15) ルィカチェフ、A・〔M〕、同上。一六三ページ。

(16) 同、七七ページ。

(17) 同、六六ページ。

(18) 同、一〇四ページ。

(19) 同、一〇二ページ。

(20) ヒルファディング、〔R・〕、『金融資本論』１（林 要訳、国民文庫、六五―六ページ）。〔ルービンはスチェパノフ訳の一九一八年版を使用している〕

(21) 同著、同訳、六七ページ。

(22) 『剰余価値学説史』（MEGA², II/3･4, S. 1320. 邦訳『資本論草稿集⑦』一九六ページ）。

(23) 「無意識的」というのは絶対的な意味ではなく、交換当時者たちが貨幣を創り出すことを目的としなくても、彼らの大量の行為の意図されざる「混合された」結果として出現した、という意味である。

(24) Helfferich [, Karl]. *Das Geld*〔貨幣〕[Leipzig: C. L. Hirschfeld.] 1923. SS. 13–4.

(25) ツガン－バラノフスキー〔エム・イ・〕『政治経済学の基礎』〔ペトログラード、プラーヴォ出版〕一九一七年、二四二ページ。

(26) 〔Helfferich K. Op. cit. S.〕16. 外部との交換によって得られる物財の初期貨幣としての役割はワーグナーも指摘している（〔次を参照。〕Wagner〔Adolf〕. *Theoretische Sozialökonomik*〔*oder Allgemeine und theoretische Volkswirtschaftslehre.*〕II. Abt. B〔d〕. 2.〔Geld und Geldwesen. Leipzig: Winter.〕1909. S. 130）。

(27) イェ・プレオブラジェンスキーが『社会主義アカデミー通報』に一九二三年に発表したロシア・ルーブルについての論文を参照〔イェ・〔ア・〕プレオブラジェンスキー「金と商品ルーブルとについての理論的論争」『社会主義アカデミー通報』第三号、モスクワ・ペトログラード、一九二三年、五八―八四ページ、を参照〕。

(28) スヴャトラフスキー〔ヴェ・ヴェ〕、『貨幣と貨幣シンボルの起源』〔モスクワ・ペトログラード、国立出版所〕、一九二三年、四五ページ。

(29) マルクスにおいてここでは亜麻布は貨幣として登場している。

(30) ロシア語では частный は時として конкретный（具体的）あるいは особенный（特別の）と同じことを意味する。マルクスはここで Privatarbeit と言っている、つまり、私的資本主義的（あるいは一般に私的商品的）企業の形態で組織された労働を指している。

(31) この点については補論を参照せよ〈手稿のなかには補論はない〉。

(32) 〔F・〕ペトリの次の正鵠を得た注釈を参照。「商品の変態はその生産者の社会的地位の変化であり、彼の私的労働は社会的に妥当する労働という形態を受け取る」（Petry〔, Franz〕. *Der soziale Gehalt der Marxschen Werttheorie.*〔Jena: Fischer,〕1916. S. 64–5〔友岡久雄訳『マルクス價値論の社會的研究』弘文堂書房、一九二六年、一三九ページ。訳文は改変〕）。

(33) 拙著『マルクス価値論概説』の六〇ページを参照〔一九二三年刊の初版から引用。訳文は、竹永進編訳『ルービンと批判者たち――原典資料　二〇年代ソ連の価値論論争』情況出版、一九九七年刊、一五ページより。この部分は初版・第二版とも同文〕。

(34) マルクスはここでは「同等な」という言葉をまさに単純な平均的な訓練を受けていない労働の意味に解しており、

「必要な」とは社会的に必要なという意味である。『剰余価値学説史』第三部（MEGA², II/3・4, SS. 1322–3. 邦訳『資本論草稿集⑦』一九九—二〇一ページ）を参照。彼はここでも『経済学批判』におけると同様に「一般的」という言葉を抽象的労働の意味に使用している。

（35）［ヒルファディング、R・］『金融資本論』1、林要訳、国民文庫、六六—七ページ。

（36）カウツキー、［K・］、『貨幣——貨幣と貨幣流通のマルクス主義的解明』〔モスクワ、財務人民委員部財政・経済局〕、一九二三年、一四六ページ〔高村雪夫訳『マルクス主義貨幣論』労農書房、一九三三年、一二一—三ページ。訳文は改変〕。

（37）Wagner, Ad., *Theoretische Sozialoekonomik*... II. Ab. Bd. 2. [Leipzig: Winter, 1909.] S. 119.

（38）カウツキー、［K・］、同書、一四六ページ。

（39）ヒルファディング、［R・］、『金融資本論』1〔前掲邦訳、六五—六ページ〕〔改訂第三版、モスクワ、国立出版所〕一九二三年。一〇ページ。強調は引用者。

（40）『資本論』第一部、六一ページ。

（41）『資本論』第一部、六四ページ。ロシア語訳（七一ページ）では「機能する」という語の後に「のみ〔лишь〕」というよけいな言葉が付加されている〔この場合日本語では「——としてのみ機能する」という意味になる〕。原文では nur は意味上従属節全体にかかっており、ロシア語訳では「だけ〔только〕」という語がこれに対応している〔ルービンはこの指摘に対応してみずから訂正したロシア語訳をもちいて引用しているが、これは概ね MEW の邦訳文における原文の解釈と一致している〕。

（42）Knapp [, Georg Friedrich]. *Staatliche Theorie des Geldes*. 3 Aufl. [München, Leipzig: Duncker und Humblot,] 1921. S. 36.〔クナップ『貨幣國定學説』宮田喜代蔵訳、岩波書店、一九二二年、五七ページ、訳文は改変〕

（43）Schumpeter [, Joseph]. Das Sozialprodukt und die Rechenpfennige. [Glossen und Beiträge zur Geldtheorie von heute], *Archiv für Sozial[wissenschaft] und Sozialp[olitik]*. [Tübingen.] 1917/1918. B [d]. 44. S. 640.

（44）イ・ア・トラハテンベルク『紙幣』〔貨幣と貨幣流通の理論の概説、モスクワ、モスクワ労働者刊〕一九二二年、一七—八ページ。

（45）貨幣の理論の分析においては拡大再生産の諸現象は捨象する。

（46）Graziadei［, A.］*Preis und Mehrpreis in der kapitalistischen Wirtschaft. (Kritik der Marxschen Werttheorie)*. [Berlin: Prager,] 1923.［SS. 17, 38–9, 67, 104, 106 以下］は、この点でマルクスを非難している。

（47）イ・ア・トラハテンベルクは価値尺度としての貨幣の機能をこのようなものと考える。〔トラハテンベルク、〕前掲書、三〇—一ページ〔を参照〕。

（48）「総変態［Gesamtmetamorphose］」とマルクスが呼ぶのは、W–G–W の全体として把握される流通過程の双方の行為のことである。

（49）それゆえ「一商品の総変態は〔…〕四つの極と三人の登場人物とを前提する」（MEW, Bd. 23a, S. 125. 邦訳『マルクス＝エンゲルス全集』第二十三巻 a、一四七ページ）、なぜなら彼らのうちの一人は両方の流通行為に関与するからである。

（50）マルクスがしばしば言及する流通過程のこのような二重の性格は、彼の思考の行程の特質をきわめてよくあらわすものである。人々の生産諸関係の対象として、商品は「流通の前半」を開始する。一定の社会的形態を有する物象として、それは「第一の変態」をなしとげる。

（51）中世の時代全体にわたって強まったり弱まったりしながら継続した西洋から東洋への貨幣（貴金属）の流出は、中世の交換のこのような性格の結果であった。［W.］Sombart, *Der moderne Kapitalismus*. B[d.] I. H [lbd]. 1. [4. Aufl.] [München, Leipzig: Duncker und Humbolt,] 1921. SS. 418, 420, 423 を参照〔ゾンバルト『近代資本主義』木村元一訳、春秋社、一九五〇年〕。

（52）商品経済に内属的な「貨幣の出発点への還流」はマルクスがしばしば指摘するところであるが、とりわけ、『資本論』第二部のなかの社会的総資本とその諸構成部分の再生産についての周知の表式においてこの点を指摘している。たしかに、マルクスは別の箇所では、単純商品流通のあらゆる個別的な場合においてこの出発点への貨幣の還流の傾向が現れるわけではないと言って、彼の主張を弱めているかのようである（MEGA^2, II/2, S. 170. 邦訳『資本論草稿集③』三一五—六ページ）が、しかし、われわれの意見では、彼はこのことによって商品経済にとっての本文に述べた傾向の一般的な意義を否定しようと考えているのではない。

(53)「価値尺度」についての先の章〔本訳書61―82ページ〕を参照。

(54) 価値論と貨幣論において一般的にそうであるが、ここでも社会的生産における釣り合いの状態、したがってまた、価値どおりでの商品の販売が想定されている。

(55) もっと正確に言えば、これらの物象の社会的形態の連続性に。

(56) これはもちろん、市場で対峙し合うのは商品生産者だけであるということを前提としている。

(57) この「贈り物はまた、自分の社会的立場を強固にし有力な隣人の助力または中立性を買い取るための手段をプレゼントするためにも役立つのが普通であった。一八世紀の中葉に、イギリスの軍隊の支援を得て王位についたインドの諸侯の一人は、この軍隊の上官であったかのクライヴに二〇〇万から三〇〇万金ルーブルの価値のある「贈り物」をささげた」（Macaulay [, Th. B.] [Lord Clive], *Critical and historical essays* [, Vol. 1] [, London: J. M. Dent & Sons Ltd.,] 1907, p. 518）。インド史はこのような例であふれている。この種の「贈り物」が「被贈与者」の側からのゆすりたかりの対象であったとしても驚くにあたらない。「議会に提出された表によれば、この会社（有名な東インド会社のこと。右のクライヴもこの会社に勤務していた――イ・ルービン）とその職員たちは、一七五七年から一七六六年までにインド人から六〇〇万ポンドを自分たちに贈与させた！」（MEW, Bd. 23b, S. 781. 邦訳『マルクス＝エンゲルス全集』第二十三巻b、九八二ページ）

(58) Wagner [, A.] *Theoretische Sozialökonomik*... II. Abt. 2. Bd. 2. [Leipzig: Winter,] 1909, S. 377.

(59) ここでは「貨幣」は「鋳貨」に対置されている。

(60)「貨幣蓄蔵者は、彼の禁欲主義が精力的な勤勉と結びついているかぎり、宗教上は本質的にプロテスタントであり、しかもなお清教徒である」（*Ebenda*, S. 193. 邦訳、三五〇ページ）。このマルクスの言葉は、清教主義と「資本主義の精神」の結びつきについてのマックス・ウェーバーの有名な著作のなかで輝かしい支持を得た。ゾンバルトは彼の著書『ブルジョア』のなかで、まったく正当にも、資本主義の発生と発展における清教主義の役割を明らかに誇張したウェーバーの「結論」に制約を加えている［Sombart, W. *Der Bourgeois. Zur Geschichte des modernen Wirtschaftsmenschen.* München, Leipzig: Duncker und Humboldt, 1923（金森誠也訳、中央公論社、一九九〇年）を参照］。

(61) 一七―一八世紀におけるブルジョア階層のうちの「成り金」の贅沢については、Sombart [, W.] *Der moderne*

Kapitalismus. B [d]. I. H [lbd]. 2. 4. Aufl. [München, Leipzig: Duncker und Humboldt,] 1921. S. 727 以下［S. 749まで］を参照〔前掲、ゾンバルト『近代資本主義』木村元一訳、春秋社、一九五〇年〕。

(62) ここで問題にしているのは、もちろん、彼がその価値を販売のあとで蓄蔵する（蓄蔵貨幣に変える）商品のみである。手に入れた貨幣で他の諸商品を購入する目的で自分の商品の一部を販売する限りでは、彼は蓄蔵貨幣の収集者ではなく回転循環W–G–Wの単なる参加者でしかない。

(63) ここでは個人的消費と生産的消費の双方が視野に入れられている。

(64) 購買者として登場する限りでは、彼は蓄蔵貨幣の収集者ではない。

(65) たとえば、Steinberg [, James]. *Das Geldkapital*. [Bonn, Leipzig: Schroeder,] 1922. S. 7 を参照。

(66) マルクスが眼中においているのは、自分の商品の販売代金を蓄蔵貨幣に転化させる商品生産者たちにほかならない、ということを想起しよう。

(67) あるいは「沈殿（gerinnen）」。マルクスが価値のうちにも「凝固した労働時間（festgeronnene Arbeitszeit）」あるいは「労働の結晶化」（*Ebenda*, SS. 107–10. 邦訳、二一三—七ページ）を見ているのを想起するのは興味深い。「マルクスにおける結晶化」の概念について詳しくは〔…〕を参照〈手稿ページの下端がここでちぎれており、失われたテクストを再現することは不可能である〉。

(68) それゆえ流通手段は商品自体の「一過的な」貨幣的形態にすぎないものでもある。流通手段についての章〔本書では82—102ページ〕を参照。

編注

＊1 ルービンがここで念頭においているのは『資本論』第一部のなかの次の箇所である。「直線形の面積を測定し比較するためには、それをいくつかの三角形に分解する。その三角形そのものを、その目に見える形とはまったく違った表現——その底辺と高さとの積の二分の一——に還元する。これと同様に、諸商品の交換価値は、それらがあるいはより多くあるいはより少なく表している一つの共通なものに還元されるのである」（MEW, Bd. 23a, S. 51. 前掲邦訳、五〇—一ページ）。

＊2　この箇所のロシア語訳文は〔ルービン自身による〕一九二九年刊のロシア語版『経済学批判』に近い。

＊3　ルービンがここで言っているのはドイツの哲学者で古代研究者であった August Böckh（一七八五―一八六七年）のことである。彼は、一八三八年にベルリンで刊行された著作 *Metrologische Untersuchungen über Gewichte, Münzfüsse und Masse des Altertums in ihrem Zusammenhange* [, Verlag von Veit und Comp]（『古代の重量と貨幣品位および尺度の関連にかんする度量衡法的研究』）において、初期の貨幣重量単位が理論的な方法によって規定され権力者の指令として導入された、ということを示した。ヴェ・ヴェ・スヴャトラフスキーの意見では（ルービンはこの情報を彼の著作『貨幣と貨幣表象』（モスクワ、ペトログラード、国立出版所、一九二三年）から得た）、ベークの理論には現実の歴史的根拠がなく、それは「まさにこのような方法で度量衡制度についての問題を解決したフランス大革命の活動についての記憶がもたらしたものであった」（スヴャトラフスキー、ヴェ・ヴェ、同著、四ページを参照）。

＊4　ルービンはG・F・クナップがその著作『貨幣国定学説』の最初の二つの章で展開した考えを念頭に置いている（Vgl. Knapp [Georg Friedrich,] *Staatliche Theorie des Geldes*. 3. Aufl. [München, Leipzig: Dunker und Humbolt,] 1921）。クナップが秤量的支払手段と呼んだのは、秤量手続きをふむことによって事後的に交換対象の価値を規定することが必要な支払手段である。表券的支払手段（または「表券」つまり紙）（本書第一章の§2の表題は「表券的支払手段」とされている）は、クナップによれば、すでに固定された価値を持ち、一定の額面の貨幣としてあらわされるのが通例であった。

＊5　Ridgeway, W. *The Origin of Metallic Currency and Weight Standards*. Cambridge: University Press, 1892. p. 123–33.

訳注

〔一〕ルービンの原文においては「価値」は一般的には стоимость と表記されているが、特別の文脈においてはやや古い用語法に属する ценность という表記がもちいられている。草稿「マルクス貨幣論概説」のなかでは後者の用語が合計一三カ所で使用されており、それらの箇所には原語を原形のままで角括弧に入れて示しておいた（本訳書、7、22、61、62、66、67、75ページ）。

〔二〕「使用価値」とすべきところ。右の『資本論』からの引用文中の「使用価値」は、ルービンのもちいているストゥルーヴェによるロシア語訳では「有用性」と訳されている。このため本文中でも引き続き「有用性」という用語が使われている。

〔三〕 ルービンのマルクス解釈における基本概念のひとつであり、本草稿でも繰り返し使用されている。その意味合いについては拙訳『マルクス価値論概説』（法政大学出版局、一九九三年）、四五八―九ページ（訳注二）の訳者による解説を参照。またこれと関連して、本書でも言及・引用されているフランツ・ペトリの著作についての訳者解説（同四六〇―一ページ、訳注一二）もあわせて参照されたい。この語が使用されている六カ所にはここと同様に原語の原形を併記しておいた。

〔四〕 ルービンによるマルクスの価値論・貨幣論の解釈の顕著な特質のひとつが、「物的・技術的〔материально-технический〕」な側面と「形態的・社会的〔формально-социальный〕」な側面との対照と区別そして後者の決定的重要性の強調にある。これが彼の解釈をめぐる一九二〇年代ソ連の論争での一大争点となり、彼が批判されまた後には政治的弾圧を受ける要因のひとつともなった。この草稿でもこれらのキーワードが都合五回使用されているが、いずれも右のように対照させられている。それぞれの当該箇所には「物的・技術的」の後に〔материально-технический〕としてロシア語の原語の形容詞を男性・単数・主格形で挿入しておいた。

〔五〕 主としてドイツ語の文献によって同時代の西欧の経済学研究に接していたルービンは、当時のドイツの経済学者の著作のなかで一九世紀以来なお普通に使用されていた「Volkswirtschaft（国民経済）」という用語をおそらく念頭においているのであろう。

〔六〕 「労賃（заработная плата）」という言葉がここで二回使われているが、これは、全体として単純商品生産を想定している本草稿のなかでのこの言葉の唯一の例外的な使用例である。同様に、「賃労働者」・「賃労働者階級」という表現もそれぞれこの草稿の最初の部分と最後の部分で一回使われているだけである。またこれと相関的に、「資本」・「資本家」・「資本主義（的）」といった「資本」を語根とする諸用語も、蓄蔵貨幣をめぐって単純商品生産と資本主義的生産の対比がなされている本節の後続部分を除いて、その使用例はきわめて少ない。

2

イ・イ・ルービンと草稿「マルクス貨幣論概説」

イ・イ・ルービンと草稿「マルクス貨幣論概説」

リュドミーラ・ヴァーシナ

「草稿は語らない」という表現は、一九二〇年代のもっとも偉大で独創的な経済学者のひとりであったイサーク・イリイチ・ルービンのここに公刊される著作に対して完全にあてはまる。著者により「マルクス貨幣論概説」という表題の付された奇跡的に残存したこの草稿は、その起草から八〇年以上を経てここに初めて公表される。この公刊が、夭逝したこの悲劇の学者を回想するひとつのきっかけとなり、そして、わが国の経済学における彼の名の復活のたすけとなることを期待したい。

過去二〇年間、何十年間も不当に忘却にさらされてきた一連の独創的なロシアの経済学者の名前をわが国の学界に復位させるための、少なからぬ努力が払われた。ヴェ・カ・ドミトゥリエフ、エヌ・デ・コンドラチェフ、ア・ヴェ・チャヤーノフといった名前を挙げればこの間の事情がうかがえるであろう。マルクスの経済学説の方法論と解釈の分野で一九二〇年代に指導的な地位の一角を占めたのがイ・イ・ルービンであった。独創的な理論家、卓越した翻訳者、経済学説の普及者、そして輝かしい弁舌家でもあったルービンは、非常に広い範囲の遺産を残した。その多様な性格は、とりわけこの学者の一九二〇年代から三〇年代にかけての生活条件を考えると、衷心からの畏敬の念をよびおこすものである。一九二〇年代にもっとも広く知られたのは、四版を数えた彼の著作『マルクス価値論概説』〔竹永進訳、法政大学出版局、一九九三年〕であった。また、彼の著作『経済思想史』も大きな評判を得て、同じく四版を重ね一九二〇年代において大学の当該科目のもっとも強く求められる教材となった。一九二〇年代末には『マルクス価値論概説』は激しい議論の渦中にあったが、この結果、ルービンと彼の同調者たちの考え方には「ルービンシチナ〔ルービンの名に賤称的語尾「シチナ」を加えて作られた合成語〕」という侮蔑的な名称が付与され、経済学における観念論的傾向さらにはマルクスの経済学説の観念論的歪曲とさえ非難された。当時の状況のなかではこのことは政治的弾劾と同じ意味を持った。一九三〇年代初頭からはルービンの名前と彼の考え方はもっぱら罵倒的な調子で言及され、その後は経済学の歴史からすっかり抹消された。

　ルービンの名前を不存在から救い出そうとする最初の試みをおこなったのはロマン・ロスドルスキーであった。彼は、一九六八年にフランクフルト・アム・マインで刊行された大著『資本論成立史』〔時永淑他訳、法政大学出版局、一九七三―四年、全四冊〕のなかで、何十年間も忘れ去られていたイ・イ・ルービンを「優れたロシアの経済学者」と呼んで、ルービンと「スターリン時代の刑務所や強制収容所のなかで命を失〔った〕[1]」彼の学派の大部分の支持者たちの悲劇的な運命について報告した。一九七〇年代にアメリカ、イギリスおよび西ドイツでルービンの主著『マルクス価値論概説』と『経済思想の歴史』が翻訳刊行されて後[2]、ルービンの考え方は、昔日のソビエトでのように、ふたたび内実のある科学的議論の対象となった。ルービンの著作と考え方をめぐる論争において明らかになったのは、読者の前に置かれたものはほとんど五〇年の歳月を経た古びた著作なのではなく、一九六〇年代から七〇年代にかけて流行した疎外という概念の完全な叙述を実際に含んだまさに同時代の独創的な深い議論に支えられた著作物だ、ということであった。今日もなお、ルービンの考え方の研究はドイツ、イタリア、ギリシャ、日本、カナダ、さらにはブラジルでも、なされている。

一九八〇年代末に、ア・ユ・メレンチェフは、「生産の規制者としての価値」というタイトルでルービンの論文の断片を『経済科学』誌上に公表して、ルービンという人物に注意をひこうとした。(3) 一九九〇年代に入ってからもこの方向での動きがさらに進んだ。

一九九一年のはじめに、イ・イ・ルービンの甥のエム・ヴェ・ジェルチェンコフとヴェ・ヴェ・ジェルチェンコフの両氏が、ヤ・ゲ・ロキチャンスキーの仲介により、ソ連邦共産党中央委員会付属マルクス＝レーニン主義研究所の党中央文書館（ЦПА）（現在の「ロシア国立社会政治史文書館―РГАСПИ」）に、ルービンの未完の草稿「マルクス貨幣論概説」とその他若干の文書（ルービンの草稿「資本に関するリカードの所説」と彼の写真数葉）を保管のために提供した。このなかには、姉のブリューマ・イリイニチュナ・ジェルチェンコヴァ（一八八四―一九六九年）のルービンの拷問についての回想録、妻ポリーナ・ペトローヴナ・ルービナの流刑地での一九三五年の回想録、そして、イ・イ・ルービンの完全な名誉回復についての文書類のコピーも含まれていた。著作「マルクス貨幣論概説」の草稿の保管は、最初は、イ・イ・ルービンの名誉回復を獲得する試みを自身の没年である一九五八年まで放棄しなかったルービンの妻のポリーナ・ペトローヴナ・ルービナによって、彼女の没後は姉とその息子のエム・ヴェ・ジェルチェンコフとヴェ・ヴェ・ジェルチェンコフによってなされた。このときからイ・イ・ルービンの伝記と学術遺産の研究が始まり、まる二〇年を経て論集《Истоки》に「マルクス貨幣論概説」が刊行されるに及んで完了した。(4) 一九九一年に、ソ連邦共産党中央委員会付属マルクス＝レーニン主義研究所党中央文書館のマルクス・エンゲルス著作部門での専門鑑定を経て草稿が受理されると、この草稿を、以前より稀覯本となっていた『マルクス価値論概説』と一緒に出版しようというアイデアが持ち上がった。残念ながら当時この企画の実現は成功しなかった。(5)

しかしながらルービンの名前をわが国の学界に復帰させるための努力は引き続き行われた。一九九二年に筆者とヤ・ゲ・ロキチャンスキーとの共同執筆論文「経済学者イ・イ・ルービンの生涯と著述活動の断面」が発表され（二〇〇三年に再刊）[6]、その後一九九四年にもわれわれの共同論文二篇が続いて出た。[7] にもかかわらず、マルクス貨幣論にかんするルービンの草稿の公刊をなしとげるには、さらに一七年の歳月が必要であった。

こうしたテーマまた一般にルービンという人物に対する関心のなさは、何よりも、科学的世界観としてのマルクス主義の否定、マルクスに対する否定的な態度そしてマルクスの経済理論の経済学の武器庫からの排除、といったわが国の経済理論における状態の根本的な変化と結びついているように思われる。しかしながら、千年紀の節目に明確な姿を現したマルクス・ルネッサンス、イギリスの放送局BBCが行ったインターネットでの投票の結果、一九九九年末の時点でマルクスがアインシュタイン、ニュートン、ダーウィン、カント、等々を引き離して西暦一〇〇〇年代のもっとも優れた思想家のリストの首位を占め、またとりわけ二〇〇八年から一〇年にかけての世界的な金融危機に関連して現れたマルクス・ルネッサンスは、ロシアにおいてもその存在を示さずにはおかなかった。イ・イ・ルービンの「マルクス貨幣論概説」の草稿が経済学高等学院出版局から刊行されたのも、このような過程のあらわれのひとつと思われる。ルービンの学術遺産に多くの国で関心が持たれていることを思えば、この草稿をロシア語でそしてロシアで出版することが最も重要なことであった。

＊　＊　＊

ルービンは一八八六年六月一二日にドゥヴィンスク市（現在のラトビア共和国ダウガヴピルス）の裕福なユダヤ人家庭に生まれた。彼はその境遇にふさわしい伝統的な教育を受けた、すなわち、五歳からユダヤ人男児用初等宗教学校に通い、その後は家庭教師につきギムナジウムで勉強した。ヴィテブスク市での古典ギムナジウム・コースの合格者となったルービンは、ペテルブルグ大学の法学部に一九〇六年に入学し一〇年に卒業している。

法学以外に彼はすでに当時から経済学関係の学科に興味を持った。法学部でこれらの科目を教えていた（この頃はまだ大学には経済学部はなかった）のは、ロシアにおける貨幣流通の諸問題や金融や信用について基本的諸著作を発表していたイ・イ・カウフマン（マルクスは、彼の著作『貨幣・信用学説によせて』、『ロシア諸銀行の統計』、『銀行業の理論と実際』および『価格変動の理論』を原語で研究した）、世界的な名声を得た最初のロシアの経済学者エム・イ・ツガン・バラノフスキーであった。後者の主要著作であった『産業恐慌〔『英国恐慌史論』救仁郷繁訳、ぺりかん社、一九七二年〕』と『過去と現在におけるロシアの工場』は、ロシア国内のみならず、翻訳（とりわけドイツ語訳）を通じて諸外国にも広く知れ渡っていた。しかしながら、ルービンには経済理論に取り組む機会は、その出自のゆえにロシアでは一九一七年まで与えられなかった。

大学を卒業したのちルービンはしばらくの間ペテルブルグで公証人役場に勤めた。一九一二年に彼はモスクワに移住し、そこでも引き続き法務に従事したが、これに文学・科学上の仕事が加わった。一九一三年から一四年にかけてルービンは民法に関連する最初の諸論文を公表した。一九一五年から一七年八月まで、彼は土地同盟とモスクワ都市同盟の秘書・事務官として働いた。一九一七年から一八年には、モスクワ経済保険金庫の法律部門で秘書兼助手をしたが、その一方で種々の雑誌の編集にも加わった。

ルービンの初期の刊行物は法律実務上の諸問題に関連するものであった。最初の著作（一九一三年）は、『使用人と腹心の法的に禁止された行動に対する雇い主と委任者の責任条件について』[8]というものであった。さらに、相続、軍人恩給にかんする法律への注解がこれに続いた。一九一七年の二月革命後、ルービンは社会・経済的主題に向かうことになった。彼は新聞『イズベスチヤ』に当時の経済・社会問題について一〇本以上の論文を発表した。その後の一九一七年から一九年にかけては、新聞『労働世界』や『食料問題』にも寄稿している。次に掲げるのは、この時期にルービンが発表した論文の若干のものの表題である。「都市管理と失業との闘い」、「職業安定所と生産の制御」、「労働義務」、「投機との闘いと商業従事者」、「工場の国有化」、「岐路に立つ社会保険」、「ストライキと労働者の収入」、「十月革命と労働立法」、「ドイツにおける革命と国民経済」、「ハンガリーにおける社会諸階級」、「オーストリアにおけるプロレタリアート」。ソビエト・ロシア初期のロシア経済の状態についての具体的データ、また、これと同時代のドイツ、ハンガリー、オーストリアにおける社会状勢と経済の分析のゆえに、今日の読者にとってもこれらの論文は興味を惹くかもしれない。

＊　＊　＊

イ・イ・ルービンは、その政治的見解の点からは、この時代には社会民主主義者であった。彼の政治活動は、ユダヤ人労働者組織である「ブント」に加入した一九〇四年に始まった。彼はユダヤ人居住地域の労働者のあいだで活発なプロパガンダの仕事をした。一九〇五年にははじめて逮捕されたが、二カ月後には一〇月一七日づけの皇帝の宣言により恩赦を受け自由の身となった。第一次世界大戦中ルービンはメンシェヴィキ左派――メンシェヴィキ国際派――に接近した。一〇月革命の際には派手な行動には出なかったものの、当初よりソビエト権力の諸機関で働くべきと考えていた。同時にルービンはブントのモスクワ組織での活動を継続したが、一九二〇年四月にその内部で分裂が起きると、ロシア共産党（ボルシェヴィキ）との融合を拒絶しブントの正統な後継者を自認する組織メンバーのグループと行動をともにした。ルービンはブントの中央委員に選出され、その後中央委員会書記になった。彼はこれ以後も引き続き自分を一貫した社会民主主義者と見なし、全ソ同盟共産党（ボ）の多数の指導方法への不同意を公言した。一九二一年二月二〇日、ブント中央委員会の総会中にルービンは拘留されブトゥイルスカの監獄に移送された。しかしながら、捜索によっても彼を反革命活動の廉で告訴するための具体的なデータは何も得られず、ルービンはまもなく釈放された。

その九カ月後の一九二一年一一月の五日から六日にかけての夜、ルービンは再び逮捕された。今回は彼の逮捕は社会的な反響を呼んだ。メンシェヴィキの分派がモスクワ・ソビエトに抗議を行い、モスクワ国立大学の学長で歴史学者のヴェ・ペ・ヴォルギン、モスクワ大学社会科学部学部長でアカデミー会員のエヌ・エム・ルキナ、そして、教育人民委員のア・ヴェ・ルナチャルスキーらが、全露非常委員会（チェカー）に斡旋状を提出した。この頃にはルービンの名は学界・教育界によく知られていたのである。

革命はルービンにとって教育活動に従事する可能性を拓くものであった。帝政ロシアではこの可能性はユダヤ人としての彼には出自により閉ざされていた。赤軍に勤務していた一九一九年から二一年にかけて、ルービンはモスクワの軍事技術コースで社会科学を教え、一九二〇年の夏には人民教育省での教員用講座で政治経済学の講義を担当し、一九二〇年から二二年にかけて人民教育省の委員会で学校と大学のための教育プログラムと計画を策定する作業に従事した。また若干の期間、人文・教育研究所の社会科学部門の主任を務めた。一九二一年二月からはルービンはモスクワ第一大学の教授になった。同時に彼は、赤色教授養成学院、国民経済研究所およびヤ・エム・スヴェルドロフ記念共産主義大学において、政治経済学を講じた。一九一九年、カ・マルクス－エフ・エンゲルス研究所（ИМЭ）の将来の所長となるデ・ベ・リャザノフが「科学的社会主義文庫」の仕事にルービンを加え、「マルクス・エンゲルスの文献遺産」(9) 第三巻のドイツ語からの翻訳とその転写の仕事に彼を従事させた。一九二二年にはリャザノフはすでにИМЭの所長となっていたが、この年カ・マルクス－エフ・エンゲルス著作集の最初のロシア語版にマルクスのすべての経済学上の著作を収録するという問題を提起し、彼はこの仕事にもルービンを引き込んだ。このときから、経済理論とりわけマルクス主義の経済理論との取り組みがルービンの研究関心の基本的領域となった。ルービンの偉大な経済学者・マルクス学者への転換、有能な研究者・翻訳者としての彼の潜在的可能性の開花、これらがデ・ベ・リャザノフの彼の運命への積極的な関わりなしにはおそらくありえなかったであろうことに、疑いの余地はない。

教育活動とみずからがロシア語に翻訳したマルクスの諸著作の分析を基礎に、ルービンはマルクスの経済思想と経済理論の歴史についての学術刊行物を執筆した。一九二〇年代の初頭には彼はソビエトの主導的な経済理論家・経済思想史家のひとりになっていた。この事実はルービンの拘禁を解くよう求めるすべての斡旋状のなかで強調されていた。一九二一年一一月二二日、アカデミー会員ヴェ・ペ・ヴォルギンの保証の下にルービンは釈放されたが、しかし彼の事件への捜査は止まなかった。

輝かしい講演者としての名声を博していたルービンは教育活動も継続した。彼はまた、政治経済学の理論的諸問題とりわけマルクスの経済理論の解釈に関連する諸問題の考究と経済学説史に専心し、当時知られていた西ヨーロッパの経済学者や社会学者の一連の著作を翻訳しこれに自身の注釈を付し、一九二〇年代に刊行されたドイツとイギリスの諸著作の多数の翻訳書に序文や解説文を書き、政治経済学の新しい教科書の書評を書いた。この時代に形を整えつつあった政治経済学と経済学説史の教程の内容に対してルービンが少なからぬ影響力を行使したと言っても、おそらく過言ではないであろう。

ルービンの仕事のきわだった特質は、彼がマルクス主義の経済学体系のなかでも一般に認められている部分を叙述することは避け、理論的関心の対象となる係争諸問題に注意を向けるよう努めたことである。もっとも広く知られたイ・イ・ルービンの著作は『マルクス価値論概説』であった。彼のこの主著は一九二三年に公刊され、一九二〇年代を通じて三回改訂された。最初この著作は、商品の呪物性の理論とマルクスの労働価値論という二つの部分からなる小さい本であった。この当時カ・マルクス－エフ・エンゲルス研究所の所員であった将来の著名な経済学者エル・ア・レオンチェフが指摘したように、この著作の考え方は、ルービンの指導下で政治経済学の諸問題の研究に従事していた広い範囲の同僚たちには、すでに早くからよく知られていたものであった。

すでに『概説』の初版において、後年議論が展開されることとなる主要な諸命題が基本的には定式化されていた。直接論争には加わらなかったものの、ルービンは事実上その著作のなかで、一九二〇年代初頭に広まっていたマルクスの労働価値論と商品の呪物性論の解釈に異を唱えていた。この解釈は、とりわけ、マルクスの『資本論』第一部のロシア語版へのペ・ベ・ストゥルーヴェの注釈（サンクト・ペテルブルグ、オ・エヌ・ポポヴァ、一九〇六年）とア・ア・ボグダーノフとイ・イ・スチェパーノフの『政治経済学教程』（第二巻第一分冊、モスクワ、国立出版所、一九一九年。初版は一九一〇年）に示されていた。ストゥルーヴェは価値論を、商品資本主義経済の現実とは関係のない輝かしい歴史的余論と規定した。ボグダーノフやスチェパーノフは、マルクスの体系における商品の呪物性を、価値概念とは直接には関係のない『資本論』の不自然な部分として、あるいは、階級社会の社会的イデオロギーの要素として、あつかった。抽象的労働は彼らにより生理学的意味での労働支出として規定され、価値の大きさは労働支出に比例するものとされた。一面では、当時『資本論』の新しい翻訳と刊本がなかったこと、また他面では、右の諸版が評判を得ていたことを考えると、イ・イ・ルービンの著作の内容と論理がより理解しやすくなる。

マルクスの方法論に立脚して、ルービンは、『資本論』では十分に展開されていない価値論上の最重要な諸側面、すなわち抽象的労働と複雑労働の還元の諸問題を、さらに考究する独自の試みをくわだてた。労働価値論と商品の呪物性の諸問題の叙述において、彼は、一九〇三年にドイツ社会民主党の理論誌『ノイエ・ツァイト（*Die Neue Zeit*）』と『カンプフ（*Der Kampf*）』に発表された「マルクス批判者としてのベーム・バヴェルク」と「マルクスにおける理論経済学の問題設定」というR・ヒルファディングの二論文における労働価値論の方法論的諸問題の分析にまずは依拠しつつ、古典的マルクス主義の伝統の代弁者として登場した。経済的諸過程の物質的（「物的・技術的」）内容と社会的形態、つまり今日風の言い方をすれば、その物質的（物的）形態と社会経済的内容（本質）、の区分けという方法論的原則の基礎づけ、これがルービンの構想の重要な要素であった。この概念の源泉はR・ヒルファディングの諸著作にさかのぼるが、しかし、わが国の文献におけるこの原則の基礎づけと発展に対する顕著な貢献はまさしくイ・イ・ルービンがなしたことである。経済諸過程の物的形態と社会経済的内容との区分けの原則を貫くことにより、生産のさまざまな社会的形態の分析にかかわるマルクスの経済学上の遺産を生かすための前提が作り出された。これは一九二〇年代においてもさらに後の時代においても大きな意義を持った。

ルービンは、商品の呪物性の分析にさいして物的なものと観念的なものとの相互関係の理解にきわめて慎重に接近した。彼は商品の呪物性の問題を、当時の文献で一般に受け入れられていた定式よりもはるかに広く提起した。すなわち、マルクスは、物象間の諸関係の背後に人間間の諸関係をあばき、実際には生産過程における人間間の物象を介した諸関係から生じる諸属性を物象に帰属させる人間意識の幻想を商品経済が生み出すことをあばいた、とルービンは強調した。ルービンが断じたように、マルクスは、物象間の諸関係の背後に人間間の生産諸関係が隠されることだけではなく、反対に、商品経済においては、人間間の社会的生産的諸関係が不可避的に物象的形態を取り物象を介して以外には発現しえないことをも、示した。商品経済の構造から、物象が特別な極度に重要な社会的役割を演じ、社会的諸属性を獲得する、ということになる。人間の思考の幻想と迷妄から、物象的経済的諸範疇は歴史的に規定された一定の生産様式つまり商品生産の生産諸関係にとっての「客観的な思想形態」に転化する。商品の呪物性の理論は、ルービンによれば、商品経済の生産諸関係の一般的理論、政治経済学のいろは（入門）に転化する。

商品経済における自律的で相互に絶対的に独立した生産者間の結びつきと、彼らの活動の媒介された間接的な規制が市場と商品交換を通じて実現されるかぎりでは、人間間の社会的諸関係は不可避的に物象的形態を取る、とルービンは強調した。すなわち、商品経済における労働生産物としての物象は、商品生産者を支配する力として現れるのである。この点にルービンは（マルクスに倣って）商品の呪物性の客観的側面を見た。ルービンは、商品世界が生み出す呪物性が客観的な現実性でありまた同時に人間意識の産物でもあることを示した。このアプローチはソビエトの哲学者エ・ヴェ・イリエンコフの諸著作(10)においてさらに発展させられた。

　ルービンは、マルクスの価値論の分析によって次の結論にいたる。すなわち、マルクスの価値論における主要なものは、商品の価値がその生産に支出された労働量に依存するということの証明ではなく、商品資本主義経済の生産諸関係が不可避的に価値の形態を取り、労働が価値においてのみ表現されうるということの理解である。マルクスは物象的に表現される価値の現象から出発し、分析の結果、共通なものは労働であるという結論にいたった、と思いなすのは誤っている（このような問題設定はマルクスの先行者たちにみられた）、とルービンは考える。ルービンの解釈では、マルクスの思考の行程は本質的にこの逆である。すなわち、商品社会においては個々の生産者たちの「私的」労働は労働生産物の価値を介してしか社会的労働に転化しえない。

　ルービンが強調するように、マルクスが問題にするのは、生産要素としての労働ではなく、社会の生活の基礎としての人々の労働活動と、この労働が組織される社会的諸形態である。ルービンは、商品資本主義経済のこの組織を研究して、交換が生産者たちの結びつきの唯一の形態として排他的な役割を演ずる、という結論にいたる。彼の意見によれば、（そのものとしての交換ではなく）交換の社会的形態と交換の商品社会の生産との結びつきとの研究、これこそがマルクスの価値論の対象をなすものである。マルクスの価値論の質的側面の量的側面（価値の大きさについての問題）に対する優位性を強調しつつも、ルービンは、価値論を純粋に論理的な構築物であるとしたり、またはその作用を純粋な商品経済に限定したりする解釈に対立して、商品資本主義経済の分析にこの理論が適用可能であることを強く主張する。

ルービンによるマルクスの『資本論』の方法論の研究を背景とする論文「カ・マルクスの『資本論』の第一章のテクストの歴史によせて」(11)は、現在でもなお興味深いものであり、ルービンはこの論文で、『経済学批判』から『資本論』にかけての価値と交換価値についてのマルクスの学説の発展を詳細に追跡し、『資本論』第一部の第一章が分析対象とした「発展した商品経済と発展した交換価値」(12)の諸法則の理解にとって、この分析の持つ理論的意義を強調した。これとの関連において、マルクスの『資本論』の第一部第一篇の研究対象にかんする一九七〇年代の議論(13)が想起されてよいであろう。

『マルクス価値論概説』には、抽象的労働の概念、複雑労働の単純労働への還元の問題、マルクスの経済理論全体における価値論の位置の理解といった、マルクスの価値論の重要な諸側面について、『資本論』よりいっそう展開された試みが含まれていた。

ルービンの議論の体系において大きな位置を占めているのが価値の内容と形態についての問題である。ルービンは、価値論の領域におけるマルクスの優位性の問題は何よりも価値形態についての学説の仕上げと結びついている、という命題を（まったく正当にも）根拠づけた。

『経済学批判』のタイトル・ページ，モスクワ／レニングラード，1929年刊，イ・ルービン訳，デ・リャザノフの序言付き

価値はルービンが強調したように社会的現象である。価値存在はそのうちに一原子の物質も含まず、マルクスにおける価値概念は、彼の言葉によれば、社会学的・歴史的性格を帯びている。交換における抽象的労働という形で、個々の商品生産者の具体的労働の抽象的労働への転化が生じる、とルービンは主張した。抽象的労働という概念は、商品経済においては生産過程

そのものではなく交換行為において個々の商品生産者が「結びついている」という、労働組織の社会的形態の特質である。さらに、ルービンはその著作の初版では、労働は流通の部面では価値も剰余価値も作り出さない、というマルクスの命題に異議を唱えていた。彼は後の諸版ではこの主張を撤回した。また後の諸版になると、ルービンは「抽象的労働は交換によって作り出される」という彼の定式の断定的調子を和らげた。

『マルクス価値論概説』で展開されている、抽象的労働と具体的労働、商品の呪物性、疎外、等々についてのルービンの考え方は、政治経済学の分野における一九二〇年代の理論的討論の中心に置かれた。『概説』をルービンの同時代人たちはマルクスの価値論のもっとも真摯な研究のひとつと評価した。周知のように、当時マルクス主義のもっとも権威ある精通者であり党の理論家であると見なされていたブハーリンは、イ・イ・ルービンの仕事を非常に高く評価した。厳格にアカデミックな文体で書かれ眼前に繰り広げられている現実からかけ離れた『概説』は、プロパガンダのための単純化や独断性から自由な、マルクスの理論への科学的で創造的なアプローチの基礎を据えた。一九二〇年代だけでなくその後の期間を通じても、ソビエト科学には、議論の余地を残さなかったわけではないとはいえ、同じ理論領域においてルービンのこの著作の水準に達し得たような仕事はひとつもなかった。

『概説』初版の出現は時間的にルービンの新たな逮捕（一九二三年二月二七日）と重なった。「積極的な反ソビエト活動を理由とする」国家政治保安部（ГПУ〔ゲ・ペ・ウ〕）の委員会決定により、アルハンゲリスク収容所に三年間拘禁されることになった。近親者や知人（このなかには当時のソビエト社会主義共和国連邦駐ドイツ大使エヌ・エヌ・クレスチンスキーも含まれていた）の尽力は、この時期心臓神経症、肺結核、胃疾患に苦しんでいた虚弱な健康状態のルービンの北の地への移送を延期させる助けとなった。しかしながら一九二三年の秋にはそれでも彼はスーズダリの収容所に送られた。しかし、急激な健康状態の悪化のためやがてふたたびブトゥイルスカの監獄に送還された。ルービンは一九二三年一〇月二八日づけのスーズダリ収容所からの手紙のなかで、スーズダリでの拘禁は、ブトゥイルスカの「きわめて厳しい体制」でさえ及ばないほど、自分の健康に苦痛を与える破壊的なものです、と書いている[14]。

なお一層驚くべきことに、ルービンが留置施設でまた後には流刑地で過ごした時間は、集中的な学問研究作業で満たされていた。逮捕の当時彼はさまざまな出版機関からのまたИМЭからの多数の要請や依頼をこなしていたのである。監獄でも仕事を続けるために、ルービンは、なによりもデ・ベ・リャザノフの支持のおかげで、すべての必要な書籍・雑誌その他の資料を受け取っていた（当時はまだこのようなことができた）。とりわけ、リャザノフからの依頼により、ブトゥイルスカの監獄で（一九二四年六月）ルービンは、マルクスの著作『経済学批判』のロシア語への新たな翻訳を開始した。当然のことながら、彼の筆により書かれたものはすべて検閲にかけられた。それゆえに、この時期のルービンの活動のなかでは翻訳の作業や歴史的・経済的内容の書籍類の学術的編集が圧倒的多数を占めていたこと、拘禁されていたあいだに彼が出版を準備していたマルクスの経済学上の諸著作の注釈には厳密に学術的なアプローチがなされていること、ルービンのこれらの仕事のなかに同時代の政治生活や学界状況への何らの示唆も含まれていないこと、これらは偶然ではないであろう。

右のエピソードは一九二四年一二月一九日以前のブトゥイルスカの監獄でのことであるが、この日付でルービンの監獄からの釈放とクリミアのカラスバザール市（現在のベロゴルスク市）の流刑地への移送の指令が届いた。イ・イ・ルービンは釈放措置の延期を依頼した。彼はこの依頼の動機を次のように説明した。「私の手元には二件の大きな仕事があり、そのうちのひとつは教科書的性格のもの（『経済学史名文撰集』、約四五〇ページ〔本訳書175ページの項目20〕）で、まもなく国立出版所に入稿の予定であり編集作業の仕上げのために六―七日程度が必要です。直ちに出獄となりますと半年間の仕事の成果である単一の原稿を転送できなくなってしまい、その場合入稿はいくら早くても二―三カ月間滞ることになります」[15]。ルービンの依願は容れられ彼の監獄滞在は数日間延長された。一九二四年一二月末にルービンは仕事を完成させた。その後になってはじめて流刑地に移送された。出獄の前に彼は次のような依願を提出した。「マルクス－エンゲルス研究所と国立出版所から依頼されている次の仕事を果たすために必要な文献を探し出すため、また、研究所のための作業の遂行についてデ・ベ・リャザノフと個人的に話しあうため、研究所に二時間ほど立ち寄ること」。

この会見についての許可をルービンは得られなかった。

カラスバザールではルービンと妻は平屋建ての小家屋に二部屋をあてがわれ、彼の健康状態により適したクリミアの土地に移ることを求めるルービンの再三の依願にもかかわらず、二人はそこに一九二六年春まで住んだ。一九二五年から二六年にかけての冬にルービンの健康状態は急激に悪化し、従来からの諸疾患に加えて重度の関節リューマチを患いこれが心臓病を悪化させた。ルービンの流刑期間は一九二六年四月一三日に終了となったが、しかし、シャ・エム・ドゥヴォライツキー、エム・エヌ・ポクロフスキーその他当時の著名な社会科学者の斡旋にもかかわらず、モスクワ、レニングラードその他の一連の大都市に彼が一定期間住むことはなお三年間禁止された。一九二六年八月になってようやくルービンはサラトフに居住すべしという決定を受けた。しかしながら、リャザノフ、ルィコフ、および、ブハーリンの斡旋により、一九二六年一〇月に三週間ほどモスクワに行くことを許すという決定を受けた。ところが、一九二六年一一月二六日、合同国家政治保安部（ОГПУ〔オ・ゲ・ペ・ウ〕）参事会の特別会議は次のように決議した。「ルービン、イサーク・イリイチを期限前に懲罰から解放し、ソビエト社会主義共和国連邦内での自由な居住を許可する」[16]。

信じがたいことであるが、しかしまさに一九二三年春から二六年秋にかけての拘禁と流刑のうちに、ルービンはおよそ二五件もの研究成果を準備したのである。そのなかには、根本的な書き直しが施され分量的にも二倍になった『マルクス価値論概説』の第二版も含まれていた。彼がこの期間中になした仕事のうちには、I・ローゼンベルグの著作『リカードとマルクスにおける価値論』の翻訳と序文の執筆、(エム・エル・カーボとの共著)『国民経済　概説と図解』の第二版、W・リープクネヒト著『イギリスにおける労働価値論の歴史』の学術的編集とこれへの解題論文、G・レヴィ著『世界経済の基礎』の翻訳(以上はすべて一九二四年の仕事)、また、後年に出版されることとなる著作『重農主義者たち』(一九二五年)、『経済思想の歴史』(一九二六年)、『現代西欧の経済学者たち』(一九二七年)の準備、これらが含まれる。以上のほかにも、ルービンはマルクス＝エンゲルス研究所のために、『経済学批判』の翻訳の仕事を継続し、マルクスの手稿「A・ワーグナー著『経済学教科書』への評注」をロシア語に翻訳し、雑誌『カ・マルクス＝エフ・エンゲルス・アルヒーフ』に一連の論文や書評を寄稿した。彼はまた文集『一七世紀から一九世紀中葉までの経済学の古典的大家たち』を編纂し、その各篇に彼独自の内容豊かな導入的注釈を付した。この同じ年にルービンは、大ソビエト百科事典初版のために、三篇の大論文――「オーストリア学派」、「減価償却」、および、「俗流経済学」――を執筆している〔以上は、本訳書173―175ページの項目8から22に含まれる〕。[17]

一九二六年末から一九三〇年一二月二四日夜の新たな逮捕まで、ルービンはカ・マルクス＝エフ・エンゲルス研究所〔ИМЭ〕の研究員であった。残念なことに、研究所におけるルービンの仕事について証言する文書は保存されていない。例外は一九三〇年代初頭のИМЭの作業文書のなかに彼の名前がところどころで言及されているが、これらはすでにルービンが逮捕されて後のものである。[18] リャザノフが全ソ同盟共産党(ボ)の政治局と中央統制委員会幹部会に宛てた一九三一年二月二三日づけの手紙のなかで証言しているように、ИМЭにおいてルービンは「優秀な働き手、きわめて博識の経済学者、そして、優秀な翻訳者」として自分を売り込んでいた。研究所に入るとまもなく、リャザノフは、マルクスの経済学的諸著作の出版準備の中心となるべき経済学部門の指揮をルービンに委ねた。ルービンのすぐ近くで彼を助けていたのは、同部門の共同研究員のエ・ア・カガノヴィッチ、ヴラジミーロフ、[19] ア・エ・レウエルであった。ロマン・ロスドルスキーもルービンの同僚であった〔本章の注1を参照〕。

イ・イ・ルービンの率いる小さな集団が差し迫ってすべきであったことは、それまでロシア語で出版されていなかったマルクスとエンゲルスの多数の経済学上の諸著作の質の高い翻訳をすること、既存の訳本を原本と対照し編集すること、マルクスとエンゲルスの諸著作の学術的注解のための資料を収集すること、であった。これらすべての作業はその大部分が今回初めてこのような規模で展開された。何よりもリャザノフの努力によって経済学部門に収集されていた他に類例のない文献のコレクション――政治経済学と経済思想史の諸問題を扱ったおよそ一万四〇〇〇冊の書物――は、マルクスとエンゲルスの諸著作の刊行に向けた質の高い準備作業を保障するものであった。刊行は、ロシア語で予定されるとともに、K・マルクス―F・エンゲルス全集（MEGA）の最初の版として原語でもなされることになっていた。MEGAの準備作業もこの時期に開始されたのである。[20]

ルービンの指導と直接の参加の下に一連のテーマごとの著作集の刊行が準備された。そのなかには、『賃労働と資本』、『住宅問題によせて』、『エンゲルスの『資本論』評注』、『自由貿易と保護主義』、『マルクスとエンゲルスの農民論』が含まれていた。ルービンは、マルクスとエンゲルスの諸著作の出版以外にも、政治経済学の古典的著述家たちのロシア語への翻訳、とりわけ、A・スミスの著作『諸国民の富の性質と諸原因にかんする研究』のロシア語版の準備にも従事した。しかしながら、イ・イ・ルービンの研究所での主要な業績は、一九二七年から三〇年にかけてのマルクスの著作『経済学批判』の新版の準備であった。ぺ・ぺ・ルミャンツェフの訳による『経済学批判』のこの時期の既存のロシア語版（初版、モスクワ、一八九六年。第三版、ペトログラード、一九二二年。第四版、モスクワ、一九二二年）は不満足なものであった。とりわけ、もっとも重要な経済学用語の翻訳の点から見てそうであった。学術的情報を提供する附属資料も欠けていた。

ルービンがア・ペ・レウエルとエ・ア・グルヴィッチとともに出版の準備をした『経済学批判』の新版は、その時代としては学術出版の仕事の模範であった。ルービンはマルクスの著作のテクストの新しい訳文を作成した(「序説」は除く。この部分はエ・ベ・パシュカーニスによる翻訳で公刊された)。用語法が練り上げられ、本文を解説し解明する注解の様式が設定され、そして、情報を提供する索引(人名、文献、事項)も一定の様式に従って作成された。このような刊本に比肩しうるものはこの当時外国にも存在しなかった。『経済学批判』の新版は、マルクスのこの著作の刊行から七〇年目にあたる一九二九年六月に日の目を見た。一九三〇年にはその第二版が出た。事実上、『経済学批判』のこの刊本はマルクスのこの著作のその後のロシア語諸版にとっての原型ないし基礎として役立った。同じことは、新MEGA版での原語によるその最終版[21]にいたるまで当てはまる。

ルービンとリャザノフが逮捕された後この版が図書館から撤去されたのは事実であるが、しかし〔今やアドラツキーが所長を務める〕研究所は時を移さず『批判』の新版の準備に着手した。その基礎に置かれたのはルミャンツェフの訳本であったが、一九二四年に刊行された『経済学批判』のドイツ語版と照合された。この版では、この時すでに逮捕されていたルービンが書いた序文は削除され、ルービンが準備した広範囲におよぶ学術的情報を提供する附属資料はあまり大きくない人名索引・文献索引に縮約された。この版は一九三一年一一月三日に印刷に回され一九三二年四月に世に出た。マルクスの著作『経済学批判』の次の版は一九三三年に出版されたが、その編集者序言では、この版が一八五九年のドイツ語初版に基づいてエル・ア・レオンチェフによって新しく準備されたことが強調されていた。『批判』の準備へのルービンの関与は忘却に委ねられた。しかし、すべての後続する訳本のテクストを比較してみると、ほかならぬルービンのなした訳文がマルクスの著作のこれらの「新しい」ロシア語訳の基礎となっていることが明らかとなる。

ルービンは、『経済学批判』の彼による版を準備する過程で、『資本論』第一部の第一章の成立史を専門的に研究し、『経済学批判』(一八五九年)から『資本論』第一部のフランス語版(一八七二年から一八七五年)までの、マルクスによる商品分析の歴史をはじめて徹底的に分析した。[22] ルービンはИМЭでの計画的な作業と並行して、経済理論と経済思想史の分野での自分自身の研究を続けていた。彼の『経済思想史』は、一九二〇年代にはこの学科のもっとも知られた教科書となり、毎年のように版を重ねた〔本訳書175—178ページの項目19、28、36、46〕。これと並んでルービンは、政治経済学とマルクス主義理論の諸問題にかんする外国とソビエトの文献の広く行き渡った批判的な展望論文を定期的に発表していた。彼は、H・ディーツェル、F・ペトリ、F・ポロック、K・ミュース、W・P・パターソン、W・エメットその他の著作の書評を書いた。[23] 一九二〇年代末になると、ルービンの学術著作物のリストは八〇項目以上を数えた。彼は赤色教授養成学院、国民経済研究所、モスクワ大学、ロシア社会科学学術研究機関協会(РАНИОН)経済研究所での教育活動を再開し、政治経済学、マルクスの『資本論』、経済学説史の講義を行った。[24]

一九三一年度の研究所の計画には『資本論』と『剰余価値学説史』の新版の準備が記されているが、しかしイ・イ・ルービンがこの仕事に加わることは許されなかった。

一九二八年、イ・イ・ルービンの著書『マルクス価値論概説』をめぐる討論が始まった。この討論は当初は学術論争の性格を帯びていたが、しだいに政治的動機によるこの学者の人身攻撃になり変わっていった。ルービンに対して、マルクス主義経済理論の歪曲とか、経済学の諸範疇への観念論的アプローチとか、形態を内容から切断しているとかいった罪状が科せられた。彼の考え方には「ルービンシチナ」という名称が付与され、彼本人は政治経済学における観念論的傾向のリーダーと宣告された。[25] 一九三〇年の初頭に討論を終わらせたのは、全ソ同盟共産党(ボ)中央委員会の理論機関誌『ボルシェヴィク』に掲載されたヴェ・ミリューチンとべ・バリーリンの共同論文「政治経済学における見解の不一致」[26]であった。この頃、ルービンは教育活動から去ることを余儀なくされた。

一九三〇年九月二九日、ИМЭ所長への申請書[27]の中でルービンは「経済学部門の指揮に関連する業務」から自分を一時解任してくれるよう願い出た。

一九三〇年一一月一九日、赤色教授養成学院の所員であったヤ・ムシペルトが『プラウダ』紙に掲載した論文に経済学の討論との関連でルービンの名が出たが、そこで彼は、「暴露されたメンシェヴィキ・富農の破壊分子集団のメンバー」[28]と呼ばれた。ルービンの名前は、いわゆるロシア社会民主労働党（メンシェヴィキ）中央委員会連合ビューロー事件において逮捕されたエヌ・エヌ・スハーノフ（ヒンメル）、ヴェ・ゲ・グロマンおよびヴェ・ヴェ・シェールの証言に現れた。[29] この件に関連して、ルービンはリャザノフに宛てた一九三〇年九月三〇日づけの個人的な手紙のなかで次のように書いている。「敬愛するダヴィド・ボリソヴィッチ様。スハーノフ事件で告訴されたある者の証言のなかで私の名前に言及されている、という噂が伝わってきました。この点に関して、私がスハーノフ事件とは絶対に何の関係もなかったということだけでなく、彼のグループの存在を知らなかったということだけでなく、このようなものの存在の可能性さえ遥かに遠く思い及びもしなかった、ということを断固として宣言することが必要と考えます。私の名前に言及された唯一の動機として考えられるのは、私がスハーノフと個人的な知り合いであり、いつか日曜日の夕方――彼の言葉ではいつも在宅の時間帯――に彼の自宅を客として訪問するよう再三にわたり招待されていたので、これに応えて一九二九年五月のある日曜日に一度彼のもとを訪ねたことがある、という事情です。その後、一九三〇年五月一〇日に家内と一緒にモスクワ芸術座にオテロの観劇に行った際にそこで偶然にスハーノフに出会うまで、私はまる一年間彼のところに行ったことはありませんし、どんな場所でも彼に出会ったことはありません。再度来訪するようにという親切な招待を受けましたので、私は一九三〇年五月一八日の日曜日に彼の自宅を訪問しました。最初の訪問後も、二度目の訪問後も、私にはスハーノフの何らかのグループの存在を思い当たるようないかなる理由もありませんでした。イ・ルービン。一九三〇年九月三〇日」[30]。

ムシペルトの論文が『プラウダ』紙に掲載されたのを受けて、ルービンは、一九三〇年一一月二二日づけで同紙編集部宛の書簡をもってこれに回答した。そのなかで彼は自分が何らかの「破壊分子」集団に関与していることを否定した[31]。ルービンは次のように書いている。「通信記事の筆者はスハーノフ－グロマンの集団を念頭に置いているようですが、組織面でも思想面でも直接的にも間接的にも、私はこの集団とは絶対に何の関係もありませんでしたし、このような集団に対しては断固たる非難をもってする以外に関わりようがありません」[32]。文書資料からも裏づけられるように、『プラウダ』編集部宛てのルービンのこの書簡は、ИМЭの党組織ビューローが一一月二二日にルービンに対して、次の基本的な三点についての釈明を書簡の形で要求したその日に書かれている。その三点とは次のような内容のものであった。「1．スハーノフ－グロマンのメンシェヴィキ破壊分子集団との関係（単に形式的なことではなく、本質的な問題として）。2．メンシェヴィキ党とその中央委員会との関係、ソビエト社会主義共和国連邦内のメンシェヴィキの残党との関係。3．ソビエト権力および社会主義建設との関係」。また同ビューローは書簡を印刷公表することを提案している[33]。一九三〇年一二月一日、ルービンはマルクス－エンゲルス研究所の党委員会に宛てて詳しいメモを書いたが、そのなかで次のように述べている。「一九三〇年一一月三〇日に委員会から私にいくつかの質問がなされ、それらに対する回答は必ず書簡の形でなすようにという提案を受けました。このような形で私に対して査問がなされた以上、私は研究所での仕事を継続することは自分にとって不可能であると考えました。そして、一二月一日には研究所当局に私を研究所員のポストから除外してくれるよう依願する届け出書を提出しました。しかしながら、私が研究所を去るのは右のようにしてなされた質問に根本的に回答するのを厭ってのことであるように解釈されたくなかったので、私は直ちに質問に回答することが必要と考えました」[34]。さらに、ルービンはスハーノフと会った話を繰り返したが、党のビューローが彼の前でなした質問については次のように宣告した。「私はメンシェヴィキ党からは今からほぼ八年前に離れており、それ以来この党とは何らの関係もありません。ソビエト権力との関係における私の一般的立場は、次の二つの根本的な命題から生じるものです。すなわち、一〇月革命は世界史上初めて、プロレタリアート独裁の基礎上に広範な社会主義建設の可能性を切り拓いた。ソビエト権力の弱体化、ましてやその存立に対する深刻な脅威は、何十年間とは言わずとも多年にわたる労働者階級に敵対するブルジョアジーの国際的な激しい反動の原則に棹さすものでしょう。これらの根本的な命題から出発して、ソビエト権力によって遂行されまた国民経済再建のための五カ年計画に示される社会主義建設のかの偉大な事業に力のおよぶ限り貢献することを、私の責務と見なしています。この建設の挫折とロシアにおける資本主義的諸関係の復活を画策するあらゆる種類の試みは、それが外国からの介入や封鎖によるものであれ、最近発覚した破壊活動や破壊組織等々によるものであれ、私の観点からすれば、もっとも厳しい非難弾劾に値するものです[35]」。

その同日ルービンはリャザノフに会見を申し入れカ・マルクス＝エフ・エンゲルス研究所からの退去を告げる文書を手渡した[36]。リャザノフは退任を受理したが、しかし、ルービンという学者の支えとなろうとして、マルクスの経済学上の著作と『政治経済学の古典的大家たち』シリーズの責任編集者として、出来高払いという条件で研究所の業務にかかわる仕事を継続するよう彼に提案した。一九三〇年一二月二四日の夜、ルービンは逮捕された。彼の生涯の最後のもっとも悲劇的な時期が到来した。

逮捕から一カ月半後、ルービンは自分が連合ビューローの綱領委員会のメンバーであることを認めることに同意していた。また同時に彼は、ИМЭ内の彼の研究室にメンシェヴィキ・センターの文書類を保管していたことを認め、さらには、研究所を解雇された際にこれらの文書を封印した封筒に入れてリャザノフに社会民主主義運動史に関する資料として手渡したかのように供述した(37)。一九三一年二月八日、ルービンはリャザノフに、取調官から指図されるままに、決して存在したことのない文書を取り調べのために必要だからという口実で返却してくれるよう依頼する手紙を書いた(38)。二月一二日の夕刻、この手紙はモロトフ臨席の下にスターリンから直々にリャザノフに提示され、スターリンは研究所での捜索を実施する命令を出した。一九三一年二月一五日から一六日にかけての夜、ИМЭ所長のデ・ベ・リャザノフは逮捕された。

ルービンと妻を一九三五年に流刑地に訪ねた際の彼からの話をもとに書かれた姉のベ・イ・ジェルチェンコヴァの回想録は、ルービン事件の捜査過程についても、ロシア社会民主労働党（メンシェヴィキ）中央委員会連合ビューローの綱領委員会に所属していたとする自白証言だけでなくリャザノフ逮捕の根拠となった彼の名誉を毀損するデータが得られた状況についても、他に類例のない情報を含んでいる(39)。この回想録に描かれている一九三一年二月二〇日のルービンのリャザノフとの対審(40)は、ルービンに適用された感化の方法——一カ月半にわたる果てしのない尋問、睡眠禁止、殴打、懲戒房拘禁——に耐えられなかったルービンが身をもって体験した悲劇を示している。最初の三つの質問の後、リャザノフは対審を中断した。彼は、怯え震えやっとのことで押し出されるイ・イ・ルービンの言葉を耳にした。ベ・イ・ジェルチェンコヴァは書いている。「すぐに弟は監房に連れ戻されました。監房で彼は壁に頭を打ち付け始めました。ルービンの平静さと忍耐強さを知る者は、彼がどこまで追いつめられていたかを理解することができます(41)」。ベ・イ・ジェルチェンコヴァの回想録はエル・ア・メドヴェージェフにより著作『共産主義とは何か——スターリン主義の起源と終結』のなかではじめて利用された(42)。

ロシア社会民主労働党（メンシェヴィキ）中央委員会連合ビューロー事件の公判（一九三一年三月一日から九日）の判決により、イ・イ・ルービンは五年間の禁固とその後二年間の公民権剥奪を言い渡された(43)。最初彼はヴェルフネウラリスクの政治犯隔離所にいたが、その後一九三三年九月にはまずカザフスタンのトゥルガイ市に、次いでアクチュービンスク市に送られ、そこで彼は州消費協同組合の生産計画作成経済員として働いた[44]。この仕事以外に、彼は学術研究にも従事し続けた。このことを示すのが「資本に関するリカードの学説」と題する短い試論の草稿である。二冊の学習用ノートに書き付けられ[45]ルービンの姉が保管していたが、後にその二人の息子エム・ヴェ・ジェルチェンコフとヴェ・ヴェ・ジェルチェンコフに委ねられた。彼のこの時代の仕事には一〇件を上回る研究が含まれているが、そのなかには、K・J・ロートベルトゥス、A・マーシャル、G・C・クラークといった経済学における数理学派の代表者たちその他に関するものがある[46]。アクチュービンスクにルービンを訪ねた姉に対して、彼は、モスクワには帰りたくない旧知の仲間たちに会いたくない、と語った。ベ・イ・ジェルチェンコヴァは書いている。「このことは、体験したすべてのことのために彼がいかに深い衝撃を受けていたかを示すものでした。ただ彼の生来の大きな楽天主義と深い科学的関心とだけが彼に生きる力を与えていたのでした[47]」。

一九三七年一一月一九日、ルービンは再び逮捕され、トロツキスト反革命組織を創始したという廉でアクチュービンスク州内務人民委員部三人委員会より銃殺刑の判決を受けた。一九三七年一一月二七日（別のデータによると二五日[48]）判決は執行された。

一九八九年から一九九一年にかけて、イ・イ・ルービンは一九二〇年代から三〇年代にかけての例外なくすべての事柄について名誉を回復された。

＊　＊　＊

イ・イ・ルービンの名前は何十年間も学界からかき消えていたにもかかわらず、彼の諸著作とりわけ『マルクス価値論概説』に表現されていた考え方は、後続諸世代の経済学者の仕事のなかに何らかの形で復活し再生し展開された。それほどに彼の考え方は深く独創的で実り豊かなものだったのである。たとえば、『経済思想史』講義（一九二六年、第四版は一九三〇年）は、それ以後の経済思想史の講義の基礎となった。ルービンの著作『現代西欧の経済学者たち』が植えつけた傾向は、イ・ゲ・ブリューミンの諸著作においてさらに実り豊かに発展させられた。社会諸過程の物的形態と社会・経済的内容の相互関係という問題は、ヴェ・エス・ヴィゴツキーの諸著作において様々な局面から考究された(49)。また、観念的なものと物質的なもののルービンによる取り扱いは、すでに言及したように、エ・ヴェ・イリエンコフによって興味深く展開された。最後に、マルクスの『資本論』の第一部第一篇の研究対象に関する一九七〇年代の討論は、ルービンの論文「カ・マルクスの『資本論』第一章のテクストの歴史によせて」をその思想的源泉としていた(50)。このように、一九二〇年代のもっとも偉大な経済学者のひとりの考え方は、その禁止と著者の深く悲劇的な運命にもかかわらず、忘却の草によって覆われていたのではなかったのである。

＊　＊　＊

ロシア国立社会政治史文書館（РГАСПИ）に保管されているイ・イ・ルービンの諸資料のうちでも、ルービンの価値論研究の論理的延長である「マルクス貨幣論概説(51)」は確かな学術的価値を有する。この草稿執筆の着想は、おそらく、ルービンがマルクスの著作『経済学批判』の翻訳の仕事に取りかかる過程で得られたのではないだろうか。この草稿のための仕事はブトゥイルスカ刑務所の監房ですでに一九二三年には始められていたように思われる(52)。その後、ルービンの諸報告に示されるように、一九二六年から一九二八年にかけて彼は草稿の仕事を継続していた。草稿の仕事が中断したと考えられる理由は、R・ヒルファディングの著作『金融資本論』の二つの版本（一九一八年と一九二三年）が使用されていること、また、草稿のいくつかの箇所でこの著作からまったく同じ箇所が何度も引用されていることである。

五印刷全紙〔一全紙は一六ページ分に相当〕を上回る分量の草稿は、作業テクストの清書稿であった。それは著者により印刷用として準備されたものであった（このことを示すのは、一ページ目に鉛筆でこのテクストを三部印刷することという メモであり、また、脚注が赤鉛筆で番号づけされていることである）が、本質的には未完のままでもあった。とりわけ、予定されていた序文が書かれていなかったし、個々の箇所の校訂と繰り返し箇所の削除を必要としていた、また、テクスト自体にもすでに出版されていた『マルクス価値論概説』における広範囲の補論の例にならった歴史的性格の補論がなかった。著者が草稿を繰り返し読み直し書き直ししていたことは、多数の書き込み、疑問符、余白の傍線、ペンと鉛筆による訂正と書き加えから明らかである。草稿の最後は、マルクスが区切りを完了させたりテクストの末尾を示したりするために使っていたのと同一の水平線をもって明示されている。

この草稿はルービンの主著『マルクス価値論概説』の直接の続きであり、わが国のマルクス主義文献において最初のマルクスの貨幣理論の根本的な研究の試みであった。この著作が『マルクス価値論概説』とその発生において結びついていることは、「マルクスの価値論と貨幣論」というこの草稿の当初の名称にはっきりと示されていた。このタイトルのなかの最後の部分が残されたのである。後になってルービンが鉛筆で著作の新しい表題「マルクス貨幣論概説」を書き込んだ。この草稿が表しているのは、とりわけ、最初の著作すなわち『マルクス価値論概説』は新たな著作を考慮せずには完結したものとは決して見なしえない、ということである。二つの著作の連続性と相互関連は争う余地なく明白である。

マルクスの貨幣理論についての特殊研究を執筆することをルービンに促した動機の解明となるのは、G・ブロッホの『マルクスの貨幣理論』（イエナ、一九二六年）とF・ポロックの『カール・マルクスの貨幣理論によせて』という二つの著作の批判的分析を内容とするマルクスの貨幣論に関する展望論文のひとつ[53]で彼が述べていることである。ルービンはそこで次のように主張している。「マルクスの貨幣理論は最近にいたるまで、経済学文献において体系的な検討に付されることがなかった。マルクスの価値論が膨大な文献を生み出しているのに、マルクスの批判家たちの大部分は彼の貨幣論を沈黙をもって回避するか、あるいは、大急ぎの、事のついでに書きなぐったような評言で済ませている。マルクス主義文献において、とりわけ、K・カウツキー、エ・ヴァルガ、O・バウアーその他が加わった周知の論争〔二〇世紀初頭の「金価値論争」を指すと思われる〕において、貨幣理論上の若干の係争問題について議論がなされたが、しかし、マルクスの貨幣理論の全体としての体系的な叙述をその中心課題とする著作はほとんど存在しない。……ここで取り上げ論じているブロッホとポロックの両著作は、マルクスの貨幣理論を対象とする文献における問題の解決に寄与していない[54]」。ドイツで一九二〇年代の中頃に貨幣理論に関する著作が現れたことは、ワイマール共和国期のドイツの経済と金融システムの状態を思い起こせば理解しうる。この時期ロシアでもまた、第一次世界大戦と革命と内乱の時期に解体していた貨幣制度の整備が進んでいた、そして、この分野での実際の仕事が理論的な基礎づけを必要としていたのである。それはこの時代には当然にもマルクスの理論的遺産に求められた。このように、ルービンの草稿は一九二〇年代にとってさまざまな視点からアクチュアルであったのである。

草稿「マルクス貨幣論概説」は実際上八つの章を含んでいる。そのうち第一章だけに著者による「I」という番号が付されている。草稿のそれ以降の各部分のほとんどは新しいページから始まっており、刊行にあたってはそれを、これらの部分を著作の続く七つの章とみなす根拠とした。こうして、草稿「マルクス貨幣論概説」は次の諸章から成り立つこととなる。

I　マルクスにおける価値の理論と貨幣の理論

［Ⅱ］　貨幣の必然性
［Ⅲ］　商品の使用価値と交換価値のあいだの矛盾の結果としての貨幣
［Ⅳ］　貨幣の発生
［Ⅴ］　貨幣と抽象的・社会的労働
［Ⅵ］　価値尺度
　　　価値尺度とは何か
［Ⅶ］　流通手段
［Ⅷ］　蓄蔵貨幣

著作「マルクス貨幣論概説」のかなりの部分はマルクスの経済理論における価値理論と貨幣理論との相互連関の分析にあてられている。商品経済の社会構造の分析から出発する社会学的方法を使用し、「物質的内容」と「社会的形態」（つまり今日風の言い方をすれば、経済的諸過程の物質的形態と社会経済的内容）についての自身の理論に依拠しつつ、ルービンは、価値理論が貨幣の考察なくしては完全に展開しえないのと同様に、マルクスの貨幣理論も彼の価値理論から生じる、ということを示す。その際彼は、価値についても貨幣についてもその分析の出発点となるのはマルクスの場合、発達した貨幣流通を特徴とする資本主義的商品生産であるということに、特に注意を促し、マルクスの価値理論がどの程度まで貨幣経済の諸前提の上に築かれているかを考察する。資本主義的商品経済における価値理論の作用メカニズムの研究から、ルービンは貨幣の由来と社会的機能についての問題の考察に移行し、商品の使用価値と交換価値のあいだの矛盾の解決結果としてのそれらの必然性の問題を考察している。さらに彼は、貨幣の出現過程の分析におけるマルクスの功績がどこにあるのかを示している。

草稿の第二の部分は、マルクスの理論における貨幣の諸機能についての問題の考察にあてられている。ルービンは価値尺度および流通手段としての貨幣の機能に独創的できわめて興味深い解釈をほどこしている。草稿の結びの部分では蓄蔵貨幣の役割における貨幣の機能を詳細に考察している。この草稿では支払い手段としての貨幣の分析が欠けており、資本主義経済に必ずともなう部分としての信用制度の発展についても通りいっぺんに触れられているだけで、国際流通の領域での貨幣の機能のありかたについては言及さえない。しかし、支払い手段としての貨幣の機能の分析と国際支払い手段への貨幣の転化の考察とは、マルクスの先行者か同時代人かを問わず他の経済学者たちから彼の貨幣理論へのアプローチを区別する、マルクスの貨幣理論の不可欠の構成諸要素でもあったのである。また、貨幣のいっそうの発展を考えれば、分析のこれらの局面はさらに大きな意義を持つようになっている。

たしかに、一九二〇年代初頭にはこのようなことはそれほど自明ではなかった。それゆえ、草稿への取り組みが中断されたことに、ルービンがこれらの問題に触れえなかった理由があったのかもしれないとしても、この草稿に右の諸論点が欠けていることにはこれとは別の説明も可能である。すなわち、ルービンが、価値尺度・流通手段・蓄蔵貨幣というまさに貨幣の最初の三つの機能の考察に意図的に課題を限定した、ということである。これらは、貨幣のもっとも重要で本質的な特質であり、その理解は価値論と不可分に結びついている。マルクスの体系における貨幣理論の価値理論との内的な結びつきを示すこと、まさにこのような目的をイ・イ・ルービンはこの作業において自己に課したのであった。

『マルクス価値論概説』のときと同じように、ルービンは、貨幣論の叙述にあたってマルクスの諸テクスト（そのもっとも重要なものは『経済学批判』と『資本論』第一部である）の多数の命題に興味深い解釈を与えている。マルクス価値論の解釈、商品を生産する労働の分析、資本主義的商品経済における貨幣の本質と役割の分析、その他の諸問題は、これらの問題点に関心を抱く今日の読者にとってもまた興味を惹くものである。ルービンが多くのスペースをあてて論じているのは、価値法則の基礎上での市場価格形成のメカニズム、再生産過程の不可欠の条件としての商品価値の実現と商品経済の均衡の確立と保持とにおける貨幣の役割である。これらの問題はどれもアクチュアリティーを失っていない。現代の読者からも一定の興味を引くのは、ルービンが分析している貨幣理論についての一九一〇年代から二〇年代の文献、当該問題についてのオーストリア学派の代表者たちを含む二〇世紀初頭の経済学者たちとの論争である。

＊　＊　＊

イ・イ・ルービンの草稿の執筆時期について、彼の姉のベ・イ・ジェルチェンコヴァは彼女のメモに、マルクス貨幣理論の草稿がルービンにより一九三一年から三三年にかけて獄中で書かれたという推定を書き残している。しかしながらこの推定は疑わしいものである。

「マルクス貨幣論概説」への取り組みはほぼ間違いなく一九二三年の早い時期に開始された。このことを証明するのが、ルービンが草稿のなかで利用している典拠文献の検証である。すべての典拠が時期的に一九二三年以前のものである。とりわけ、ルービンが引用している書籍の大部分は今日、マルクス＝レーニン主義研究所の後継機関である国立社会政治文庫（ГОПБ）の書庫に保管されているものである。カ・マルクス－エフ・エンゲルス研究所〔ИМЭ〕の以前の学術諸部門の蔵書をもとに形成されたこの文庫の専門的な性格を考慮すれば、ルービンが草稿中で利用したマルクス主義理論関係の諸著作は当時ИМЭにのみ存在していたものだった、と大きな信憑性をもって推定することができる。そして、たしかにルービンは一九二六年になってはじめて研究所の所員となったが、彼は、獄中にあった期間も含めて、研究所から、資料的な支えとなるもの、仕事に必要な一切の文献を入手していたのである。また、この当時存在していたマルクスの著作『経済学批判』のルミャンツェフによる

ルービンと
妻のポリーナ・ペトローヴナ
1910年（右）と1937年（左）当時

ロシア語訳（一九二二年、ペトログラード、共産主義大学出版局刊）にルービンが明らかに不満を抱いていた、という事実も注意を引く。ルービンは彼の『マルクス価値論概説』のなかでもこの版に言及している（第四版、一九二九年、一六ページ以下を参照）。ГОПБ に保管されている一九二二年版の余白には、草稿執筆に使われたのと似た黒インクで、ルービンが引用している多数の箇所にしるしが付けられている。しかしながら、一九二二年のロシア語版によるマルクスの著作『経済学批判』からの引用は、草稿の前半にしか存在しない。草稿のおよそ一〇一ページ目から後は、マルクスの著作からの引用はますます、ルービンが準備して一九二九年に出版したこの著作の新版のなかに出てくる対応箇所の訳文と一致するようになる。草稿への取り組みの初期段階は『批判』の新訳へのルービンの取り組みに先行し、その後はこの二つの仕事がある期間並行して進んだ、という推定が浮上してくる。『経済学批判』のルービン版は一九二九年六月に出版されており、訳稿の印刷引き渡しは訳本が世に出るより半年から一年前であっただろうから、訳文と学術附属資料にかかわる編集作業の主要部分は一九二七年から二八年にかけて行われた。草稿「マルクス貨幣論概説」への取り組みの最終段階もまたこの時期の前後に位置するとしなければならない、と考えられる。この草稿への最後の言及は、一九三〇年二月二日の РАНИОН〔ロシア社会科学学術研究機関協会〕経済研究所での、教育業務の免除を依願するイ・イ・ルービンの届け出に含まれている。届け出に記載されている一九二六年から二八年までに彼が行った仕事のなかに、ルービンは「マルクス貨幣論概説」を挙げている。(55)

また、草稿本文には一九二〇年代末に展開されたルービンの著作をめぐる論争が反映されていない、ということにも注意を払う必要がある。この論争は、ルービンが本書の草稿への取り組みを最後までやり通せなかった理由となった可能性もある。一九二〇年代末から三〇年代初頭のルービンをめぐる論争の白熱と性格を考えれば、この著作を印刷に付す機会は著者には残されていなかったということが理解される。このことはまた、なぜこの著作が未完のままに残されたのかということの説明でもある。こうして、イ・イ・ルービンの草稿「マルクス貨幣論概説」は、一九二三年から一九二八年の間の時期に書かれたと、ほぼ確実に推定することができる。

この草稿の本叢書《Истоки》への収録掲載が、ロシア内外の研究者の関心を惹起し、イ・イ・ルービンの学術的遺産の全体への関心を呼び覚ます一助となることを、期待する。

＊　＊　＊

草稿は大きい判型の用紙一三八枚に黒インクで書かれている。ルービンによるページ数の数え方には誤りがあり（五八ページの直後が六〇ページとなっている）、このため、著者による番号づけでは草稿は一三九ページからなっている。しかし実際には、本文は用紙一三八枚に書かれているが通し番号で八八ページ目は空白になっている。八九ページ目から新しい章「流通手段」が始まっているので、八八ページ目は先行する章「価値尺度」の最後の部分のために保留されたものと想定することができる。

本書での草稿の刊行にあたっては著者による本文の文体上の諸特質がそのまま再現されており、断りなく訂正したのは些細なスペルミスとか明らかな誤記に限られる。ルービンが言及ないし引用している名前やイニシャルは、書き落としがある場合には、本文中の当該箇所に角カッコで挿入されている。草稿本文の句読法は現代ロシア語の標準表記法に合わせてある。本文が書かれているのと同じインクによる本文中の強調は、イタリック〔訳文では傍点〕で再現され、後から著者が行った挿入や鉛筆による強調は当該箇所に破線を付すことによって示されている。草稿の余白への著者による書き込みは、通常は本文を説明するためのものであり、草稿本文の当該箇所に山カッコ（〈　〉）による本文対応箇所の説明をもって再現されている。著者が余白に鉛筆で引いた傍線も同じ方法で示されている。草稿の余白への赤鉛筆によるマークや書き込みや普通の鉛筆で書かれた若干の数字は、純粋に技術的な性格のものである。これらによって示されたりまた多くの場合通し番号が付されたりしているのは、文献指示や引用またおそらくタイプ原稿のページ数である。これらの書き込みはほぼ間違いなくルービンによるものではなく、後に草稿をタイプライターで転写する過程で加えられたものであるから、本書に印刷された本文には再現されていない。

草稿本文中の注はすべてイ・イ・ルービンのものである。マルクスの著作『経済学批判』は草稿本文では短縮して『批判』と呼ばれている。これは、マルクスおよびその他の著者の著作のその他の短縮形と同じく、本書で公刊するにあたってできるだけ変更せずそのままにしておいた。正確を期すための文献的性格のすべての情報は、必要に応じて本文中の亀甲カッコ内か編注に記されている。文献参照の形式は現代の規則にしたがって統一されている。一九一七年以前にロシアで出版された著作物の表題は現代表記に改められている〔ただし、日本語訳があればそのデータのみを示す。他のどの外国語文献についても同様とする〕。

注

（1）ロマン・ロスドルスキー『資本論成立史』、前掲邦訳、第四分冊、八六二ページ。

（2）Rubin I. I. *Essays on Marx's Theory of Value* / transl. from 3d ed. Detroit: Black Rose, 1973; Rubin I. I. *A History of Economic Thought* / transl. and ed. by D. Filtzer; afterword by C. Colliot-Thélène. Ld.: Ink Links Ltd., 1979〔Pluto Press, 1989〕; Rubin I. I. *Studien zur Marxschen Werttheorie / mit einer Einleitung von A. Neusüss-Fögen*. Fr. a.M.: Europäische Verlagsanstalt, 1973. また次のものも参照。Rubin I. I., Bessonow S. A. u. a. *Dialektik der Kategorien. Debatte in der UdSSR (1927–1929). Interpretationen zum „Kapital"*. Westberlin: Verlag für das Studium der Arbeiterbewegung, 1975. ルービンの考え方の独創的分析を含んでいるのは、ドイツのマールブルク大学に提出された韓国の研究者 Joe Hyeon-soo の学位論文である（Cf.: Joe Hyeon-soo. *Politische Ökonomie als Gesellschaftstheorie. Studien zur Marx-Rezeption von Isaak Iljitsch Rubin und Kozo Uno*. Inauguraldissertation zur Erlangung des Grades eines Doktors der Philosophie dem Fachbereich Gesellschaftswissenschaften und Philosophie der Philipps-Universität Marburg, 1995）。

（3）以下を参照。Рубин И. Стоимость как регулятор производства // *Экономические науки*. 1989. No. 4. С. 43–4.

（4）以下を参照。Рубин Исаак И. Очерки по теории денег Маркса // *Истоки. Социокультурная среда экономической деятельности и экономического познания*. М.: Издательский дом Высшей школы экономики, 2011. С. 501–625.

（5）一九六〇年代にべ・イ・ジェルチェンコヴァにより、イ・イ・ルービンの名誉回復問題が首尾よく解決したあかつきには、K・マルクスの貨幣理論に関するこの著作をヤ・ア・クロンロードの支持を得て出版しようという試みがくわだてられたことは、よく知られている。しかしながら当時はそのいずれも成功しなかった。おそらくこの当時に草稿はタイプで転写されたようである（この著作のタイプ原稿版がクロンロードのもとに存在していて、彼の遺産中に保存されていた可能性があることも、よく知られている）。

（6）以下を参照。Васина Л. Л., Рокитянский Я. Г., Страницы жизни и творчества экономиста И. И. Рубина // *Вестник Российской Академии наук*. 1992. No. 8. С. 129–44; 次の論集に再録。Васина Л. Л., Рокитянский Я. Г., Исаак Рубин // *Российская наука в лицах*. Кн. 1 / под общей ред. вице-президента РАН Н. А. Платэ; сост. Т. В. Маврина и В. А. Попов. М.: Academia, 2003. С. 497–512.

（7） 以下を参照。Vasina L., I. I. Rubin – Marxforscher und Politökonom // Quellen und Grenzen von Marx' Wissenschaftsverständnis.［Hrsg. und Red. C. -E. Vollgraf, R. Sperl, R. Hecker.］（*Beiträge zur Marx-Engels-Forschung*. Neue Folge. 1994）Hamburg: Argument-Verlag, 1994. SS. 144–9; Рокитянский Я. Г., Последние дни профессора И. И. Рубина. По материалам следственного дела // *Вестник Российской академии наук 1994*. No. 9. С. 828–34.

（8） Рубин И. *Об условиях ответственности господ и верителей за недозволенные деяния слуг и поверенных*. (Ст. 689. Т. X. Ч. 1.) М: тип. И. И. Кушнерев и К°, 1913.

（9） *Aus dem literarischen Nachlass von Karl Marx und Friedrich Engels* / hrsg. von Franz Mehring. Bd. 3. 1. Ausg. Stuttgart: Dietz Nachf., 1902; 3. Aufl. Stuttgart: Dietz Nachf., 1920.

（10） Ильенков Э. В. Проблема идеального // *Вопросы философии*. 1979. No. 6. С. 128–40; No. 7. С. 145–58; 次の書物に再録。Эвальд Васильевич Ильенков / под ред. В. И. Толстых. М.: РОССПЭН〔ロシア政治百科辞典〕, 2008.（Серия «Философия России второй половины XX века».）С. 153–214. 次の著書も参照。Ильенков Э. В. *Диалектика абстрактного и конкретного в «Капитале» К. Маркса*. М.: Изд-во АН СССР, 1960（エ・ヴェ・イリエンコフ『資本論の弁証法』花崎皋平訳、合同出版、一九七二年）. 同書増補新版として次のものがある。Ильенков Э. В. *Диалектика абстрактного и конкретного в научно-теоретическом мышлении*. М.: РОССПЭН, 1997. また次の論著も参照。Ильенков Э. В. Проблемы абстрактного и конкретного // *Вопросы философии*. 1967. No. 9. С. 55–65; Ильенков Э. В. *Диалектическая логика. Очерки истории и теории*.（1974）2-е изд., доп. М.: Политиздат, 1984.

（11） 以下を参照。Рубин, И. И., К истории текста первой главы «Капитала» К. Маркса // *Архив К. Маркса и Ф. Энгельса* / под ред. Д. Рязанова. Кн. IV. М. ;Л.: Гос. изд., 1929. С. 63–91〔本訳書176ページの項目37〕.

（12） Cf.: *Ibid*. С. 90.

（13） 以下を参照。Тронев, К. П., Предмет исследования первого отдела первого тома «Капитала» К. Маркса // *Вестник Московского университета. Серия VI. Экономика*. 1978. No. 4; Do. Учение К. Маркса о стоимости, ее субстанции и форме. // *Ibid*. No. 5（次の雑誌に採録。Тронев, К. П., Учение К. Маркса о стоимости, ее субстанции и форме（вступление А. Мелентьева）// *Экономические науки*. 1990. No. 7）. Cf. also: Шкредов, В. П., Анализ формы стоимости в I томе «Капитала»

// *Очерки по истории «Капитала» К. Маркса*. М.: Политиздат, 1983. С. 249–310（シュクレドフ『『資本論』第一巻における価値形態の分析』竹永進・中野雄策訳、『世界経済と国際関係』第六六集秋期号別冊、一九八四年）; Тронев, К. П., О предмете и содержании первого отдела 1 тома «Капитала» К. Маркса // *Российский экономический журнал*. 2007. No. 9–10. С. 62–97.

（14）ロシア連邦国家保安委員会中央文書館。No P–40156. Л. 68; 詳細は次の論考を参照。Васина, Л. Л., Рокитянский, Я. Г., *Страницы жизни и творчества экономиста И. И. Рубина*... С. 134–5.

（15）ロシア連邦国家保安委員会中央文書館。No P–40156. Л. 128.

（16）同前。Л. 200.

（17）以下を参照。*Большая советская энциклопедия*. Т. 1. М.: *Советская энциклопедия*, 1926. С. 244–54; Т. 2. М.: *Советская энциклопедия*, 1926. С. 496–9; Т. 13. М.: *Советская энциклопедия*, 1929. С. 623–30.

（18）この当時の慣例として、逮捕された研究員の私物は逮捕の際に没収されていた。それゆえに、研究所におけるルービンの仕事についてのデータ源となるのは、ロシア連邦国家保安委員会中央文書館中央アルヒーフに保管されているルービンの私物ということになる。

（19）残念ながら、ヴラジミーロフの名を確認することはできなかった。彼はИМЭで一九三〇年末まで働いていた（ロシア国立社会政治史文書館 Ф. 374. Оп. 1. Д. 3. Л. 35）。

（20）MEGAの初版〔旧メガ〕は一九二七年から三五年にかけて出版された。第一次メガの計画されていた四二巻のうち実際に出版されたのは一一巻（一二冊）のみであった。メガの二回目のアカデミックな版〔新メガ〕は一九七五年から刊行が開始され、原語によるK・マルクス－F・エンゲルスの全集となることをめざしている（Karl Marx / Friedrich Engels. Gesamtausgabe（MEGA²））。この企画の計画された一二三巻のうち、二〇一〇年末の時点ですでに世に出ているのは六五巻（一二四冊）である。K・マルクス－F・エンゲルスのテクストを含む六五冊に、学術附属資料の五九冊が加わって一二四冊となる。以下この全集はMEGA²と略記する。メガの刊行についての詳細は次の拙稿を参照。Васина, Л. Л., Публикация литературного наследия К. Маркса и Ф. Энгельса в международном издании МЭГА（история, современное состояние и значение）// *Экономическая история России: проблемы, поиски, решения*. Ежегодник. Вып. 4 /

под ред. д-ра экон. наук, проф. М. М. Загорулько. М., Волгоград: Изд-во Волгоградского гос. ун-та, 2002. С. 119–52.

（21） MEGA^2, Bd. II/2. Berlin: Dietz Verlag, 1980. S. 94–245, 370–402.

（22） 先の注11を参照。

（23） 次の雑誌・巻号に掲載。*Архив К. Маркса и Ф. Энгельса* / под ред. Д. Рязанова. Кн. I. М. ; Л.: Гос. изд., 1924. С. 478–90; Кн. III. М. ; Л.: Гос. изд., 1927. С. 491–8; Кн. IV. М. ; Л.: Гос. изд., 1929. С. 454–63 и 485–95〔本訳書173ページの項目5、175ページの項目24、177ページの項目38〕.

（24） Cf.: Рубин, И. И., Личное дело. ロシア連邦国立文書館（ГАРФ）. Ф. 5144. Оп. 2. Д. 4. Л. 122–135.

（25） 以下を参照。Шабс С. Еще раз о проблеме общественного труда в экономической системе Маркса（ответ на антикритику И. Рубина）// *Под знаменем марксизма*. 1928. No. 7–8. С 112–49; Бессонов С. А. Против выхолащивания марксизма // *Проблемы экономики*. 1929. No. 1. С. 123–44; No. 2. С. 78–117; *Рубинщина или марксизм. Против идеализма и метафизики в политической экономии*. Сб. статей / под ред. С. А. Бессонова и А. Ф. Кона. М. ; Л.: Гос. изд-во, 1930; Абергауз, Г., Дукор, Г., *Очерки методологии политической экономии* / с предисл. С. Л. Ронина. М.: Мол. гвардия, 1931. ルービンが政治経済学における「観念論的傾向」の代表者であるという評価は、百科事典『政治経済学』に掲載されたヴェ・エ・マネヴィッチの論文でも繰り返された（次を参照。*Политическая экономия. Энциклопедия*. Т. 3. М.:Советская энциклопедия, 1979. С. 510）。

（26） Милютин, В., Борилин, Б., К разногласиям в политической экономии // *Большевик*. 1930. No. 2. С. 48–63.

（27） РГАСПИ. Ф. 374. Оп. 1. Д. 11. Л. 42.

（28） Мушперт, Я., За действительную борьбу против леваков // *Правда*. 19 ноября 1930.

（29） 以下を参照。「メンシェヴィキの反革命組織の裁判（一九三一年三月一日から三月九日）。公判速記録、起訴状および判決」、モスクワ、一九三一年、pp. 17–8, 26, 28–9, 48, 112, 120, 128, 139–50, 170, 229, 359, 360, 425–31. これらの箇所には裁判におけるルービンの自白証言が含まれている。

（30） РГАСПИ. Ф. 374. Оп. 1. Д. 11. Л. 43.

（31） ロシア連邦国家保安委員会中央文書館。No. H–7824. Т. 11. Л. 8–9. この書簡のコピーは РГАСПИ にも保管されている

(Ф. 374. Оп. 1. Д. 11. Л. 45)。

(32) РГАСПИ. Ф. 374. Оп. 1. Д. 11. Л. 45.

(33) 全ソ同盟共産党（ボ）マルクス－エンゲルス研究所細胞の一九三〇年一一月二二日の会議の議事録（РГАСПИ. Ф. 374. Оп. 1. Д. 11. Лл. 39, 41）。

(34) РГАСПИ. Ф. 374. Оп. 1. Д. 11. Л. 46.

(35) 同文書。

(36) 同文書。Л. 47.

(37) イ・イ・ルービン事件の資料（逮捕令状、中断措置の選択に関する決議、一九三一年一月二四日から二月二一日までの取り調べ調書、その他）。次の資料を参照。『一九三一年のメンシェヴィキ裁判。資料集二巻』第一巻、モスクワ、ロシア政治百科事典、一九九九年、五五四―六三六ページ。イ・イ・ルービンの自白証言。このうち次の諸箇所を参照。五六〇―三、五六六―七、五七七―八〇、五八〇―二、五八六―八、六二六―七の各ページ。

(38) ロシア連邦国家保安委員会中央文書館。No. Н–7824. Т. 11. Л. 160. イ・イ・ルービンのリャザノフ宛の手紙は、『一九三一年のメンシェヴィキ裁判。資料集二巻』第一巻、モスクワ、ロシア政治百科事典、一九九九年、六〇九ページに初めて公表された。また次の論文も参照。Васина, Л. Л., Рокитянский, Я. Г., *Страницы жизни и творчества экономиста И. И. Рубина...* С. 140–1.

(39) ロシア国立社会政治史文書館（РГАСПИ）。Ф. 374. Оп. 2. Д. 4.

(40) 一九三一年二月二〇日のイ・イ・ルービンとデ・ベ・リャザノフとの対審の記録。次の資料を参照。『一九三一年のメンシェヴィキ裁判……』第一巻、モスクワ、ロシア政治百科辞典、一九九九年、六三二―三ページ。

(41) РГАСПИ. Ф. 374. Оп. 2. Д. 4. Л. 31.

(42) 石堂清倫訳、三一書房刊、一九七三年、上、二一五―二一ページ（邦訳書では「ヴェ・イー・ルービナの覚え書」とされている）。

(43) 「メンシェヴィキ反革命組織の裁判（一九三一年三月一日から三月九日）……」四六六、四七一ページ。

(44) ルービンの生涯の最後の時期については次の論文を参照。Рокитянский, Я. Г., Последние дни профессора И. И.

Рубина. По материалам следственного дела // *Вестник Российской академии наук*. 1994. No. 9. C. 828–34.

（45）РГАСПИ. Ф. 374. Оп. 2. Д. 2. また次も参照。Рубин И. И. Учение Рикардо о капитале // *Вестник Российской Академии наук*. 1992. No. 8. C. 144–52.

（46）以下を参照。Рокитянский, Я. Г., *Последние дни профессора И. И. Рубина*... C. 830.

（47）РГАСПИ. Ф. 374. Оп. 2. Д. 4. Л. 33. メドヴェージェフ前掲書、上、二二一ページ〔訳文は若干変更〕。

（48）『一九三一年のメンシェヴィキ裁判……』第一巻、モスクワ、ロシア政治百科事典、一九九九年、二六ページ。

（49）たとえば以下を参照。Выгодский, В. С., *К истории создания «Капитала»*. М.: «Мысль», 1970. C. 101–3, 259–62; Багатурия, Г. А., Выгодский, В. С., *Экономическое наследие Карла Маркса (история, содержание, методология)*. Гл. 16:Вещественное содержание и социальная форма экономических процессов и категорий. – М.: «Мысль», 1976. C. 242–50.

（50）先の注11と注13に挙げられている文献を参照。

（51）РГАСПИ. Ф. 374. Оп. 2. Д. 1.

（52）ルービンが使用した典拠文献が一九二三年までのものであることを含め、草稿の複合的な評価に基づいて草稿作成作業の開始の時期をこのように推定したが、この推定はその後、ロシア連邦国家保安委員会中央文書館のイ・イ・ルービン事件の関係資料（Д. No. P–40154. Л. 102）により裏づけられた。

（53）*Архив К. Маркса и Ф. Энгельса* / под ред. Д. Рязанова. Кн. III. М. ; Л.: Гос. изд., 1927. C. 491–8〔本訳書175ページの項目24〕.

（54）Ibid. C. 491–8.

（55）ロシア連邦国立文書館。Ф. 5144. Оп. 2. Д. 4. C. 124.

3

一九二二年から一九三一年までのルービン著作目録

草稿「マルクス貨幣論概説」の出版にあたってその付録として、イ・イ・ルービンの著作の（年代順に排列した）文献目録が追加される。ルービンの著作の多くは決定的に散逸してしまっている（このことはとりわけ他の著者たちの著作への序言にあてはまる。これらの序言は、ソビエト社会主義共和国連邦の事実上すべての図書館にあった該当するすべての刊本から、一九三〇年代の初頭に切り取られた）ので、この文献目録はイ・イ・ルービンの人と作品を研究しようとする人々の興味を引くであろう。

一九二二年から一九三一年までのルービン著作目録（ヴァーシナ編、竹永補足）

以下に掲げる文献目録は、「マルクス貨幣論概説」の本文の後に編者のヴァーシナ女史により掲載された長大な目録（*Там же*, стр. 626–632）のうち、ルービンがマルクス－エンゲルス研究所で仕事をしていた時代の直接・間接にマルクスの経済理論に関連する部分のみを引き出したものである。また、訳者が以前に調査して確認したルービンの著作物のうち七点（すべて一九二八年から一九三一年のもの。No. 30, 32, 34, 35, 42, 43, 52）がこの文献目録に含まれていなかったので、それらを適当と思われる箇所に挿入し、〔 〕で囲っておいた。いずれにしても、この文献目録は現存するもっとも完成度の高いルービンの著作リストと言えるであろう。——編訳者注記

1　*Основные проблемы политической экономии*. Сб. ст. О. Бауэра и др. / под ред. и с предисловием Ш. Дволайцкого и И. Рубина. М.: Гос. изд., 1922.

2 Рубин И., Кабо Р. М. *Народное хозяйство в очерках и картинах. Сб. отрывков и извлечений*. Пг. -М.: Книга, 1923–25.

3 Рубин И. И. *Очерки по теории стоимости Маркса*. М.: Гос. изд., 1923.（部分訳、竹永 進編訳『ルービンと批判者たち――原典資料20年代ソ連の価値論論争』情況出版、一九九七年、15―52ページ）

4 Рубин И.И.［Вступительная статья к кн.:］*Либкнехт В.История теории стоимости в Англии и учение Маркса* / пер. с нем. В. А. Феофанова; под ред. и с предисл. И. И. Рубина. М.: Моск. рабочий, 1924.（Экономическая серия. Под общ. ред. Ш. Дволайцкого.）

5 Рубин И. Политическая экономия. Рецензии на кн.: Heinrich Dietzel: Vom Lehrwert der Wertlehre und vom Grundfehler der Marxschen Verteilungslehre. Leipzig 1921. 39 S. ; G. Albrecht. Eugen Dührings Wertlehre. Nebst einem Exkurs zur Marxschen Wertlehre. 1814. 66 S. ; R. Passow. Kapitalismus. Eine begrifflichterminologische Studie. Jena 1918. 136 S. ; Franz Petry: Der soziale Gehalt der Marxschen Werttheorie. Jena 1916. 70 S. // *Архив К. Маркса и Ф. Энгельса* / под. ред. Д. Рязанова. Кн. I. М. ; Л.: Гос. изд., 1924. С. 478–90.

6 Рубин И., Кабо Р. М. *Народное хозяйство в очерках и картинах*. Сб. отрывков и извлечений. 2-е изд., перераб. и доп. Л. ; М.: Книга, 1924–27.

7 *Основные проблемы политической экономии*. Сб. ст. О. Бауэра и др. / под ред. и с предисловием Ш. Дволайцкого и И. Рубина. 2-е изд. М.: Гос. изд., 1924.

8 Рубин И. И. Основные черты теории стоимости Маркса и ее отличие от теории стоимости Рикардо // ［Предисловие к кн.:］Розенберг И. *Теория стоимости у Рикардо и у Маркса. Критический этюд* / пер. с нем. И. Сегаловича. М.: Моск. рабочий, 1924. С. 5–62.（Экономическая серия. Под общ. ред. Ш. Дволайцкого.）

9 Рубин И. И. *Очерки по теории стоимости Маркса*. Изд. 2-е, перераб. и доп. М.: Гос. изд., 1924.（部分訳、竹永前掲編訳書、15―52ページ。実質的に初版と同文）

10 Рубин И. И. ［Перевод кн.:］ Леви Г. *Основы мирового хозяйства*. Пер. с рукописи. М.: Моск. рабочий, 1924.（Экономическая серия. Под общ. ред. Ш. Дволайцкого.）

11 Рубин И. И. ［Перевод и предисловие к кн.:］ Момберт П. *Введение к изучению конъюнктуры и кризисов*. Пер. с нем. и предисл. И. И. Рубина. М.: Гос. изд., 1924.

12 Рубин И. И. Производственные отношения и вещные категории // *Под знаменем марксизма*. 1924. No. 10–11. С. 115–32.

13 Рубин И., Кабо Р. М. *Народное хозяйство в очерках и картинах*. Сб. отрывков и извлечений. 3-е изд., перераб. и доп. Л. ; М.: Книга, 1925.

14 Rubin I. Zwei Schriften über die Marxsche Werttheorie: Franz Petry: Der soziale Gehalt der Marxschen Werttheorie. Jena 1916. 70 S. ; Heinrich Dietzel: Vom Lehrwert der Wertlehre und vom Grundfehler der Marxschen Verteilungslehre. Leipzig 1921. 39 S. // *Marx-Engels-Archiv. Zeitschrift des Marx-Engels-Instituts in Moskau* / hrsg. von D. Rjazanov. Bd. 1. Fr. a. /M.: Marx-Engels-Archiv Verlagsgesellschaft, ［1925.］ S. 360–9.

15 Rubin I. Stolzmann als Marxkritiker // *Ibid*. S. 370–86.

16 *Основные проблемы политической экономии*. Сб. ст. О. Бауэра и др. / под ред. и с предисловием Ш. Дволайцкого и И. Рубина. 3-е изд. М.: Гос. изд., 1925.

17 Рубин И. Австрийская школа // *Большая советская энциклопедия*. ［1-е изд.］ Т. 1. М.: Советская энциклопедия, 1926. С. 244–54.

18 Рубин И. Амортизация // *Большая советская энциклопедия*. ［1-е изд.］ Т. 2. М.: Советская энциклопедия, 1926. С. 496–9.

19 Рубин И. И. *История экономической мысли: Меркантилисты. Физиократы. Смит. Рикардо. Разложение классической школы*. М. ; Л.: Гос. изд., 1926.

20 Рубин И. И. *Классики политической экономии от XVII до середины XIX в. Сборник извлечений из сочинений экономистов с пояснительными статьями*. М. ; Л.: Гос. изд., 1926. ［Рубин – составитель сборника и автор пояснительных статей.］

21 Рубин И., Кабо Р. М. *Народное хозяйство в очерках и картинах*. Сб. отрывков и извлечений. 4-е изд. Л. ; М.: Книга, 1926.

22 Рубин И. И. *Физиократы: Очерк из истории экономической мысли*. Л. ; М.:Книга, 1926.

23 Рубин И. И. Абстрактный труд и стоимость в системе Маркса // *Под знаменем марксизма*. 1927. No. 6. С. 88–119. （英訳 I. I. Rubin, Abstract Labour and Value in Marx's System, in: *Capital and Class*, No. 5, Summer 1978, pp. 107–39.）

24 Рубин И. И. Из новой литературы о марксовой теории денег （рецензии на книги Блоха и Поллока） // *Архив К. Маркса и Ф. Энгельса* / под ред. Д. Рязанова. Кн. III. М. ; Л.: Гос. изд., 1927. С. 491–8.

25 Рубин И. И. *История экономической мысли: Меркантилисты. Физиократы. Смит. Рикардо. Разложение классической школы*. Тбилиси, 1927 （на грузинском языке）.

26 Рубин И. И. *Современные экономисты на Западе: Оппенгеймер. – Штольцман. – Аммони. – Петри. – Лифман. Критические очерки*. М. ; Л.: Гос. изд., 1927.

27 Рубин И. И. *Абстрактный труд и стоимость в системе Маркса*. Доклад и его обсуждение в Институте экономики. М.: 5-я тип. «Транспечать» НКПС «Пролетарское слово», 1928.

28 Рубин И. И. *История экономической мысли: Учебное пособие для вузов*. 2-е изд., доп. М. ; Л.: Гос. изд., 1928.

29 Рубин И. И. *Очерки по теории стоимости Маркса*. 3-е изд., перер. и доп. с приложением статьи «Ответ критикам». М. ; Л.: Гос. изд., 1928.（竹永進訳『マルクス価値論概説』法政大学出版局、一九九三年）

〔30 Рубин И. И. К вопросу об общественном и абстрактном труде（ответ на критику С. Шабса）// *Под знаменем марксизма*. 1928. No. 3. С. 99–126.〕

31 Рубин И. И. Н. Г. Чернышевский как экономист // *Летописи марксизма*. 1928. No. 7–8. С. 22–32.

〔32 *Основные проблемы политической экономии*. Сб. ст. О. Бауэра и др. / под ред. и с предисловием Ш. Дволайцкого и И. Рубина. 3-е изд. М.: Гос. изд., 1929.〕

33 Рубин И. И. Вульгарная политическая экономия // *Большая советская энциклопедия*.［1-е изд.］Т. 13. М.: Советская энциклопедия, 1929. С. 623–30.

〔34 Маркс К. *К критике политической экономии*, перевод И. Рубина, 1929, ИМЭ.〕

35 Рубин И. И. Диалектическое развитие категорий в экономической системе Маркса // *Под знаменем марксизма*. 1929. No. 4. С. 81–108〔, No. 5. С. 51–82.〕

36 Рубин И. И. *История экономической мысли: Учебное пособие для вузов*. 3-е изд., со 2-го доп. М. ; Л.:Гос. изд., 1929.

37 Рубин И. К истории текста первой главы «Капитала» К. Маркса // *Архив К. Маркса и Ф. Энгельса* / под ред. Д. Рязанова. Кн. IV. М. ; Л.: Гос. изд., 1929. С. 63–91.（佐藤金三郎訳「『経済学批判』と『資本論』における価

値と交換価値」「マルクスとベイリ」『エコノミア（横浜国立大学）』第七〇号・第七二号、一九八一年。これらは原論文の第一章と第二章の邦訳）

38 Рубин И. Новый «Анти-Маркс». [Рецензия на книгу: Karl Muhs. „Anti-Marx“. Bd. 1. Jena, Fischer, 1927] // *Там же*. С. 454–63.

39 Рубин И. И. Политическая экономия. [Рецензии на книги Э. Лукаса, А. Грациадеи, Г. Уотона, Г. Паркинсона, У. Эммета и Б. Оденбрайта:] Eduard Lukas. Spekulation und Wirklichkeit im oekonomischen Marxismus (Eine Untersuchung zum Dogma der kapitalistischen Ausbeutung), 1922. 100 S. ; Antonio Graziadei. Preis und Mehrpreis in der kapitalistischen Wirtschaft (Kritik der Marxschen Werttheorie). 1923. 193 S. ; H. Waton. The Marxist Introduction and Aid to the Study of „Capital“. New-York 1925; H. Parkinson. From Capitalism to Freedom. London 1925; W. Emmett. The Marxian Economic Handbook and Glossary. London 1925; [B.] Odenbreit. Die vergleichende Wirtschaftstheorie bei Karl Marx. 1919. 96 S.) // *Там же*. С. 485–95.

40 Рубин И. И. [Предисловие и научное редактирование книги:] *Кушин И. А. Диалектическое строение «Капитала» К. Маркса* / под ред. и с предисл. И. И. Рубина. М. ; Л.: Гос. изд., 1929. (Б-ка теоретической экономии.)

41 Рубин И. И. [Предисловие к книге:] Реймес В. *Введение в историю хозяйства* / пер. с нем. с предисл. к нем. изд. Г. Куно. М. ; Л.: Гос. изд., 1929.

42 Рубин И. И. Против вульгаризации марксизма // *Проблемы экономики*. 1929. No. 3. С. 83–107 〔, No. 4/5. С. 127–56.〕

〔43 Рубин И. И. Диалектическое развитие категории в экономической системе Маркса // *Проблемы экономики*.

1929. No. 4/5. С. 203–38.〕

44 Рубин И. И. *Очерки по теории стоимости Маркса. С новым дополнением к статье «Ответ критикам»*. Изд. 4-е.（23–32 тысяча［экземпляров］.）М.: Гос. изд., 1929;（31–7 тысяча［экземпляров］.）М.: Гос. изд., 1930.（竹永前掲訳、一九九三年）

45 Рубин И. И. *Франсуа Кенэ: основатель физиократической теории*. М. ; Л.: Моск. рабочий, 1929.（Серия «Жизнь замечательных людей».）

46 Рубин И. И. *История экономической мысли: Учебное пособие для вузов*. 4-е изд., со 2-го доп. М. ; Л.: Гос. изд., 1930.

47 Рубін І. І. *Класики політичної економії. Від XVII до середины XIX ст.* Збірка витягів з творів економістів та пояснялъні статті. Харьків-Киів, 1930（на украинском языке）.

48 Рубін І. І. *Історія економічної думки: Меркантилисты. Физиократы. Смит. Рикардо. Разложение классической школы*. Харьків-Одеса, 1930（на украинском языке）.

49 Рубин И. И. Экономические взгляды Томаса Гоббса // *Летописи марксизма*. No. I（XI）. 1930. С. 18–33.

50 Рубин И. И. Учение Маркса о производстве и потреблении // *Архив К. Маркса и Ф. Энгельса* / под ред. Д. Рязанова. Кн. V. М. ; Л.: Гос. изд., 1930. С. 58–131.

51 Рубин И. И. *Учение Маркса о производстве и потреблении*. М.: Гос. изд., 1930.

〔52 Маркс К. *К критике политической экономии*, перевод Рубина, 3-е изд. ИМЭ, 1931.〕

4

関連資料

ルービンシチナ

ウラディスラウ・ヘデラー

一九二九年八月、『プラウダ』はルービン追随者一〇人の声明を掲載した。また同年九月にはコーン、ベソノフその他の反対声明を掲載した。「これらの声明文で争いを続けている双方の側が自分たちの誤った立場に固執した。『プラウダ』編集部はこれらの声明文に関連して同年一〇月一〇日に手紙を掲載し、そのなかで特に次のように指摘した。「討論において争い合っている双方の側の一連の理論的誤りが容認されたが、これらの誤りはわが国の共産主義経済学者の学術集団全体によりただされなければならない」。同年一一月一六日に赤色教授養成学院の主任経済学者会議において決議が採択され、そのなかでは特に次のような主張がなされていた。「本会議では、政治経済学の領域に登場した機械論的諸傾向をこのまま放置しておけば、ブハーリンとその一味に特徴的な周知の非マルクス主義的で非弁証法的な機械論的歪曲と野合しかねない、という意見が表明された。それゆえ、理論闘争をとりわけ政治経済学における機械論的傾向に向けて遂行することが必要である。本会議はまた同時に、政治経済学における観念論的傾向とマルクス主義の観念論的歪曲に対する断固たる闘争が緊要の課題となっていると考える(1)」。

スターリン主義者たちがマルクス主義の諸学派の代弁者や理論家たちと最終的なけりを付けようとするかのように、ソビエトの国立出版所から一九三〇年に『理論経済学叢書』シリーズの一冊として『ルービンシチナかマルクス主義か？　政治経済学における観念論と形而上学に反対して』と題する論文集（二三二ページ。発行部数七〇〇〇）が出版された。この一九二七年までさかのぼる、さしあたっては理論的な討論としてカムフラージュされた経済政策における政治路線の貫徹が、第一次五カ年計画のための基準値と指標の確定と同時に起こったのは決して偶然ではない。スターリンは一九二〇年代の終わりに、経済学の対象についての彼の見方を定式化し、ニコライ・エヌ・ブハーリンの一九二〇年代の著作『過渡期経済論』〔救仁郷繁訳、現代思潮社、一九七八年〕に対するレーニンの評注〔レーニン『ブハーリン過渡期経済論　評注』公文俊平訳・対馬忠行解説、現代思潮社、一九六七年〕を引き合いに出すことにより、自分の見方を「正当化」した。

「科学的な訂正」と同時並行しておこなわれる反右派の「政治的キャンペーン」は、哲学の領域での「メンシェヴィキ流の観念論」の暴露と有罪判決をともなっていた。その代表格としてやり玉に上げられたのがアブラム・エム・デボーリンであった[2]。理論的・政治的・法律的活動が――最後のものは劇場裁判の形で――相互に切れ目なくつなぎ合わされていた。新経済政策（ネップ）の拒絶に引き続くこの内戦において、「機械論的」、「トロツキスト的」、「ルクセンブルク主義的」または「ブルジョア的」批判からのマルクス主義の防衛もまた課題とされた。上記論文集の編者序言は、

1930年に刊行された小冊子『ルービンシチナかマルクス主義か』のタイトル・ページ

「ルービンとボグダーノフは、一個同一の反マルクス主義的・修正主義的徒党の両極である」[3]と締めくくられていた。大学と学術活動の運営の再組織化は、リャザノフないしアドラツキーの指導下でのマルクス－エンゲルス研究所についての特集であるSonderband 3で素描されている。[4]

エス・ア・ベソノフとア・エフ・コーン[5]により刊行された小冊子には、編集者以外に、エス・バスチェフが「ルービンの《弁証法》」を、イ・ラプチェフが「マルクス主義の伝統的路線」を、それぞれ刊行している。これらの論文のうちのいくつかはこれに先だってすでに雑誌類に掲載されていたものである。これらの寄稿論文はまるで起訴状のようであり、理論的な根拠づけを与えられた政治的な右と左の偏向への区分けを結論としている。アレクサンドル・ボグダーノフとレオン・トロツキーに対するレーニンの批判との対応関係がここで明示されているのは、工業化と階級としてのクラーク〔富農層〕の排除というスターリンの政策への伴奏音楽であった。

版元との協調が欠けていたため、大急ぎで寄稿をかきあつめずさんな編集によってなったこの闘争文書は、読者に対して、批判対象とされている刊行物に対する酷評と共に宣伝も掲載していた。国立出版所は、ローザ・ルクセンブルクの『経済学入門』〔岡崎次郎・時永淑訳、岩波文庫〕、ニコライ・ブハーリンの『世界経済と帝国主義』〔西田勲・佐藤博訳『世界経済と帝国主義　附・レーニンの序文』（ブハーリン著作選3）、現代思潮新社、一九七〇年〕、ルービン批判を含むエス・シャブスのマルクスにおける社会的労働についての著作〔Шабс, С. С., *Проблемы общественного труда в экономической системе Маркса. Критика «Очерков по теории стоимости» И. Рубина*. М. –Л., 1928〕、ヴェ・バザロフの資本主義における景気循環についての著作ならびにルービンの刊行物二点の広告を掲載していた。ただし、ルービンの価値論研究書〔Рубин, И. И., *Очерки по теории стоимости Маркса. 3-е изд., перер. и доп. с приложением статьи «Ответ критикам»*. М. ; Л.: Гос. изд., 1928〕、西欧の経済学者についての彼の著作〔Рубин, И. И., *Современные экономисты на Западе: Оппенгеймер. – Штольцман. – Аммонн. – Петри. – Лифман. Критические очерки*. M. ; Л.: Гос. изд., 1927〕、ならびに、

『資本論』の弁証法的構成について彼が発表した研究〔Рубин, И. И., Диалектическое развитие категорий в экономической системе Маркса // *Под знаменем марксизма*. 1929. No. 4. С. 81–108, No. 5. С. 51–82〕は、品切れとなっていた。これらの著作物に興味のある読者は国立出版所の地方店舗で買い求めるよう付言されていた。

論集への寄稿者たちがルービンとその学派への非難の対象とした誤り、偏向そして歪曲は次の諸点に要約することができる。

- 生産力と生産関係のあいだの矛盾についての沈黙。
- 政治経済学の対象と見なされるのは生産力と生産関係の相互作用である。こうして政治経済学はその革命的で動態的で唯物論的な性格を失うことになる。
- 社会的側面や形態規定性が過度に強調され、こうして生産力が完全に研究から脱落する。生産力は交換過程に到達するための出発点として役立てられるだけである。
- 商品生産が単純商品生産としてすでに資本主義的構成体に先だって存在していたことが否認される。剰余価値論が資本主義的構成体の発展に対する説明としてゆるがせにされている。
- 資本家と労働者がどちらも自律的で同権的な主体としてあつかわれ、「組織された資本主義」の理論のこのライトモチーフが継承されている。
- 生産力が技術と等置され、その研究は政治経済学とは区別される学問分野の対象とされている。
- 政治経済学の対象と史的唯物論の対象とが区別されない。政治経済学は狭義の社会関係を、史的唯物論は広義の社会関係を研究する。
- 「抽象的労働」、「価値」および「技術」という諸範疇の規定は、内容と形態についての弁証法、論理的なものと歴史的なものの関係についての無知を例証するものである。こうしてこの学派は、ヘーゲルの伝統系列にではなく新カント主義のそれに位置する。

現在では、ルービンとソビエトで活動していたその他の経済学者たちに対して、これまでの文献でははっきりした形をとらなかった攻撃を、こうした文脈に組み入れることが可能である。「機械論者たち」のマルクス主義からの理論的逸脱とはことなって、ルービンによる理論の歪曲は、彼の同時代の批判者たちも認めるように、簡単には見抜けないものである。「ルービンは抽象的諸概念のレベルにおいて闘っており、そこでは彼はオーストリア・マルクス主義者たちの代表として行動している。メンシェヴィキはソビエト・ロシアにおける彼らの代理人として登場した。ルービンにあっては社会的関係は生産過程の帰結ではなく交換において成り立つ。彼が主張するのは現存諸関係の民主化と社会化であって、その革命的止揚ではない。「有機的成長」を賛美することで、ルービンはブハーリン流の右翼的偏向の代表者たちと野合する」。

共産主義アカデミー・レニングラード支部の執筆者集団によって公刊された一九三二年刊行の（組み版は一九三二年七月二一日、印刷は一九三二年九月二日）政治経済学の教科書における、「マルクスの政治経済学に対する社会ファシスト的・ルービン的歪曲」に対する批判の基調はこのようなものであった。

批判のこのライトモチーフは、一九六〇年代末以来のソビエトで出版された経済学史関連の諸論文にもみられる。ここでは特にヴェ・イェ・マネヴィッチを引き合いに出しておこう。彼が政治経済学百科事典のために執筆したイ・イ・ルービンの項目では「ルービンシチナ」という概念は使用されていない[6]。その代わりに問題にされているのは、ルービン独自の方法論的理論的概念装置であり、オーストリア・マルクス主義者たちのそれに依拠していた「ルービン学派」である。ルービンは、価値論と商品の呪物性論について論じるにあたって、抽象的労働は交換のなかで生まれるのでありしたがって交換過程の結果にほかならない、ということから出発したと、マネヴィッチは総括する。

ルービンの主要な誤りは、生産関係（抽象的労働と価値）を生産過程（使用価値のみを生産する）から引き離し、こうして資本主義的商品生産と単純商品生産との区別を無視したことにある、というのである。ルービンの言うところによれば、価値は一般的抽象的社会的労働によってもたらされる。一九二九年に刊行された『マルクス価値論概説』第四版〔竹永進訳、法政大学出版局、一九九三年〕において、ルービンはこの誤った立場から距離を置いた。抽象的労働をもっぱら交換の部面に結びつけることは誤りであった、とルービンは書いている。

ルービンの誤った把握はソビエトの経済学者たちによって鋭く批判された。一九三〇年と三一年にこうした批判者として登場したのは、ガヴリール・モイセーヴィチ・アベズガウス、[7] ボリス・セメノヴィチ・バリーリン、[8] ギルシュ・イォスィフォヴィチ・ドゥーコル、[9] および、ヴラジーミル・パヴロヴィチ・ミリューチン[10]であった。こうしたやや一刀両断式の分類整理はさらに細かい規定を必要とする。バスカーィエフ[11]は彼の論文で経済学者のあいだには三つのグループないし傾向があるとしている。⑴首尾一貫してマルクス主義的な傾向、⑵ルービンの周辺の観念的な傾向、⑶生理学的傾向、これにはエス・シャブス、イサーク・クリメンテヴィチ・ダシコフスキー[12]その他が属する。三つのグループすべてのなかに、哲学の分野に存在する弁証法家と機械論者という二つの相反する傾向の代表者が存在した。

ルービン批判者のうちには経済学者のノートキンもいた。反対にバリーリンはもともとルービンの周辺の学派に属していて、ルービン同様きわめて激しい攻撃に晒されていた。しかしバリーリンは、メンシェヴィキの脇道にそれたデボーリンと同じように、こうした攻撃を無傷で切り抜けることができた。彼らに対する批判は、マネヴィッチが「二〇年代のソ連の経済学文献における方法論的討論」[13]と題する論考において、また、L・D・シロコラードが『過渡期のソビエトにおける社会主義の政治経済学』[14]において、素描している。

注

（1）次の文献に引用。Širokorad, *Die politische Ökonomie des Sozialismus in der UdSSR während der Übergangsperiode: methodologische Probleme*〔過渡期のソビエトにおける社会主義の政治経済学——方法論的諸問題〕, Berlin 1977, SS. 65–6.

（2）A. M. Deborin – eine biographische Skizze. In: David Borisovič Rjazanov und die erste MEGA, Berlin, Hamburg 1997, SS. 219–33 (*Beiträge zur Marx-Engels-Forschung*. Neue Folge. Sonderband 1).

（3）Предисловие. In: *Рубинщина или Марксизм? Против идеализма и метафизики в политической экономии*, Москва, 1930, стр. 6.

（4）Stalinismus und das Ende des ersten Marx-Engels-Instituts 1931 und zur Durchsetzung der Stalin'schen Linie am vereinigten Marx-Engels-Lenin-Institut bei ZK der KPdSU aus dem Russischen Staatlichen Archiv für Sozial- und Politikgeschichte Moskau, Berlin 2001 (*Beiträge zur Marx-Engels-Forschung*. Neue Folge. Sonderband 3).

（5）コーン、アレクサンドル・フェリクソヴィッチ（一八九七年六月三日生まれ、一九四一年没）。ハリコフ大学法学部卒。一九一九年にボルシェヴィキ入党、一九一九年よりスヴェルドロフ共産主義大学と東方諸民族共産主義大学で講師、また共産主義アカデミー経済学セクション事務局メンバー、一九三五年からマルクス＝エンゲルス＝レーニン研究所教授・研究員、『資本論』新版およびマルクスの経済学草稿の刊行にも協力。

（6）*Политическая экономия. Энциклопедия*. том 3, Москва 1979, стр. 510.

（7）一九〇〇年三月一四日ジュネーブ生まれ、ロシア共産党（ボ）党員、ソ連国立銀行の貨幣流通・出納計画部門の責任者。一九三七年四月二九日に逮捕され、反革命組織に所属の廉で起訴、一九三七年八月四日づけでソビエト上級裁判所の軍事評議会より死刑判決を宣告され銃殺刑、ドンの墓地に埋葬される。

（8）一九〇一年生まれ、国家計画委員会の部門責任者。一九三七年一二月五日に逮捕され、反革命組織に所属の廉で起訴、一九三八年二月七日づけでソビエト上級裁判所の軍事評議会より死刑判決を宣告され、一九三八年二月八日ブトヴォ・コムナルカにて銃殺。

（9）一九〇〇年生まれ、ロシア共産党（ボ）党員、ソビエト消費財産業人民委員会の財務部門責任者。一九三八年一月二六日に逮捕され、反革命組織に所属の廉で起訴、一九三八年三月一九日づけでソビエト上級裁判所の軍事評議会より死刑判決を宣告され、ブトヴォ・コムナルカにて銃殺。

（10）一八八四年生まれ、一九二八年から一九三四年まで中央統計局局長、一九三四年以降はＺＥＫ〔強制労働収容所〕において大衆教育を担当。一九三七年七月、反革命右翼組織の構成員として逮捕され一九三七年一〇月に有罪判決を受ける。

（11）Cf. Баскаев: О вопросах, которые для марксистов должны быть бесспорными. In: *Рубинщина или Марксизм? Против идеализма и метафизики в политической экономии*, Москва, 1930, стр. 171.

（12）一八九一年生まれ、一九一七年以来ロシア共産党（ボ）党員、ハリコフ〔ウクライナ北東部の都市〕の大学教授。弾圧の対象となるが、それ以上の消息は不明。

（13）In: *Beiträge zur Geschichte der politischen Ökonomie des Sozialismus*. Hrsg. von Herbert Meißner und Gertraud Wittenburg, Berlin 1975, SS. 143–55.

（14）*A. a. o.*, S. 60–3〔注１を参照〕.

ルービンのマルクス貨幣理論解釈

イヴァン・A・バルディレフ
国立高等経済研究学院助教授（モスクワ）

ルービンの著作に関連して最近刊行された文書のうち、もっとも重要なものは「マルクス貨幣論概説」と題された著作の草稿である。[1] ルービンがこの著作にとりかかったのはおそらく一九二三年であった、そしてその執筆は一九二八年まで続けられた。草稿は未完成のままに残された（序文も最終結論も付されていない）が、草稿の状態からしてそれが著者により編集され見直しをされていたと思われる。一九九一年に草稿はルービンの親族によりマルクス＝レーニン主義研究所の党中央文書館（現在の RGASPI〔ロシア国立社会政治史文書館〕）に引き渡された。

この著作におけるルービンの基本的な意図はマルクスの価値論と貨幣論をリンクすることであった。ルービンは、貨幣の理論がなければマルクスの考える価値の理論を構築することはできないであろう、ということを示そうとする。ルービンにとって資本主義経済の主要な一般的特徴は諸商品の相互の全面的な同等化であり、これを彼は貨幣なしには不可能と考える。この同等化の実体的側面は商品それ自体によって構成されこれは価値論の主題であるが、これに対してその形態的側面は、諸商品が相互に交換され貨幣がこの交換の必然的条件である、という事実によって規定される、とルービンは論じる。マルクスは、ひとつの商品が他のひとつの商品と等置される交換の抽象的な形（チュルゴが *Valeur et monnaies*〔『価値と貨幣』〕で提起したたぐいのエッジワース流の単純な2×2のモデル）を想定していたのではなく、市場目当てに生産されるどの商品もが貨幣を介してすべての他の商品と等置され、その結果はそれぞれの経済当事者の行動とは独立したものとなる、市場交換の発展した形から始めている、とルービンは主張する。この結果が商品の客観的な交換価値である。

ルービンの著作『マルクス価値論概説』のタイトル・ページ，初版，モスクワ／ペトログラード，1923年刊

事実、（『マルクス価値論概説』――以下『概説』と略記――の第一〇章で彼が行ったベーム－バヴェルクのマルクス解釈に対する批判を繰り返して）ルービンは、マルクスの方法が最初にもっとも簡単な形の交換モデルを使ってそれからこのモデルからの必然的な諸帰結を導出することに帰着するのでは決してない、と主張する。マルクスに対する彼の見方はこれとはことなっている。彼によれば、マルクスは貨幣的交換をともなう発達した資本主義社会を前提として、本来的に社会的な概念としての彼の価値概念を導出し、こうした抽象的な概念をより具体的にする方向へ進んでいったのである。マルクスが『資本論』の第一章で商品の使用価値を捨象することを示唆する理由はこのようなアプローチから説明しうる、とルービンは論じる。

二商品からなるチュルゴの世界（チュルゴを例として出したが、ルービンは彼をこの草稿のなかで全然引用していない）は、現物的形態のままで相互に交換関係に入ろうとしている二人の当事者の偶然的な出会いと取引の格好の近似的説明である。この世界では交換は実際に使用価値によって支配されるであろう。しかし、ルービンが主張するように、マルクスはこのような抽象的な孤立した交換の諸形態に興味を持ったのではなく、さまざまな使用価値が絶え間なくそして同時に相互に等置される明示的に社会的な間主体的な交換形態をあつかっているのである。

　政治経済学者の関心をひくこの過程の主要なファクターは、さまざまな商品を相互に何らかの形で等しくするそれらの実体的な特徴なのではなく、それらの社会的形態である。これが全体的な社会的交換過程における安定装置として社会的釣り合い[2]を達成するのに役立つのである。諸商品を等置する過程そのものがさまざまな商品の社会的機能におけるそれらの等一性を反映しており、これが価値である。価値はそれゆえ社会的形態であり、またそのようなものとして、それはさまざまな商品集合の一特徴としてではなく、諸商品の運動の根底にある社会諸関係の一特徴として、意味を持つのである。貨幣の助けによって市場のあらゆる方向に動いていくことができるのは実際には商品ではない。他のどんな生産者とも交換関係に入っていくことができるのは現実には生産者なのである。ルービンは繰り返し繰り返しこの区別（『概説』第二章にも登場する）を強調する。まず第一に分業システムにおいて、そこでは、さまざまな欲望を充足する助けとなる質的（技術的）分業と社会諸構成員をつうじてさまざまな種類の仕事を等置する社会的労働全体の分割とを彼は区別する。さらに第二に、彼は同じ観点から交換を分析して、交換は生産者から最終消費者への商品の運動と見なすことができるが、しかしまた、生産者のあいだに社会的関係を確立する過程とも見なすことができる、と論じる。

　実際、この根本的な分割はその当時の経済理論においてはきわめて広く受け入れられていたのであり、たとえば、アメリカ制度主義における技術と制度との二分法を考えてみればよい。使用価値と交換価値、また、具体的労働と抽象的労働のマルクスによる区別は、資本主義経済を分析するための普遍的な方法論的分割を意味するものだったのである。ルービンは『概説』において、同様の二分法を物的生産過程とその社会的形態のあいだの相違として描いている(3)。彼によれば、これらの形態の質的分析ののちにはじめて価値の量的分析が可能であるのに、マルクスの批判者たちは彼の価値論の質的側面に目を向けずこうしてその本質を見逃したのである。

彼らのすべての商品を一つの商品（すなわち貨幣）と等置する生産者たちは、諸財貨のあいだに、それゆえさまざまな産業のあいだに、そしてさまざまな社会的労働種類のあいだに、釣り合いの割合を確立する。これらの割合は金で尺度した商品の価格であり、この価格が具体的労働を抽象的労働に転化させる。釣り合いの達成は、生産者と労働のタイプそして使用価値を等置するひとつの形態と捉えられる。この等置を可能にするものこそ貨幣にほかならない。

ここで打ち出されているルービンのアイデアは、マルクスが彼の資本主義経済分析において使用した特種なタイプの抽象化を含意している。このような抽象化は、それ特有の複雑な様相と相互関係をともなう発展した経済における社会形態として価値を定義することにつながる。このことが意味するのは、マルクスは複雑な社会構造を前提しておいて、それから価値や価値形態といった抽象的な問題の議論に進んでいるが、彼はこれらすべての社会的相互作用を「背後に」想定し、また、価値の社会的本質（したがってまたマルクス自身の価値分析）は資本主義社会にかんしてのみ可能であることをはっきりと意識している、ということである。ルービンから見れば、複雑な歴史的進化の結果（つまり、価値と抽象的労働）ははっきりしており、彼の抽象化はいかにしてこの結果が歴史的（そして論理的）発展の過程において得られたかを示すひとつの仕方なのである(4)。

ルービンはこの方法論的考察をマルクスの体系において貨幣論が演じる役割と結びつける。貨幣論はただ単に価値論の上に築かれているだけでなく、価値論も貨幣論がなければ完成されないであろう、とルービンは強調する。それゆえに、『資本論』第一章で一般的形態以前に現れるすべての「価値形態」は十全な意味での価値の諸形態ではない、ということになる。

『資本論』第一章をルービンは、諸商品相互の全面的な同等化と社会的総労働の配分とのあいだのつながりを明らかにするものと解釈する。ルービンはここに、これらの同等化はおしなべて交換なしには不可能であり、それゆえ貨幣によって媒介されるべきである、ということをさしあたって捨象している価値論全体の問題を見る（事実、彼は『概説』第一一章で諸商品の等置による労働の等置を交換と同じことだとしている）。だが、先に見たように、マルクスはその前に、貨幣という事実から価値を通ってその実体にいたるという、逆の一歩を踏み出すべきである。そうしてはじめて彼は通常のやり方で進むことができたであろうが、実際には価値形態論が価値論と貨幣論の媒介者として位置づけられているのである。

ルービンはオーストリア学派の貨幣理論を、彼らの価値分析の主要な焦点としての主観的価値評価という一方の原理と、貨幣と貨幣的交換を見る客観的な（自然主義的でさえある！）仕方という他方の原理（事実メンガーは貨幣の価値を金の自然的特質から導き出した）、これら相矛盾する二つの原理を融和させることによって貨幣発生の必然性を説明しようとしているとして、批判する。

生産者のあつかいにおいては、ルービンはマルクスに従って、社会的必要に受動的に従い投資をこうした必要に合わせる相対的に安定した社会の構成員として描き出す。彼らの側で考え得る「自由な」選択はいずれも、この思考パターンに応じてまたこの抽象レベルに準じて観察される（ルービンは今日きわめて重要になっている革新的な活動、たとえば新製品や新しい欲望を創り出すといった活動については論じていない）。生産者が自由であるというのはただ単に、(1)他のさまざまな生産者との交換関係に入りこのような交換の関係そのものを確立する交換価値の生産者として、そして、(2)彼／彼女が買おうと決めた財貨を購買するために交換関係に入る消費者として、であるにすぎない。ルービンは、この能動性と受動性の非対称性を、その一般的交換可能性という質のゆえにこれらの関係の確立にあたって作用因として機能する貨幣の現象にリンクさせる。もし私が貨幣的関係の「側に」いれば、何が必要であり何が買うに値するかを決めるのは私である。だからルービンは、マルクスとともに、貨幣は強制の最初の形態として作用することを強調するのである。[5] その機能は生産者たちへの誘因を制限しこうして交換関係を能動的に構成することであって、ただ単にそれを表示するだけにはとどまらない。ルービンは交換関係に入る当事者の能動的な立場を、この能動的当事者が所有する財貨としての貨幣と何とかリンクしている。

注目すべきことに、ルービンは『概説』第一〇章で生産者をあつかうにあたって、完全競争という現代の概念と多くの点でつうじあう精神で、彼らの財貨の同等化により確立される生産者たちの同等性の概念を持ち出している。「交換における商品の同等性は、現代の社会の基本的生産関係、すなわち、同権的で自律的であり相互に独立している経済主体の間の関連としての商品生産者間の関連、の物象的表現である」〔前掲拙訳、第一〇章「商品生産者の同等性と商品の同等性」八一ページ〕。

経済的交換は生産者・物象そして労働の社会的形態の変形をともなう。自分の生産物を貨幣と交換した生産者は、既存の市場条件の受動的な受け手であったが今ではその能動的な当事者となっている。一定の対象物もまた変化して、単に使用価値でしかなかったものが今では交換価値を持つ商品になっている。これに対応して、私的労働も市場で取り引きされたあとでは社会的必要労働となる（ルービンはフランツ・ペトリ[6]の著作を引用するが、彼も同じ点を強調した）。商品の社会的形態の変化は、問題の経済システムの根底にある社会的諸関係の構造によって条件づけられている。しかし一生産者の具体的な社会的役割は彼／彼女の提供する商品の社会的形態に依存する。商品が販売されても、その価値はまだ流通の領域内にとどまっており、最初の商品とひき替えに受け取られた貨幣で他の何らかの商品が購買されてはじめて、前者は流通の領域を去って消費の領域に入るのである。

金が何らかの商品と交換されると、後者の価値はもっぱら一定量の金においてのみ表現される、とルービンは言う。反対に、金の価値はただすべての商品の総体においてだけすなわち一般的価格水準によってだけ、表現されうる。どんな個別の交換行為も何らかの財貨の転化形態としての金をともなう。また、この金がたとえば小麦の販売から得られたのかあるいは鉄の販売から得られたのかは生産関係にとって実質的な重要性を持つ。なぜならこの要因は、交換をおこなう当事者のその後の活動の決定と彼が受け取った金のゆくえにとって重要だからである。

ある財貨が一定のレベル（たとえば三ルーブル）にあると価格評価されるとすると、それが意味するのは、第一に、それが質的に可能であること、すなわち、すべての生産者が金を支払手段として受け取り彼らの商品の価値を貨幣形態で表示しそれによって価格の概念そのものを可能にすること、である。これは価格評価の一種の制度的条件である。それはまた、第二に、その商品を生産する産業の労働生産性がそれをこのレベルで価格評価すること、またそれによって産業間の釣り合いの達成を可能にすることを、意味する。これは一種の技術的条件であり、価格評価を量的に可能にする。

ルービンが彼のマルクス解釈において取った方法論的立場の一例は、商品の社会的変態の役割についての議論に見られる。商品が交換関係に入り、金によって表現されてこの商品とそれを生産した労働の双方の社会的性質が変化するとすれば、それが可能なのはただ、流通過程を生み出す生産者たちの集合的なはたらきかけの社会的ネットワークが現存していて（ここでは貨幣は流通手段として機能する）、この変態を確実にしているからにほかならない。同様に、価格評価の過程そのもの（このときには貨幣はマルクスの言う意味での価値尺度としてはたらく）は、商品はやがて交換関係に入るという事実と目的論的にリンクされている。ルービンから見ると、価値尺度としての貨幣の理論全体が、次のような簡単なアイデアの表現にほかならない。商品は交換の前に価格評価される、というよりも、商品はその釣り合いの「価値」価格を先取りして生産され、そこでは価値（あるいはより厳密に『概説』に従えば、価値の大きさ）は経済を規制し安定化させる機能を持つ。商品は、「生まれる」前からさえその社会的形態（価格）[7]を獲得する物象なのである。この先取りは、既存の社会的生産形態（商品形態）を前提条件としているのであるから、技術および制度の両面から事前に決定されている。

ルービンは貨幣のさまざまな機能の論理的先行性をめぐる当時の議論に加わっている。[8]とりわけ彼はメンガーとカール・ヘルフリッヒに依拠している。彼らの考えでは、流通手段としての貨幣は価値尺度としての貨幣に論理的に先行する、なぜなら、すべての商品が貨幣と交換されてはじめて貨幣は価値尺度としてのその機能を遂行することができるからである。グスタフ・カッセルやアルフレード・アモンのような他の著述家たちは、金が普遍的な流通媒体となるためには、一定量の金が価値単位に等置されなければならず、また、すべての商品が同一の単位で表示される抽象的価値を持つことも必要である、それゆえ、価値尺度の機能が論理的先行性を有する、と論じた。歴史的には同様の曖昧さがどうしても残る、なぜなら、商品は抽象的な貨幣単位で評価されていたかもしれないが、しかし交換は直接的に貨幣の媒介なしにおこなわれていたかもしれないからである。ルービンは、マルクス主義文献（カウツキー、ヒルファディング）はむしろ後者の観点に傾いていたと指摘しつつも、この点にはついてそもそもマルクスからして曖昧であったと強調する。マルクスにおいては両方の機能が同時に考察されており、生産者たちの相互作用の反復から導き出されている、とルービンは主張する。この発展過程において、貨幣は流通手段としてもまた計算単位（これが価値を尺度し、すべての商品がそれに等置される）としても役だった。その後の発展において流通手段の機能は分離し、その他の金属ないし紙幣によっても遂行されるようになった。

流通手段の機能を論じるにあたり、ルービンは貨幣理論の個人主義的説明を批判している。とりわけ彼は、価値尺度が必要とされるのはさまざまな生産物の限界効用を測定して（するか）比較するためである、と主張する主観価値論者たちを攻撃する。彼はこの見方を現実に合わないとして全面的に却ける。なぜなら実際には、経済当事者たちが貨幣の効用を評価することはないからである。反対に、ルービンは客観的理論を展開するがそれは価値論をベースとする。すべての財貨はその価値で交換され、価値は求心点として作用する社会的な基準である、それゆえ乖離があると諸産業間での総社会的労働の再配分がかならず生じる。貨幣はこのシェーマをさらに複雑にする。この場合価格がこの労働配分の指示装置となる。いずれにせよ、ルービンの描く均衡は（それと言及はしてはいないが）マルクスの再生産表式の論理を踏襲するものであり、その意味でレオンチェフ・タイプの産業連関分析を先取りしている。生産者が商品を生産するとき、それが意味するのは彼がある一定額の貨幣を得ることを期待しているということであり、またその貨幣額によって彼は生産を従前の規模で継続することができるということである。[9] このように、ルービンが強調するのは商品を販売することから生産者が得る効用ではなく、全システムを再生産する彼の能力である。生産者の主観的選択が他のすべての生産者たちの選択のシステムに依存する（諸価格はこのような集合的なはたらきかけの客体化された結果である）がゆえに、ルービンは主観理論を疑わしいものと見なすのである。その結果、市場における需要は（たとえばマーシャルの場合のように）何らかの仕方で与えられているのではなく、供給される財貨の前回の販売から導かれる。しかしながら、これは市場で相互にはたらきかけあう生産者たちの集合が与えられている場合にだけ妥当する、とルービンは注記する。

ルービンは「社会的なもの」が彼の分析にとって何を意味するのかを詳しく説明している。貨幣が本来的に社会的であるのは、それがどこでも受領される普遍的な形態だからである。それゆえ、価格設定の本質的な制度的条件は、すべての商品に価格形態を賦与するという手続き自体がこのように普遍的に受け入れられるという事実によって性格づけられる。それぞれの商品に価格が設定されるとその社会的「性質」が変化する。しかし——

ルービンはふたたびマルクスの方法論的原則を適用してこう注記する——、この変化は、金を普遍的に受領するすべての生産者たちの側での間主観的で集合的なはたらきかけの結果として金が一般的に受領されることを、前提とする。

注

（1）次のような形ではじめてロシア語で刊行された。Рубин. И. “Очерки по теории денег Маркса”, エル・エル・ヴァーシナ編・序文、ヤ・クズミノフ、ヴェ・アフトノモフ、オ・アニャーニン、ほか（編集協力）、*Истоки, Социокультурная среда экономической деятельности и экономического познания.* Москва, Издательский дом Высшей школы экономики, 2011, стр. 501–625.

（2）釣り合いの概念は『概説』においても使用されている（第八章以下を参照）。

（3）『概説』においてルービンは、マルクスにとって特定の諸形態の出現が資本主義的生産においては不可避であることを強調している。「マルクスは人間の労働活動を出発点にとり、商品社会においては労働活動が必然的に労働生産物の価値の形態をとることを示している」〔前掲拙訳『マルクス価値論概説』第九章「生産の規制者としての価値」七七ページ〕。

（4）同じ議論は『概説』第一二章にも存在する、そこではルービンは価値が抽象的推論によって導出されているとするマルクス批判者たちに共通の考え方を攻撃している。「マルクスの全推論の出発点になっているのは、商品経済の具体的構造なのであり、けっして二商品相互の比較という純粋に論理的な方法なのではない」〔同著、第一二章「価値の内容と形態」一〇一ページ〕。

（5）ルービンは、貨幣が諸商品の空間における選択の自由を提供する用具であると主張したア・ルィカチェフによって提起された貨幣理論を批判する〔本訳書、38—40ページ参照（第〔Ⅲ〕章末）〕。ルービンは、交換当事者の一方が自由選択を有するということは彼／彼女の相手方にとっての自由の欠如を意味するという。

（6）Petry, F. *Der soziale Gehalt der Marxschen Werththeorie.* Jena: Fischer, 1916. SS. 64–5〔友岡久雄訳『マルクス價値論の社

會的研究』弘文堂書房、一九二六年、一三九ページ〕.『概説』第一〇章ではペトリは、価値論の質的側面を強調しすぎその反面生産過程の技術的量的な諸局面を無視しているとして批判されている〔前掲拙訳、80―1ページ。そこでのルービンの原注34および訳注一二を参照〕。

(7) もちろん、ルービンは価値と価格のあいだの相違はわかっている。彼はここではただ、価値を ex ante〔事前的な〕("観念的に表象されたもの")として、価格をこの ex ante レベルから乖離しうる ex post〔事後的な〕評価として、描いているにすぎない。

(8) 貨幣の出現についてルービンは、この過程が自生的なものであり、いかなる外部からの合理的な決定もともなわない非意図的帰結であるとする、マルクスの見方を採用している。

(9) 生産者はこの膨大な量の情報を市場価格から得る。事実彼らは、既存の諸価格をたよって、自分自身の価格を均衡水準に設定することができるのである。このように、ルービンはある意味で、分散した知識と市場過程というハイエクのアイデアを先取りしている。

ルービンの経済学史と西欧経済学者に対する批判

ミハイル・G・ポキチェンコ
ロモノソフ・モスクワ国立総合大学経済学部教授

ロシアの経済学者でありマルクス研究者であったイサーク・イ・ルービンの活動のもっとも重要な側面のひとつは、経済学の専門家たちに教えることであった。彼は教授活動を一九一九年に開始し、すでに一九二一年二月には第一次モスクワ大学の教授となり、同時に赤色教授養成学院、国民経済研究所、および、スヴェルドロフ記念共産主義大学でも教鞭を執った。ルービンは卓越した講演者であっただけでなく理論家でもあった。彼はマルクス主義経済学と経済学説史の研究をおこなった。後者はこの学科目についてのテキストブックとして結実した。彼の刊行物のうちの九点が経済思想史にあてられた。そのうちでも特に重要なのは、一九二六年から三〇年までのあいだに四版を数えたテキストブック『経済思想の歴史（*История экономической мысли*）』、および、一九二七年に刊行された著作『現代西欧の経済学者たち――オッペンハイマー、シュトルツマン、アモン、ペトリ、リーフマン（*Современные экономисты на Западе...Критической очерки*）』である（本訳書203ページと209ページの表紙の写真を参照）。

経済思想史のテキストブックについて

革命の年の一九一七年以前からすでにロシアの大学では経済思想史の講義が行われていた。この学科目についての出版物には事欠かなかった。ロシアの教授たちによる教科書や学術書が刊行されていただけでなく、イギリス、フランスまたとりわけドイツの著述家たちの書籍も翻訳されていた。ドイツの諸大学とは伝統的に緊密な接触があったからである。ロシアの著述家の著作でもっとも広く読まれていたのは、アレクサンドル・イ・ツュプロフ（一八七四―一九二六年）の『経済学史（*История политической экономии*）』の一八一五年刊の第八版、および、一九一〇年から一九年までに八版を重ねたセルゲイ・エヌ・ブルガーコフ（一八七一―一九四四年）の『経済学説史要綱（*Очерки по истории экономических учений*）』である。ツュプロフは晩年には歴史学派の信奉者になっていた。これに対して、ブルガーコフは一八九〇年代には著名なマルクス主義理論家として通っていたが、二〇世紀のはじめになるとドイツの新歴史学派（ウェルナー・ゾンバルト、マックス・ウェーバー）や社会学派の立場に接近し、彼の「経済哲学」を作り上げた。その後彼は経済学から退き哲学や宗教に打ち込んだ。

ツュプロフの教科書は経済学説史の伝統的な講義要綱である。著者は序論のなかで、この対象の叙述にあたって彼が重要と考える二つの方法論的原則を指摘している。そのひとつは、新しい経済理論の先行諸理論との結びつきを示す必要性、もうひとつは経済学の発展が経済実践における変化すなわち経済史と関連していることである。

ブルガーコフの教科書は経済思想史の研究と叙述における原理的に新しい方法論に準拠していた。彼は、「社会経済的世界観すなわち経済哲学の歴史を研究すること[1]」を提案する。経済学と経済哲学の違いについて彼は次のように書いている。「経済学の固有の任務は、適切な方法の開示と適切な組織化によって経済生活に貢献することにある。しかしながら、経済方法の目的規定の問題とならんで経済活動のそもそもの意味に対する問いが存在する。人間はその生存のために闘うのであるとはいえ、単なる生存のためにではなく生きるに値する生存のために闘うのである。言い換えれば、人間はいつも一定の経済哲学を持つ、すなわち、規範と理想の現存の体系と経済生活におけるそれらの実現とについての価値づけを持つのである[2]」。同時にブルガーコフは、マルクス主義者たちが、われわれは唯一の真理を手にしており、その観点からすれば経済哲学は「経済唯物論」の学説であり土台と上部構造についてのマルクスの所説に依拠する、と主張するのを批判する。「経済発展があらゆる精神的で歴史的な存在の固有の実体であると説明する経済唯物論の学説においては、経済学は哲学的に是認された。その途方もない要求と自己批判の欠如に経済学自体が苦しんでいるが、しかし、経済学の重圧の下に取るに足りない地位に貶められてその論理的コルセットにはめ込まれている社会哲学はさらに悲惨な状況に置かれている[3]」。ブルガーコフの教科書は相反し合う反応を引き起こした。たとえば、ロシアの限界主義者でのちに新経済政策（ネップ）の理論家となるレオニード・ユーロフスキーは、この教科書を評価しブルガーコフが定式化した任務の独創性を強調した。ただし、彼自身が設定したこの目標が達成されていないことを遺憾とした。

ボルシェヴィキがロシアで政権を掌握した後の一九二〇年代には、もっぱらマルクス主義者たちの書いた経済思想史関連の著作のみが現れた。こうした著述家には、ルービンとならんで特に次のような経済思想史家がいた。ペ・リャシチェンコ、デ・ローゼンベルク、イ・ブリューミン、ヴェ・シュタイン、ペ・ベルリン、ヴェ・ケラー、ア・エーデルナント。彼らのマルクス主義的立場は、彼らが経済諸理論をマルクスの理論と対比したこと、そして、マルクス主義的社会諸科学をイデオロギー上の階級闘争の武器とすることを「最高の任務」としたこと、に表現される。たとえばリャシチェンコは次のように宣言する。「経済学のもっとも重要で最高の思想は社会経済的問題とその解決である。それゆえその歴史は社会経済的問題の解決をめざす思想の歴史となる。……だが、経済学が提起し解決するような社会的問題の本質はどこにあるのか。結局のところ社会的問題とは経済的階級闘争である[4]」。

同時に、一九二九年末までのソビエトの経済学においては、他の理論的な立場に対する広い範囲の自由な関係が支配的であった、と言うことができる。たとえば、西欧の非マルクス主義的経済学者の翻訳も出版されていたし、マルクス主義の立場に立たなかったソビエト・ロシアの経済学者の出版物もまれではなかった。しかしあらゆる著作物にはマルクス主義的な序論や注釈が添えられた。これは経済思想史の教科書類についても同様であった。今昔を問わずさまざまな著述家たちの立場が広く復活し、脚注や典拠指示が添えられた。同時にそれらにはマルクス主義的立場からの分析と批判が加えられた。だがそれでも、中傷するような攻撃をともなわないできるだけ客観的な叙述が大半を占めていた。

しかしその反対の実例も存在する。ここではマルクス主義者を自認する著述家たちはマルクスとレーニンの著作に依拠した。これらの著作では、論争的な言辞がかなり粗暴な表現で語られていた。スターリン支配下で、西欧のブルジョア的著述家への批判のこのような形態が急速に強化された。一九二〇年代の初期にはブルジョア的な見解に対してかなり慎重に振る舞っていた経済学者たちは、批判を強化することを強いられていると感じた。イズライル・ゲ・ブリューミン（一八九七―一九五九年）の教科書『経済学説史（*История экономических учений*）』がその例である。この本は、彼が一九五一年から五五年にモスクワのロモノソフ大学でおこなった講義をもとにして著者の死後に編纂された。一九二〇年代に由来する彼の仕事に対する批判的なコメントの占める割合はいちじるしく大きくなったとはいえ、（一九五八年以来）経済学史・経済思想史講座の主任であったフィョードル・ヨット・ポリャンスキー（一九〇七―一九八二年）は、これでも不十分であると次のように述べた。「ブルジョア理論批判は必ずしもつねに政治的な正体の暴露にまでいたらなかった、多くの場合それはマルクス主義理論との差異を明らかにしたにすぎなかった」。ポリャンスキーの意見では、ブリューミンの仕事のさらに大きな欠陥は彼が「方法論的な諸問題に大きなスペースを割いている」[5]ことである。執筆活動をおこなっていた時期がスターリン時代にあたるポリャンスキー自身は、西欧の経済学者たちの理論について次のような方針にしたがって執筆をおこなっていた。内容について三行書けばもっとも激しい批判を三ページ続けること、この批判は方法論的で理論的な分析を事とするようなものではなく、「奴隷制の弁護人」、「帝国主義の手先」あるいは「悪臭立ちこめる修正主義の沼地」、といった類いの政治的非難でなければならない。

一九二〇年代に戻ってルービンの仕事を顧みてみよう。もちろん彼も経済学史の教科書のなかで次のように書いた。「経済思想の進歩は、他のどの社会的イデオロギーの進歩とも同じように、経済的諸形態の発展と階級闘争に密接に依存している」。しかしながらルービンは、経済思想のさまざまな流れの社会的・階級的性格づけとならんで、根拠のある方法論的・理論的分析を与えようと努めた。[6]さらにまた、そしてこれがルービンの特質であるが、彼はそれぞれの論題について経済理論と社会哲学との結びつきを指摘している。彼は次のように書いている。「重農学派の経済理論と彼らの一般的な世界観とのあいだの密接な結びつきを解明しなければならない、とりわけ彼らの社会哲学、すなわち社会・経済および国家の本質についての彼らの把握を明らかにしなければならない」[7]。彼の教科書のほとんどの主題をあつかった篇にも、たとえば次のように、社会哲

ルービンの著作『経済思想の歴史』（第4版）のタイトル・ページ，モスクワ／レニングラード，1930年刊

学についての特別の一章がある。「重農主義者たちの社会哲学」、「スミスの社会哲学」、「リカード理論の哲学的・方法論的基礎」、等々。ブルガーコフの考え方との対応関係は、疑いもなく、経済思想の歴史は同時に「社会経済的世界観の歴史」でもなければならない、という点にあった。ところがルービンはブルガーコフにまったく言及していない。だがこれは驚くべきことではない、なぜならブルガーコフはすでに一九二二年にソビエト・ロシアから追放され、その後はパリに住んでいたからである。

また、一九二〇年代の経済思想史の教科書類にはさらに別の特徴的な点があるが、ルービンの教科書もその例外ではない。スターリン時代には、経済思想史において一七世紀中葉から一九世紀中葉までの経済学者たちについて、市民権を与えられソビエト存続の末期まで受け入れられていた、次のような方法論的な区分がなされていた。ペティー、ボアギルベール、重農主義者たち、スミス、リカード——古典派経済学の代表者たち。セー、マルサス、シーニョア、バスチア、ジョン・スチュアート・ミル——俗流経済学の代表者たち。シスモンディと空想的社会主義者たち——古典派経済学と俗流経済学の批判者たち。これに対してルービンの教科書では、リカードに直接続く経済学者たちはすべて古典派経済学に入れられており、「古典学派の解体」の篇であつかわれている。これは一般的に言えば国際的な標準に対応するものであった。また、ピョートル・リャシチェンコ（一八七六―一九五五年）の教科書でも「俗流経済学」の篇はなかった。

ルービンの著作『現代西欧の経済学者たち』について

ルービンの著作『現代西欧の経済学者たち——オッペンハイマー、シュトルツマン、アモン、ペトリ、リーフマン。批判的研究』を取り上げよう。なぜほかならぬドイツの社会学派がルービンにこのような関心を呼び起こしたのだろうか。これは一面では、マルクス主義者にとって経済学はもともと階級闘争の一分野であるということと関連している。他面、右のドイツ経済学者たちの関心は、マルクス主義者たちもかかわっていた社会関係の研究という問題関心に対応するものであった。「しかしながら、このような理論的合致があるからといって、現代の経済学者たちの社会的方法がマルクスの社会学的方法と根本的・原則的に相違するということに、読者は目をふさいではならない。――とルービンは書いている――昨今の経済学者たちの手中にある社会的方法は、哲学的観念論と緊密に結合しているのであるから、科学的研究にとっての危険をも内包している」[8]。ルービンはもちろん経済学の社会的内容、経済理論と社会哲学の近さに関心をいだいたが、これは、すでに指摘したように、経済思想史の歴史についての彼の教科書の特質でもあった。「現代の経済思想のこのような方向のうち、――とルービンは確言する――もっとも興味深くもっとも可能性があるのが社会的方向である。その支持者たちは経済学のための新しい道筋を探求し、自然主義的客観主義の伝統的な道筋を却ける。後者はその表現を古典派と自然主義的主観主義の体系のうちに見いだしオーストリア学派をその代表とした」[9]。ロシアで西欧のこの問題関心とその仕上げに関心を抱いたのはルービンだけではなかった。先に言及したブルガーコフの著作を再度参照することができる。彼はすでに一九〇六年に次のように書いていた。「ドイツにおけるヴィルヘルム・ヴィンデルバンド、ハインリッヒ・リッケルト、パウル・ナトルプ、ルドルフ・シュタムラー、そして、ゲオルク・ジンメル、またロシアのピョートル・ストゥルーヴェとボグダン・キスチャコフスキーのような一連の著述家は、あらためて社会思想の本質についての問いを立て、それにしたがって、社会科学によって何がどのように認識されうるのかと問うた」[10]。さらにまた、ルービンが依拠しているセルゲイ・イ・ソーンツェフ（一八七二―一九三六年）の一九二二年の論文「経済学序説（Введение в политическую экономию）」も言及にあたいする。

一九一三年からペテルブルグ大学教授であったソーンツェフは、すでに一九一七年以前から著名な研究者であった。彼は一九二九年にアカデミー会員に選出された。彼は「経済学序説」のなかで、経済学のさまざまな学派をその対象と方法にしたがって相互に比較し、その結果マルクスの包括的で論理的な方法論を仕上げた。こうして彼はマルクス主義の立場を代表した。彼はドイツとオーストリアにおける社会諸科学の諸見解に大きな注意を払った。彼は客観性に極度にこだわった。ルービンとはちがってソーンツェフの論文には批判はなく、あるのは厳密に科学的な分析のみである。おそらくこのことが理由で、アナトリー・イ・パシコフ（一九〇〇―八八年）が編纂して一九五五年から六六年にかけて三巻本として刊行された『ロシア経済思想史（*История русской экономической мысли*）』のなかでは、ソーンツェフはマルクス主義者ではなく「社会的傾向の最大の代表者」と特徴付けられている。(11)

ソーンツェフの「経済学序説」とルービンの『現代西欧の経済学者たち……』は相互補完の関係にある。ルービンが、リーフマンをのぞいてすべて社会学派に属する若干のドイツの経済学者たちを批判的に分析することを課題としたのに対して、ソーンツェフは経済思想に対する包括的な見通しに立脚する経済学の方法論を基礎づけようとした。(12)

ソーンツェフは経済学における方法論の側面からいくつかの段階を区分している。第一段階を彼は古典派経済学と結びつけた、その代表者たちは彼の意見では方法論の特殊研究をまったくおこなわなかったもののある方法にしたがっていた。「A・スミスもリカードもマルサスも、自分がどういう方法にのっとって理論の研究と叙述をしているのかについて自己了解を持たなかった。彼らは方法論上の問題についてまったく論じていないが、しかしこのことは、彼らがある一定の時代と学派に属する研究者としていかなる特徴的な方法論的原則にもしたがっていなかった、ということを意味しない。……経済思想の古典学派は、一般的な時代精神に対応した合理主義の思想と密接に結びついていたのである(13)」。

第二段階としてソーンツェフが特徴づけるのは経済学方法論の仕上げの開始である。「経済学における方法の諸問題についての理論的な仕上げの開始は、歴史学派の成立と結びついている。経済学における合理主義に代わって進化論に基礎をおく経験主義が登場した」[14]。ドイツにおける歴史学派の代表者たちは古典派の方法論を批判した。ソーンツェフは、オーギュスト・コントとジョン・スチュアート・ミルの実証主義を、歴史学派の方法論に対応する哲学とみなした。ソーンツェフは歴史学派自体においてはヴィルヘルム・ロッシャーとカール・クニースの方法論上の思想を研究し、それに続いて、これらの思想がアイルランドの経済学者のジョン・ケルス・イングラムとトーマス・エドワード・クリフの諸著作のなかで再生していることを示した。「彼らはロッシャーとクニースの歴史的方法の思想を極端に推し進めたが、後にはドイツにおける新しい歴史学派の代表者たち（グスタフ・シュモラー、ルヨ・ブレンターノ）もまた同じ途をたどった」[15]。ソーンツェフの命名する「極端な経験主義者たち」は、科学としての経済学を排除して経済的事実の記述のみを事とした。同時にこれらの経済学者たちは経済学方法論における倫理的要素を強調したが、まさにこのことが経済学的知識の客観性と科学性を縮減することになった。

第三段階はソーンツェフによればカール・メンガーの『経済学の方法』〔吉田昇三改訳、日本経済評論社、一九八六年〕をもって始まる。この著作は一八八三年に出版され、メンガーはそこで歴史学派に批判を加えた。彼は経済理論を復活させ抽象概念をふたたび導入した。「彼は、経済現象を一般的な社会的・国家的な発展とのつながりで究明すべきだとする要求を方法論的にばかげているとみなした。どのような理論的研究も社会現象の個々の側面からの抽象を要求するものである」[16]。このような見解から、オーストリアの経済学者と歴史学派とのあいだの「国民経済学における方法論争」が始まった。オーストリア学派の理論と方法の哲学的側面に関連して、ソーンツェフは社会学における心理学派の存在（ガブリエル・タルド、フランクリン・ギデンス、グスタフ・フォン・リュウメリン、また部分的にはペティリム・ソローキン）を指摘している。他方、歴史学派は一八八〇年代にはマルクス主義からの批判にも直面した。「こうして、経済学方法論の発展における第三局面は、歴史主義への痛烈な反応と歴史的方法との闘いをもって始まった。この闘いは、一方では経済学における心理的方法をともなう心理学主義の形成と定式化を、他方ではその独自の歴史的・唯物論的方法をともなうマルクス主義の形成と定式化をまねいた。経済学方法論の発展において決定的な役割を演じたこれらの過程の経過を見ると、この時代にいちじるしく高揚した方法論的諸問題への関心が特別の意味をもっていたことが分かる。論理と認識論の研究が深化し、社会学、哲学、そして、社会科学的認識がそれぞれに発展した(17)」。

経済学方法論の歴史における第四段階をソーンツェフはようやくドイツにおける社会学派の成立と結びつける。この学派はオーストリア学派を批判し本質的な点において新カント主義に立脚していた。社会学派の代表者たちは次のような基本テーゼを掲げた。すなわち、経済学が社会の科学である（political economy の "political" はギリシャ語の社会や国家を意味する *polis* に由来するので "social〔社会の〕" という意味も持つ）とすれば、まずもって明らかにしなければならないのは「社会的関係」とは何かということであり、しかる後にはじめて、社会的関係の個別ケースとして経済学の対象をなす「経済的関係」を研究することができる、と。社会学派の代表者たちは彼らの著作において「社会的なるもの」のさまざまな基準を提起しているが、しかしソーンツェフはその一般的メルクマールを強調する。「全員が多かれ少なかれ社会的観点に立っている。いずれにせよ彼らは社会をある全体的なもの統一的なものとして、また相互的な被制約性において観察する。彼らが岐れるのはもっぱら、社会を全体としてつなぎ止めておくためのどのような基準がもっとも社会的であるか、という点のみである。ある者は外的な規制を、他の者は社会組織等々を、その基準とみなす。したがって全員、社会的なものの形成の個人心理的な基準から多少とも大きな距離を置いているのである(18)」。

社会学派の多くの代表者たちは彼らの把握がマルクス主義のそれと類似していることを認めたが、しかしマルクスとその擁護者たちを一面的な唯物論的アプローチのゆえに批判し、みずからの理論をマルクスの個々の思想のさらなる展開と理解した。もちろんマルクス主義者たちはこれとは違った見方をしたし彼らの方からも社会学派を批判した。

ルービンの著作『現代西欧の経済学者たち』にもどろう。彼はこのなかで、社会学派を包括的な分析と批判に付している。興味深いことに、ルービンとソーンツェフはこの学派の立場の研究をともにおこなっている。ソーンツェフが主としてルドルフ・シュタムラーとオットマール・シュパンをあつかったのに対して、ルービンはオッペンハイマー、シュトルツマン、アモンそしてペトリについて書いている。リーフマンの思想をルービンが研究したのは、リーフマンが方法論の諸問題に大いに注意を払ったからである。

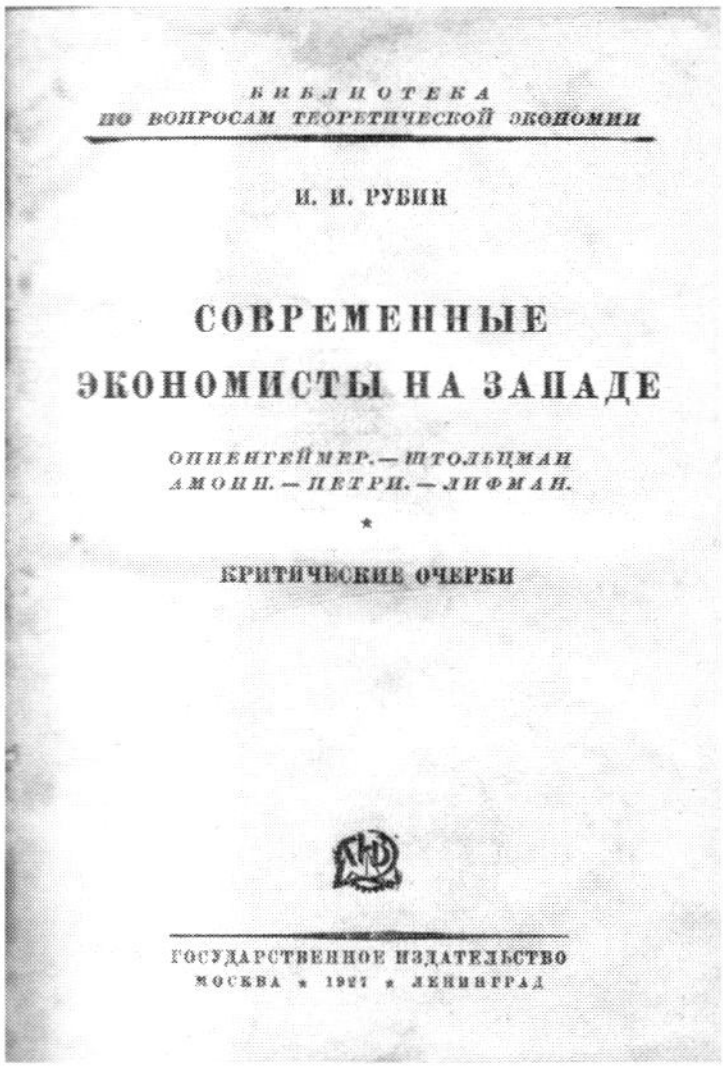
БИБЛИОТЕКА
ПО ВОПРОСАМ ТЕОРЕТИЧЕСКОЙ ЭКОНОМИИ

И. И. РУБИН

СОВРЕМЕННЫЕ
ЭКОНОМИСТЫ НА ЗАПАДЕ

ОППЕНГЕЙМЕР.—ШТОЛЬЦМАН
АМОНН.—ПЕТРИ.—ЛИФМАН.

*

КРИТИЧЕСКИЕ ОЧЕРКИ

ГОСУДАРСТВЕННОЕ ИЗДАТЕЛЬСТВО
МОСКВА * 1927 * ЛЕНИНГРАД

ルービンの著作『現代西欧の経済学者たち——オッペンハイマー，シュトルツマン，アモン，ペトリ，リーフマン。批判的研究』のタイトル・ページ，モスクワ／レニングラード，1927年刊

ルービン、そしてまたソーンツェフは、社会学派の展開をオーストリア学派の危機と結びつけた。「オーストリア学派の華々しい成功の時代は、弱々しい足踏みと失敗の原因についての懐疑的な思い返しとの時代に急変した(19)」。もっとも、ルービンは経済学における限界主義（限界効用学派）のいっそうの発展——レオン・ワルラス、ヴィルフレード・パレート、アルフレード・マーシャル、ジョン・ベイツ・クラークの諸理論——を無視したのであるが。これらの経済学者は二〇世紀の時代にはロシアの経済学

界（ロシアの限界効用理論家ニコライ・シャポシュニコフやエル・ユーロフスキーの著作を見よ、彼らはマーシャルとクラークに依拠していた）においても経済思想史においてもよく知られていたにもかかわらず。たとえば、一九二六年のブリューミンの論文「経済学における主観学派（Субъективная школа в политической экономии）」では、オーストリア学派とならんで、マーシャル、クラーク、アントワーヌ・オーギュスタン・クールノー、ヴラジミール・カ・ドゥミトリェフ、ヘルマン・ハインリッヒ・ゴッセン、ウィリアム・スタンリー・ジェヴォンズ、ワルラス、グスタフ・カッセルそしてパレートの諸理論があつかわれている。一九二九年のヴラジーミル・ベ・ケラーの著作『経済学における英米学派（*Англо-американская школа в политической экономии*）』は彼の学位論文をもとにしたものであるが、ブリューミンとルービンはこれを評価している。

なぜルービンは社会学派を、この学派と問題関心の面でも方法論的にも近い関係にあった後期の歴史学派（ゾンバルトやウェーバー）およびアメリカの制度主義（institutional economics）と対比しなかったのか、ということも彼について問題になりうるであろう。後者の傾向の代表者たちは、西欧の学界に注意が集中していたこの時代にはロシアではまだ比較的知られていなかった。にもかかわらず、ブリューミンとケラーの右の著作には制度主義者たち（ソースタイン・ヴェブレン）への言及があった。ゾンバルトとウェーバーの著作は、ロシアではすでに革命以前から広く普及していたし、それだけでなく彼らとロシアの研究者たちとの個人的な接触もありゾンバルトはロシア訪問もおこなっている。[20]

それゆえルービンの著書では、オーストリア学派（彼はこのうちにリーフマンも含めた）、社会学派（オッペンハイマー、シュトルツマン、アモンそしてペトリ）および社会学派が闘ったマルクス主義、これら三つの個別的な方向があつかわれている。社会学派はオーストリア学派に対抗することによって、「個々の個人の心理的体験や振る舞いから生じる自然主義的主観主義に対するカウンターポイズとなり、また、その代表者たちは個人の

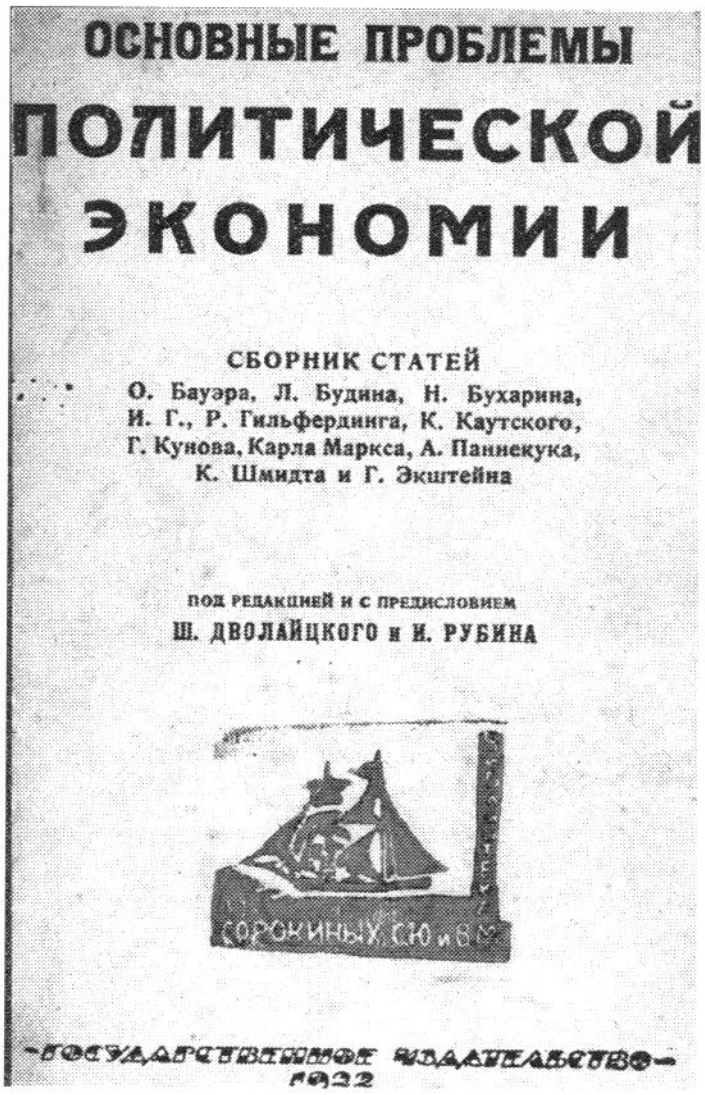

イ・ルービンとシャ・ドゥヴォライツキーの共編で1922年に刊行された論集『経済学の基本問題』のタイトル・ページ．オットー・バウアー，ルドルフ・ヒルファディング，カール・カウツキー，および，カール・マルクスその他による論文集

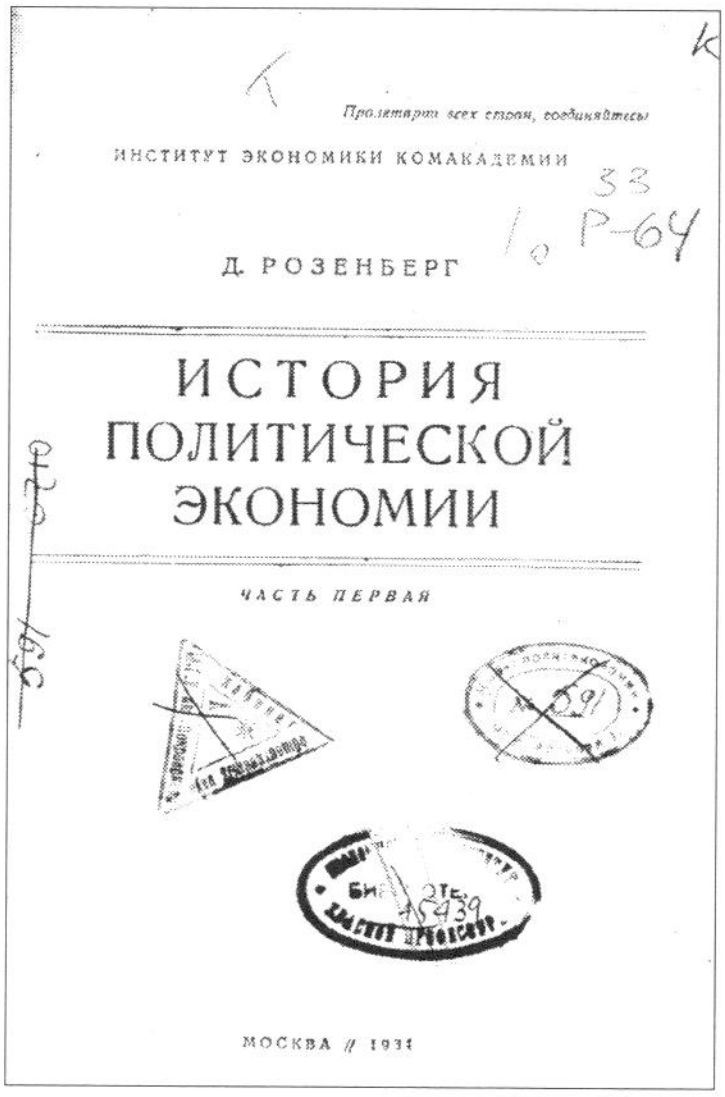

デーヴィッド・イ・ローゼンベルク（1879-1950）の経済学史についての教科書のタイトル・ページ．第一巻，1934年刊，発行部数75000部

振る舞いの社会的依存性という考えを強調している[21]」、とルービンは指摘している。社会学派のマルクス主義に対する闘争にかんしては、前者の代表者たちは経済の社会的形態の「唯物論的」理解「に断固として」立ち向かった、とルービンは確言する。シュトルツマンによれば、経済の社会的形態は生産諸力の一定のレベルの必然的で因果的な結果と見なすことはできない。「これは個性を唯物論的なマリオネットに貶めることであろう。シュトルツマンは人間を当人自身の運命の自由な創造者と見て、経済（すなわち人間間の諸関係）の社会的規制の領域は自由な人間意志の領域であり、そこでは各人は承認された倫理的目的と理想の実現に努める、と主張する。物的生産過程は必然性の法則にしたがうとはいえ、経済の社会的規制の領域においては道徳的

自由の法則が作用する」[22]。この引用文から、ルービンは、彼がこのような理解を批判するに先立ってそれらを〔学説史的〕関連において叙述していたことがはっきりする。彼の批判は、すでに言及したとおり、全体的に対象にそくしたものである。「経済の社会的形態を物的生産過程から引き離すことは、社会的方法を採用する者たちの特徴的なメルクマールである。シュトルツマンにおいてはこの区別がカントの観念論的倫理に基礎をおく先鋭な目的論の形態で現れるとすれば、ペトリにおいてはそれは認識論的目的論のより洗練された形態を取るが、その内部にはリッケルトやヴィンデルヴァントの新カント主義的学説がひそんでいる。哲学への深入りを回避し厳密に科学的な研究の地盤にとどまるアモンにおいてさえ、経済の社会的形態を生産過程と結びつけるあらゆる紐帯が引き裂かれているのを見いだす[23]」。ルービンは彼の著作の課題を次のように定式化した。「われわれは経済学を経済の社会的形態の究明の方向にみちびこうとする志向を却けることはできない。同時にわれわれは、マルクスの学説と現代の経済学者たちのものの見方とのあいだの大きな差異を明確に示すことが必要であると考える。彼らは統一的な社会的過程のこれら二つの側面のあいだに架橋不能な亀裂を置く。われわれは、シュトルツマン、アモン、ペトリの学説についての論評が、社会的方法を採用する者たちの言説に対して批判的に振る舞う上で、読者の助けとなることを願う[24]」。

ルービンは彼の著作において、ソビエトの思想史の本ではなされたためしがないほど深く根本的にそして包括的に、社会学派の理論を分析した。彼ののちには、この理論は（あらゆる非マルクス主義的理論と同様）きわめて断片的に紹介され、同時に粗野な批判が付け加えられた。そしてこれは、シュタムラーに対するレーニンの次のような破壊的な批判を利用することができた（たとえばマリア・エヌ・スミトによって引用された）ことによりいっそうひどくなった。「とりわけ私をいらだたせたのはシュタムラーである。彼の著作のなかにはなにか新鮮なものや内容豊富なものはまったくひとかけらも見いだすことはできない。……ただ認識論的なスコラ談義あるのみである。言葉の最悪の意味での凡庸きわまる法学者のまぬけな「定義」、そしてそれにおとらずまぬけな「結論[25]」」。

経済思想の歴史をあつかった他のロシアの刊行物に照らし合わせてみたルービンの二つの著作についての考察の結果として、彼が経済学のこの分野に対してどのような貢献をなしたかを確言することができる。彼は、彼自身の悲劇的な運命がその証人となっている容易ならざる時代に著述活動をおこなった。彼の著作は科学的で道徳的な文化をその傑出した特色としている。

注

（1）エス・エヌ・ブルガーコフ、*История экономических и социальных учений*〔経済学説・社会学説の歴史〕、モスクワ、二〇〇七年、三九ページ。

（2）同著、三三ページ。

（3）同著、三三ページ。

（4）ペ・イ・リャシチェンコ、*История экономических учений*〔経済学説史〕、レニングラード、一九二六年、五ページ。

（5）イ・ブリューミン、*История экономических учений*〔経済学説史〕、モスクワ、一九六一年、四ページ。

（6）イ・イ・ルービン、*История экономической мысли*〔経済思想の歴史〕、モスクワ、レニングラード、一九三〇年、三ページ〔英訳 *A History of Economic Thought*, by Isaak Ilych Rubin, translated and edited by Donald Filtzer, afterward by Catherine Colliot-Thérène, Ink Links London, 1979. 英訳は第三版によっているため、一九三〇年の第四版への序文の最初のページからのこの参照箇所は含まれていない〕。

（7）同著、四ページ。

（8）イ・イ・ルービン、*Современные экономисты на Западе*〔現代西欧の経済学者たち〕、モスクワ、レニングラード、一九二七年、Vページ。

(9) 同著、Ⅳ—Ⅴページ。

(10) ブルガーコフ、前掲書、二一ページ。

(11) *История русской экономической мысли*〔ロシア経済思想史〕、モスクワ、一九六六年、第三巻第一部、一五九ページ。

(12) 後段で論じる経済学の諸学派・傾向の歴史については、次の文献を参照。Fritz Behrens, *Grundriss der Geschichte der politischen Ökonomie*, Bd. III, IV, Berlin 1979, 1981; Ben B. Seligman, *Main currents in modern economics: economic thought since 1870*, New Brunswick 1990 (1963) および前掲の経済学者たちについてのベルトラム・シェフォルトの諸論文。

(13) ソーンツェフ、*Введение в политическую экономию*〔経済学序説〕、ペトログラード、一九二三年、一〇三—四ページ。

(14) 同著、一〇四ページ。

(15) 同著、一一一ページ。

(16) 同著、一一八ページ。

(17) 同著、一二〇ページ。

(18) 同著、四五ページ。

(19) イ・イ・ルービン、*Современные экономисты*, 前掲、Ⅳページ。

(20) Joachim Zweynert, Daniel Riniker: *Werner Sombart in Rußland. Ein vergessenes Kapitel seiner Lebens- und Wirkungsgeschichte*, Marburg, 2004 を参照。

(21) イ・イ・ルービン、*Современные экономисты*, 前掲、Ⅴページ。

(22) 同著、Ⅴ—Ⅵページ。

(23) 同著、Ⅵページ。

(24) 同。

(25) 一八九九年六月二七日づけのア・エヌ・ポトレソフ宛のヴェ・イ・レーニンの手紙。『レーニン書簡集』第Ⅰ巻、一八九三—一九〇四年、ベルリン、一九六七年、三〇ページ〔邦訳『レーニン全集』第三四巻、大月書店、二八ページ〕。エム・エヌ・スミト、*Очерки истории буржуазной политической экономии*〔ブルジョア経済学史概要〕、モスクワ、一九六一年、一三一ページ。

ルービン指導下のマルクス＝エンゲルス研究所の経済学部門

ヤコフ・G・ロキチャンスキー
ロルフ・ヘッカー

サラトフ〔モスクワから南東約一〇〇〇キロのヴォルガ川沿いの都市〕へのイサーク・ルービンの追放は一九二六年の一一月末に解除された。彼は帰還後モスクワでデイヴィド・リャザノフによりマルクス＝エンゲルス研究所に配属され、まもなくそこで経済学部門の指導者に任命された。彼はこの部署で一九三〇年一二月にふたたび逮捕されるまで実り多い活動を続けた。

I

ルービンは、マルクス＝エンゲルス研究所の創設時からの所長であったリャザノフと一九二二年以前からの知り合いであった。すでに一九一九年にリャザノフは彼をマルクスの著作の翻訳にさそっていた。(1) 研究所が一九二一年に開設されたとき、ルービンはいくつかの教育機関とりわけモスクワ大学と赤色教授養成学院で経済学の講師として活動していた。彼はこのほかこれらの機関のカリキュラムの作成にも加わっていた。

同時にこの時期ルービンはユダヤ人社会民主主義組織である「ブント」で政治活動をおこなっていた。これが彼のマルクス－エンゲルス研究所への採用の障害となったし、またたびかさなる逮捕や収容所送りの原因にもなった。(2) 一九二三年にルービンは広範な政治的・経済学的論争を呼び起こすことになる『マルクス価値論概説』〔初版〕を公表した。それ以前にマルクス－エンゲルス研究所は彼の仕事を取り上げており、『マルクス価値論概説』が国立出版所（ゴスイズダート）から刊行されたのはリャザノフの尽力に負うところが大きかった（本訳書189ページの写真）。

一九二三年二月二六日にルービンは政敵として逮捕され、およそ三年半にわたって遠隔地で収監されていた。さいわいにも彼は健康状態を理由にアルハンゲリスク〔モスクワから北約一〇〇〇キロの白海にそそぐ北ドナウ川河口付近の都市〕の収容所への拘留はまぬかれた。彼はこうして一九二四年末までモスクワ近郊のブトゥイルスカ監獄ですごした。一九二四年一二月一九日には、一九二六年四月の刑期満了までカラスバザール（クリミア）に移送することが決定された。

付録として公表される文書〔本書245―254ページ〕に示されるように、ルービンは収監中ないし追放期間も集中的に研究活動を続けた。この期間に彼が中心課題としたのはマルクスの著作『経済学批判』の新訳の作業であった。(3) ルービンがブトゥイルスカ監獄に収用されているあいだに一三件の学術的著作をなしたことが立証されている。こうしたことが可能だったのは、彼が影響力のある政治家や学者たちから支持されていたからにほかならない。

一九二四年一二月二三日と二七日の彼の「申告」と「宣告」はマルクス－エンゲルス研究所に対する彼の義務感を示している。彼は、カラスバザールに送り返される前に書籍を選び出しそしてリャザノフと次の仕事について打ち合わせをするために、ぜひとも「二時間ほど」研究所に行きたいと考えた。明らかにこのルービンの願いは聞き入れられなかった。リャザノフとの会見はたしかにおこなわれたが、しかしそれは研究所ではなく国家保安部の本部においてであった。リャザノフは一九三一年二月二三日づけの「ルービンの活動についての宣告」のなかでこのことに触れている。「私には、ルービンとルビャンカで出会うという、ゲ・ペ・ウの年報のためのたった一度だけの機会が与えられたのだ！　だが私の試みは失敗に終わった。私がいくら説得を試みてもルービンは頑として聞き入れなかった。自分はあらゆる実践活動を完全に放棄しておりすべてを研究活動にささげるつもりである、と彼は私に言った。しかし、彼は私の保証のもとに保釈されることをためらった」[4]。

七件の文書資料によって、クリミアへの追放期間中のルービンのマルクス－エンゲルス研究所との仕事上の関係についての解明がえられる。彼はそこで夫人とともに平屋建ての建物のなかの二部屋を借りていた。そのころ彼は重い病気にかかっていた。このような状況にもかかわらず彼は学術論文の執筆にいそしんでいた、とりわけ、一九二五年八月一四日づけのマルクス－エンゲルス研究所宛の手紙に記されているように、「マルクス批判者としてのシュトルツマン」（ルービン著作目録のNo. 15〔本訳書174ページ〕）の翻訳にとり組んでいた。また彼はマルクスの「ワーグナー評注[5]」をロシア語に翻訳した。

ルービンのカラスバザールでの刑期は一九二六年四月一三日に終了した。リャザノフはすぐに、ルービンを研究所に迎え入れることができるようあらゆる企てをおこなった。このとき彼はア・イ・ルイコフとエヌ・イ・ブハーリンから支援を受けた。しかしルービンがサラトフからモスクワに三週間ほどやってきたのはやっと一九二六年一〇月になってからのことであった。そして一一月二六日にはОГПУ〔オ・ゲ・ペ・ウ（合同国家政治保安部）〕の評議会が、ルービンは「ソビエト連邦内に自由に住居を」定めることができる、という決定を下した[6]。

モスクワのマルクス－エンゲルス研究所がマルクスとエンゲルスの著作を原語で出版しさらにこれをロシア語に翻訳して出版するためのもっとも重要な前提は、マルクスとエンゲルスの文献遺産のコピーまたはオリジナルを入手し有能な協力者を雇い入れることであった。リャザノフは、これらの前提条件をフランクフルトに新しく設立された社会研究所〔Institut für Sozialforschung〕との協同で作り出そうと計画した。この研究所のトップに所長としてウィーン大学教授のカール・グリューンベルクが招聘されたので、二〇世紀の初頭一九〇五年のロシア革命以前の最初の亡命時代に彼のもとに留学していたリャザノフは、事情に精通した交渉相手を持つことになった。

モスクワとフランクフルトの両研究所のあいだに、また、フランクフルトの研究所の方ではドイツ社会民主党の党首脳部とのあいだに、マルクスとエンゲルスのすべての文献遺産をフォトコピーすることを許可する契約が締結された。こうして一九二四年から二八年のあいだに、すべての現存する文書資料の整理と写真複写が系統的に実施された。モスクワのマルクス－エンゲルス研究所のベルリン通信員として活動したのが、亡命ロシア人のボリス・ニコライェフスキーであった。

リャザノフは国際的な通信員のネットワークをさらに広げた。こうして、ケルン、トリーア、パリ、ブリュッセル、ロンドンで、事情に通じた通信員たちが国際労働運動にかかわる文書や資料を収集した。彼らは文書館や図書館で多数にのぼるこのような資料を手に入れたり写真複写したりすることができた。また、資料を買い集めるために書籍や自筆原稿の競売も利用した。さらに、一九二〇年代初頭のインフレ期には、自分の蔵書を金ルーブルに対して売り払うことをよぎなくされた社会主義文献の収集者たちもいた。グリューンベルクもそのひとりであった。これらをすべて合わせて、リャザノフはモスクワに他に比肩するもののない大規模な文庫のための基礎を築くことができた(7)。

マルクス＝エンゲルス研究所内部での作業を組織するために、少人数の協同作業員のグループからなる独立した学術機関としての「部門」が重要な下支えをなしていた(8)。これらの部門は、リャザノフの思い描いていた質の高い学術的編集作業のためのしかるべき条件を体現するものであった。リャザノフが一九二七年に表明したように、マルクス＝エンゲルス研究所はすでに一九一九年に「旧来の社会主義アカデミーの部門制度における特別部門として」構想されていたのである。その当時研究所は「五つの部署からなり、それらのうちにマルクス＝エンゲルス研究所のほとんどの部門が縮図として存在していた」。哲学、経済学、社会主義の歴史、フランスとイギリスの歴史に関連する資料が集められた(9)。

文庫とならんでリャザノフは一四の部門を設置したが、これらは研究所の任務にしたがって、イデオロギー部門（哲学、経済学、法学、政治学、社会学および社会主義を担当）と歴史部門（社会主義と無政府主義の歴史をドイツ、フランスそしてイギリスについて担当）ならびにプレハーノフのために国際関係部門、そしてのちにはさらに南欧諸国の歴史を担当する部門に細分された。すべての部門が相互にそして中心であるマルクス＝エンゲルス部門と緊密に結びつけられていた(10)。

一九二六年からイサーク・ルービンが指導することになった経済学部門が任務としたのは、マルクスの経済学についての文献を収集しそのカタログを作成しそれを科学的研究に役立てること、ならびに、叢書『経済学の古典的大家たち』を準備することであった。だがとりわけ、経済学草稿と『資本論』との出版に必要であったマルクスの引用典拠文献の収集が求められた。マルクスが引用した刊行物は、すべてロンドンのブリティッシュ・ライブラリーで照合確認され、コピーが作成されて経済学部門に収集された。部門内の収集文献はさらに経済学史、

マルクス－エンゲルス研究所の所内報の第1号，リャザノフの編集で1926年に発行，研究資料と所内諸部門についての情報が掲載された

理論経済学、実践的（応用）・記述的経済学および経済史に区分された[11]。

リャザノフは一九三一年に研究所におけるルービンの立場について回想している。彼は「ルービンに対する監督をしやすくするために」、彼を研究所の敷地内の住宅に住まわせていた。「私の記憶違いでなければそれは一九二六年の秋のことであった。ルービンは完璧な協力者としての実を示し、私はやがて彼に政治経済学部門の指導を任せることにした[12]」。

まさに部門の指導者としてのこの時期に、ルービンは経済学史に関連する（重商主義者や重農主義者についての）多数の著作を刊行し新しい諸傾向（オーストリア学派）について論じた。マルクス－エンゲルス・アルヒーフにおける新しい文献（ドイツ語ならびにロシア語の刊行物）についての彼の論評は、他の諸見解や学派の公正で批判的な評価の模範のようなものであった[13]。ルービンの活動についてリャザノフは次のように述べている。「ルービンを研究所内だけに置いておこうという私の堅いもくろみは残念ながらはたすことはできなかった。数カ月もすると、私はルービンに講義の許可を与えるようにという度重なる陳情を受けることになった。私は彼に許可を与えることを拒んだが、それは——私が現在と同様にまたあの頃も咎を受けていた——私の「富農的」性向のためだけではなく、私が、彼にはいかなる教育活動もさせないという条件で、モスクワにおける彼の仕事を斡旋していたからでもある[14]」。しかしОГПУ（合同国家政治保安部）が教職認可に合意したのでルービンはさまざまな教育活動を引き受けた。それゆえリャザノフは次のように要約することができた。「彼はおよそモスクワでもっとも評判の高い経済学教授のひとりになった」[15]。

経済学部門での協力者はエヴセイ・アヴラモヴィッチ、カガノヴィッチ、アブラム・ラザレヴィッチ・レウエル、および、ヴラジミロフであった[16]。一九三一年度——すでにルービンの逮捕後であったが——の協力者計画には、同年二月に逮捕され五月に五年間の強制労働収容の刑を受けた彼の職務代行者のカガノヴィッチとならんで、さらにベルタ・サモイローヴナ・ゼルドヴィッチと図書館員のガリーナ・エヴゲネーブナ・モロホヴィッチの名前が記されている。ゼルドヴィッチはレウエルと同じく一九三一年三月に解雇され、モロホヴィッチだけが協力者として残った[17]。

ルービンをマルクス‐エンゲルス研究所から遠ざけてからあと、彼の仕事の記憶を抹消するためのあらゆることがおこなわれた。たとえば一九二九年に出版された『経済学批判』の翻訳は書店から回収された[18]。また『資本論』の新版の準備過程でもルービンの名前は注意深く避けられた。一九三四年にエンゲルスの『資本論第一巻綱要』[19]がドイツ語で刊行されたとき、この綱要は「マルクスの経済学を観念論の側にねじ曲げようとするメンシェヴィキに対する武器」であることが強調された[20]。

注

(1) Я. Г. Рокитянский, Л. Л. Вашина: Страницы жизни и творчества экономиста И. И. Рубина〔経済学者イ・イ・ルービンの生涯と創作の諸側面〕, *Вестник Российской Академии наук*. 1992. No. 8. С. 129–44.

(2) 本訳書の132—170ページに収録のヴァーシナ論文を参照。

(3) ロシア連邦国家保安委員会中央文書館。No. R–40156, Bl. 40.

(4) マルクス‐エンゲルス研究所でのルービンの活動についてのリャザノフの宣告を参照。David Borisovic Rjazanov und

die erste MEGA, Hamburg 1997, S. 236/237 (*Beiträge zur Marx-Engels-Forschung.* Neue Folge. Sonderband 1).

（5） MEW 19, SS. 355–83〔大月書店『マルクス＝エンゲルス全集』第一九巻、三五四―八五ページ〕.

（6） ロシア連邦国家保安委員会中央文書館。No. R–40156, Bl. 200.

（7） Erfolgreiche Kooperation: Das Frankfurter Institut für Sozialforschung und das Moskauer Marx-Engels Institut (1924–1928). Hamburg 2000 (*Beiträge zur Marx-Engels Forschung.* Neue Folge. Sonderband 2).

（8） Д. Б. Рязанов: Детальность Института К. Маркса и Ф. Энгельса и его ближайшие задачи〔マルクス－エンゲルス研究所の活動とその当面の諸任務（一九二七年一〇月二七日にマルクス－エンゲルス研究所内で開催された講演）〕を参照。In: *Летописи Марксизма*, т. V, Москва, Ленинград 1928, С. 4.

（9） *Литературное наследие К. Маркса и Ф. Энгельса. История публикации и изучения в СССР*, Москва 1969, С. 132〔カ・マルクスとエフ・エンゲルスの文献遺産。ソ連邦における刊行と研究の歴史〕を参照。デ・リャザノフの生誕六〇年の講演において、エルンスト・ツォーベルは、一九一九年にリャザノフが設立した「こじんまりしたいくつかの小さな部署からなるマルクス主義部門」について言及した（エルンスト・ツォーベル「マルクス研究者としてのリャザノフ」『マルクス主義の旗の下に』第Ⅳ巻第三号、モスクワ、一九三〇年六月、四〇一―四ページ）。

（10） 詳細は次の文献を参照。Elena Arzanova: Die Kabinette im Marx-Engels-Institut unter Leitung von Rjazanov und Adoratskij und ihr Nutzen für die erste und zweite MEGA. In: Marx-Engels-Edition und biographische Forschung, Hamburg 2000, SS. 57–79 (*Beiträge zur Marx-Engels-Forschung.* Neue Folge. 2000)。

（11） 一九二九年四月一五日に刊行された、一九二六年一一月から二九年三月についての WISSA-Bulletin〔第六号〕、三七ページ（Beilage VII）を参照。

（12） 「マルクス－エンゲルス研究所におけるルービンの活動についてのリャザノフの宣告」を参照。前掲、二三七ページ。

（13） 本訳書収録のポキチェンコの論文（199―214ページ）を参照。

（14） 「マルクス－エンゲルス研究所におけるルービンの活動についてのリャザノフの宣告」。前掲、二三七ページ。

（15） 同、二三八ページ。

（16） 本訳書収録のヴァーシナ論文（148ページ）を参照。

(17) Protokolle zur Überprüfung der Mitarbeiter des Marx-Engels-Instituts. In: Stalinismus und das Ende der ersten Marx-Engels-Gesamtausgabe (1931–1941), Hamburg 2001, S. 29/30 (*Beiträge zur Marx-Engels-Forschung*. Sonderband 3) を参照。

(18) 本訳書収録のヴァーシナ論文 (148―149ページ) を参照。

(19) MEW 16, SS. 245–87〔大月書店『マルクス＝エンゲルス全集』第一六巻、二四三―八七ページ〕.

(20) Rolf Hecker: Fortsetzung und Ende der ersten MEGA zwischen Nationalsozialismus und Stalinismus (1931–1941). In: Stalinismus und das Ende der ersten Marx-Engels-Gesamtausgabe, *a. a. O.*, S. 203 を参照。

二度の逮捕のあいだ——
イサーク・イ・ルービンの生涯と著作活動における知られざる期間

ヤコフ・G・ロキチャンスキー

イサーク・ルービンは一九二〇年代にマルクス研究の創始と発展に重要な役割を演じた。(1) 彼は最初ヴィテプスク〔サンクト・ペテルブルグの南方約三〇〇キロにあるベラルーシの都市〕の古典ギムナジウムで、次いで一九〇六年から一〇年までサンクト・ペテルブルグ大学法学部ですぐれた教育を受けた。長期波動(コンドラチェフ波動)の理論の創始者となる経済学者のニコライ・ドミトリェヴィッチ・コンドラチェフ、また農学者のアレクサンドル・ヴァシーリェヴィッチ・チャヤーノフもここで学んだ。彼らもルービンと同じように一九三〇年代のソ連邦で「反革命政党の代弁者で主要理論家」として逮捕され起訴され銃殺刑に処せられた。

ユダヤ系の出自を理由にルービンは学界でのキャリアから閉め出された。彼はようやく一九一七年以後になって学術活動に積極的に参加することができるようになった。彼は一八世紀から二〇世紀までの経済学説の歴史の分野における初期の専門家のうちに数えられ、マルクス研究の諸問題に関連する多数の著書と論評を執筆した。一九二六年から三〇年までの四年間マルクス = エンゲルス研究所で仕事をし、経済学部門を指導してこの研究所の指導部に属した。彼はすぐれた講演者としての名声を獲得し、経済学の分野におけるマルクスとその先駆者たちの一連の著作物の出版事業に加わった。

一九二〇年代末に、ソ連邦共産党（ボルシェヴィキ）中央委員会は経済学の諸問題についての討論を組織して、ルービンの影響を排除しスターリンの立場を強化しようとした。

マスコミに流された中傷誹謗のキャンペーンを受けて、彼は一九三〇年一二月二四日の夜マルクス＝エンゲルス通りにあった研究所構内の宿舎で逮捕され、他の一四名とともに告訴され翌年三月のメンシェヴィキ中央委員会に対する公開裁判(2)にかけられた。このとき新聞紙上ではなお、一九三〇年一二月七日に判決言い渡しとともに終結していた産業党に対する同年一一月二五日に始まった裁判について報じられていた。だが一九二八年のシャフティ裁判(3)以来続いていた旧インテリゲンチャ層の代表者たちの清算はまだ終わっていなかった。メンシェヴィキ党中央に対する裁判で提訴されたヴラジーミル・グスタヴォヴィッチ・グロマン(4)とニコライ・ニコラィエヴィッチ・スハーノフ(5)は、裁判の筋書きによれば、「産業党」とも「就労農民党」とも「連絡員」として結びついていた。審問官たちは後者の話の原型を、アレクサンドル・ヴァシーリエヴィッチ・チャヤーノフが一九二〇年に刊行した小説『わが弟アレクセイの農業ユートピア国への旅』から取った。農民党の指導部はこの小説のなかでは一九三三年決行としたボルシェヴィキ政府の転覆を準備した。

ルービンとともに逮捕された人の数は男女一二二人にのぼった。(6)この裁判との関連で起草された多数の文書には内務人民委員のゲンリヒ・ヤゴダの署名が入っているが、これは当時のソビエトにおけるこの裁判の位置づけをはっきり示すものである。

一九三一年のルービンの逮捕

一九三一年のルービンにかんする公文書には多数の尋問調書が含まれている。最初のものには逮捕から一ヵ月後の日付が入っている。ルービンは一月二四日に二回尋問を受け、続いて二五日にも二回の聴取を受けた。そして三〇日まで毎日一回ずつ続けられた。二月の一日・二日・六日には二回、五日・七日・一八日そして一九日には一回尋問に呼び出され、最後の聴取は二月二一日におこなわれた。審問官として現れたのは、ЭКУ〔経済管理局〕第二部のア・ナゼドキンであった。彼以外に立ち会ったのはゲ・エ・プロコフィエフ[7]（ОГПУの経済統括部長）、ヤ・ヴェ・ラディーシェフ（ЭКУ第四部）、ドミトリィ・マトヴェーヴィッチ・ドミトリェフ[8]（ЭКУ第二部・第四部部長）、および、エム・イ・ガイ[9]（ЭКУ局長職務代行）であった。

ルービンは、ОГПУが発見したメンシェヴィキ党中央のメンバーであったという罪科を負わされた。この組織は、「産業党」と「就労農民党」とともにソビエト権力の転覆を計画した――これもまたОГПУのでっち上げ――とされた。一ヵ月続いたルービンの抵抗を打ち砕いて彼から自白を引き出すために、彼は物理的にも精神的にも責め苛まれた。スターリンは、予審が遅々として進まないというプロコフィエフの報告[10]を受けて、手に負えない反抗的な取り調べ拘留者たちに食らいついて彼らが自白を始めるまでは取り調べの手をゆるめるな、という指示[11]を出した。ルービンは、一緒に捕まった二名の死刑執行に立ち会いを強制されて[12]から、審問官の強圧に屈して告訴の趣旨にそった発言をおこなうようになった。

一九三一年一月二四日の審問調書は、ルービンが武器を隠し持っていた、また、彼が犯した政治的犯罪について包み隠しなく語るつもりである、という宣告からはじまる。このような冒頭の決まり文句はこの時代の多くの刑事文書にみられる。取り調べ拘留者の抵抗が打ち砕かれてからはじめて、審問官たちはこうした発言を調書に記載したのである。

一九三一年一月二四日に被告人のアブラム・モイセーヴィッチ・ギンスブルク[13]は、一九二六年にルービンがメンシェヴィキ党の復活を支持したいと彼に告げた、と発言している[14]。しかしながらルービンは、一九二三年以来メンシェヴィキ党（SDAPR〔ロシア社会民主労働党〕）とは一切接触は継続していないという彼の宣告を曲げていない。審問官は一九三〇年一二月一九日にこの党の在外指導部のことも調書に記していた。この指導部はルービンが一九二二年以後はSDAPRには属していなかったというデマを広めた。これはカムフラージュのためであった、なぜならルービンは一九二四年にもなお非合法政党SDAPRの中央ビューローに属していたからである、と調書の出版者は言う[15]。

エヌ・スハーノフが自分を「リクルート」したのは一九二八年から二九年の冬になってからのことであった、とルービンは語った。彼は一度も中央ビューローのメンバーであったことはなく政治活動をしたこともなく、経済問題について事情を知る者として、メンシェヴィキ党指導部が開催した討論集会に三回出席しただけである、と彼は言った。スハーノフもまた一九三一年一月二四日に同趣旨の発言をしている[16]。彼の見るところでは、ルービンは政治にはまったく関心をいだいていなかった[17]。ルービンは聴取のなかで、第一次五カ年計画の計画指数や農業の集団化そして穀物の調達といったソ連共産党（ボ）の内部でもさかんに議論されていたテーマにも触れたので、審問官は尋問を別の方向へ向けた。公式のプロパガンダによれば、ボルシェヴィキの政策は人民大衆から全面的な賛同を得ており、メンシェヴィキの組織は労働者層をまったく後ろ盾としていなかった。したがって、国内の反革命勢力にとっては、ただひとつの道すなわち資本主義列強からの支持を受けることしかなかった。ルービンが後になって、さらに党綱領についての二回の討論集会にも加わっていたことを認めたにもかかわらず、主犯被告のひとりであったスハーノフは、綱領委員会のメンバーたちは作業をまったく行わなかったのでありこの委員会はただ紙の上のものでしかなかった、と強く主張してゆずらなかったために、審問官たちはルービン聴取のなかに「痕跡」をさらに追求することを断念した。彼らはこの件は放置しておいて、ルービンといっしょに逮捕された他の被告たちの関連する発言を事後的に修正することで次善の策としようとした。これに該当するのは、たとえば、イヴァン・ゲオルギェヴィッチ・ヴォルコフ[18]とラザール・ボリソヴィッチ・ツァルキンド[19]の一九三一年二月一八日の取り調べであり、ヴラジーミル・グスタヴォヴィッチ・グロマン[20]、ヴァシーリィ・ヴラディミロヴィッチ・シェル[21]とキリル・ガヴリロヴィッチ・ペトゥニン[22]の一九三一年二月一九日の取り調べであった。彼ら全員がこの取り調べに先立って、メンシェヴィキ党の右の三回にわたる一連の討論集会について語っていた。今この二月の審問では五回にわたるこのような討論集会が取り上げられた。

一九一七年[23]と一八年のメンシェヴィキの組織の展開を記録している取り調べ調書では、ルービンは「ブント」の裏切り者とされており、一九一七年一一月三〇日のSDAPRの臨時党大会に裏切り者として参加したと記されている。一九一九年から二〇年まで、そして、二二年から二四年まで、彼は折にふれて党のために活動する理論家として登場している。一九二〇年一〇月二〇日にSDAPRの中央委員会は同委員会から刊行されていた部内報の編集をルービンに任せることを決定した。[24] 一〇月二九日と一一月二二日に彼は編集担当者として中央委員会の協議に加わった。[25] 彼は一一月二二日には、地方から出される党綱領のための協力文書に目を通して草稿を提出することを任務とする委員会のメンバーに選出された。

二年後の一九二二年一〇月に中央委員会は党を非合法化することを決定した。この当時レニャという偽名で活動していたルービンは、この非合法化への移行の準備を委託されたビューローに属していた。彼は協議について一度だけ報告をおこなったが、それはソビエト・ロシアの国内政治情勢の分析を内容としていた。[26] 彼の任務には国外のビューローとの連絡を維持することも含まれていた。彼の報告書や手紙は国外の指導部において――たとえば一九二二年一一月四日に(27)――討論にかけられた。彼はとりわけSDAPR中央委員会ビューローの会議について、一九二二年の一〇月二三日と二七日また一一月と一二月にも報告をおこなった(28)。その後の通信には一九二三年一月二五日の日付が入っており、最後は同三月一九日づけとなっている(29)。

一九二〇年代の初期には、ソビエト・ロシアにおいて重要性の高かった組織の構造上の移行や維持が秩序だってうまくおこなわれたためしはない、というのは、政治警察がメンシェヴィキ党の一般党員の大量逮捕や幹部党員の市民権剥奪――スターリンが署名した市民権剥奪リストにはデイヴィド・リャザノフの名前も載っていた――によってSDAPRを壊滅にいたらせたからである(30)。一九二三年三月に、社会民主党は党創立二五周年を政治デモのために利用しようとしたが、その結果は標的を定めた逮捕となった。ルービンもまた拘束され三年間の強制収容所送りの判決を受けた。ГПУ（国家政治保安部）の評価によれば、彼はモスクワにおけるメンシェヴィキ党の活動家の一員であった。ГПУの議長代行役のイオシフ・スタニスラヴォヴィッチ・ウンシュリヒトは、すでに一九二二年六月二二日にロシア共産党（ボ）の中央委員会政治局においてルービン逮捕を提案していた(31)。しかしリャザノフのとりなしによって彼は他の同時逮捕者たちのようにソロヴェツキー諸島〔モスクワから北方一〇〇〇キロ以上離れた白海オネガ湾に浮かぶ六つの島で構成される諸島〕には送られず、モスクワ市内のブツルカ刑務所とスーズダリの政治犯隔離所で二年間過ごした。ここでもクリミア追放の時と同様に彼はマルクス＝エンゲルス研究所のために翻訳の仕事に従事した。

フーバー研究所文書館〔スタンフォード大学〕のニコラェフ文庫には、一九二六年のドイツ社会民主党指導部にあてたメンシェヴィキ中央委員会の文書が保管されているが、その執筆者はルービンと推定される。その趣旨は、当時国外で生活していたSDAPR（M）の幹部党員たちが考えていたように、「ロシアのムッソリーニ主義者たちの独裁に反対して闘っているロシア社会民主党の最初の公式の発言要求」[32]であった。そこでは、ともに社会主義者から独裁者になったベニート・ムッソリーニとイオシフ・スターリンの経歴が対比されている。[33]

一九三一年の裁判においてルービンに割り当てられた役割は、彼をデイヴィド・リャザノフに対する主要証人に仕立て上げるということであった。リャザノフは、まるで「貴族然とした振る舞いをして若手の幹部たちをあざけり」、周囲を彼の同類でかため、共産主義者ではなくマルクス主義者を自称する無党派人の立場を取ることを好んだ。おまけに彼は第二インターナショナルの幹部たちとの接触をたもち、ルービンの解雇になかなか同意しようとしない。ルービンは一月二九日の聴取で、研究所長の信頼を悪用したことを、圧力に屈してはじめて認めた。リャザノフは彼がメンシェヴィキ文書を研究所内に保管していることを知っていたのだ。すでにその前からルービンは、ヴァシーリィ・ヴラディミロヴィッチ・シェルとニコライ・ニコラィエヴィッチ・スハーノフから委託を受けて、〔権力〕介入の準備となる予定の蜂起計画を含む文書を隠し持っていた、という。彼と接触のあったすべての人々が逮捕されたので、自分も同じように逮捕されるのではないかと恐れて書類を焼却したとされた。ヴァシーリィ・ヴラディミロヴィッチ・シェルもまた、反革命の策謀を解明するのに役立っていたかもしれない文書をうまく処分しおおせた、という。審問官たちは果てしもなく作り話をふくらませていった。リャザノフと研究所における彼の周囲の人々に対する攻撃の強化は、国外でも懸念の目で注視されていた。[34]

ルービンはマルクス－エンゲルス研究所を隠れ蓑として利用したと非難された。審問官たちのこの仮説の不条理きわまりなさを立証するかのように、ルービンは、図書館・テーマごとの諸部門およびオフィスに保管されていた書籍を使った仕事を事細かに描いて見せた。遅かれ早かれ書籍のなかに保存されている書類は共同研究者たちの目につくであろう、と。しかし審問官たちは手をゆるめはしなかった。一月二六日、調書の記載によると「彼には大変つらいことのようであったが」、ルービンは彼の誤ったおこないを白状した。本のなかに隠していたが、位置を変えてあったため図書館職員に見つからなかった、という作り話が生み出された[35]。次に、所長のリャザノフと彼の協力者ルービンの関係を反革命のつながりとして示すのはシェルの番であった。二月二日に彼はこの趣旨の言葉を調書に残している[36]。

一月二八日の聴取においてルービンは、彼が『マルクス価値論概説』およびその他の論文・論説類に書いた徹頭徹尾修正主義的な理論的把握が、メンシェヴィキ党の反革命論者たちのそれと両立しうるということの「証拠」を自分からすすんで提供した。かつてルービンシチナに反対するキャンペーンのなかで持ち出された論法が、彼の口から押し出された。

リャザノフにメンシェヴィキの完成原稿の入った封筒を手渡した、という彼の発言は二月二日づけのものである。二月三日の聴取では、彼らの関係は手下の共謀者とメンシェヴィキ党の非公式代表者との関係であり、一方が他方をかばおうとしたとされている。リャザノフを関与させまいとするルービンのこころみはうまく行かなかった。彼は一九三一年二月八日、保管の依頼とともに引き渡してあった文書を審問官たちに手渡すように依頼する手紙を、リャザノフに宛てて書くよう強要された[37]。二月二〇日、「怯えきって全身を震わせている」ルービンと対面したリャザノフは、そのような政治文書をルービンから受け取ったことは一切ないと断固として主張した[38]。にもかかわらず彼は逮捕され、「メンシェヴィキの反革命活動を手助けした」廉で告訴された。

審問官たちは目的を達成したが、今度はさらに、アブラム・デボーリンに有罪の嫌疑をかけるような発言をルービンに求めた。前回と同様、ルービンはもってまわった答えでそれをこころみた。予審は二月二三日に終了した。彼は一九三一年三月九日に§五八―四、七および一一〔?・〕にしたがって起訴され五年間の自由剥奪の判決を言い渡された。一九三三年の春に量刑は追放に変えられた。最初はトゥルガイ〔カザフスタン北部の都市〕が、その後はアクチュービンスク〔同〕が追放地と定められた。

ルービンの名前は他の「抹消人物」たちの名前と同様にソビエトでは語られなくなり、彼の記憶は国外で維持されただけであった。一九八〇年代末になってようやくソビエト連邦でこの研究者の生涯と著作についてのいくつかの論文[39]があらわれた。しかし彼の生涯の最後の時期についてはよくわかっていなかった。一九三四年始めから一九三七年一一月にアクチュービンスクで銃殺刑に処されるまで彼は流刑生活を送っていた。それゆえ以下ではこの期間について述べることにしよう。

一九三七年のルービンの逮捕

この時期のことについての情報源は、行政追放処分となったイサーク・イリイチ・ルービンの告訴の件にかんするソ連邦内務人民委員部による取り調べ調書No. 3793-sである。この調書は一九三七年一一月一九日に作成され一一月二五日で終わっている。それは、アクチュービンスクにあるカザフスタン国家治安委員会管理部の文庫に保管されていたが、ルービンの甥のヴァシリー・ヴァシリェヴィッチ・ジェルチェンコフの要請により、モスクワのFSB〔ロシア連邦保安庁〕の中央文庫に移送され、そこで閲覧に供された。筆者はヴェ・ヴェ・ジェルチェンコフの了解を得て、三九葉からなる調書を閲読することができた。

調書のなかには、これまで知られていなかった彼の生涯にかかわる詳細に照明をあてる多数の文書が存在する。これらの文書は、一九〇四年から二二年までのルービンの仕事と社会的活動について、すなわち、二〇世紀初頭のロシアにおける労働者仲間の組織への彼の協力、「ブント」での彼の活動[40]、メンシェヴィキ党SDAPR（M）の中央委員会での「ブント」代表としての活動[41]について、さかのぼって推測する手がかりを与えてくれる。党の指導者たちが市民権を剥奪された一九二一年から二二年にかけて、ルービンが中央委員会書記局のメンバーであり、中央委員会ビューローの会議に出席しており、綱領文書の作成に関与していたことが明らかになった。彼はメンシェヴィキ党の中央委員会で積極的に活動していた廉で一九二三年二月に逮捕された。一九二三年から一九二六年までのあいだルービン釈放のためにリャザノフがあれだけ力をつくしたのはなぜか、また、まさにそのルービンが一九三一年に仕掛けられたメンシェヴィキに対する劇場裁判でなぜ被告のひとりとなったのか、今や明らかになった。

調書は、ルービンがヴェルフネウラリスク〔モスクワから東方一〇〇〇キロにあるチェリャビンスク州の都市〕の政治犯隔離収容所に収監された一九三一年以降の、彼の生活状態についての解明を与えてくれる。一九三三年の夏に彼はOГПУ（合同国家政治保安部）の評議会に手紙を出して――このことは取り調べ調書に記されている――、釈放を懇願して忠誠を誓っている。一九三三年から三四年には政治犯たちはまだ寛大な措置を期待することができていた。同様の請願を出して釈放された者もいた。(42) OГПУの評議会は一九三三年九月二二日に、原判決を変更して残留刑期についてはルービンをトゥルガイに追放することと決定した。(43) もっとも、レニングラードの党責任者であったセルゲイ・キーロフが一九三四年一二月一日に暗殺されて以降、このような「減刑」も終わりとなった。

僻地の荒れ地にあるちっぽけな開拓地であったトゥルガイに追放されてから数カ月後に、ルービンはアクチュービンスクに移送されることになったと告げられた。彼はアルマトゥイ〔カザフスタン南東部の都市〕を越えるルートを選んだ。一九三四年の三月末から四月初頭には彼はすでにアクチュービンスクに到着していた。行政追放の身として彼はこの地域から離れることはできなかったし、毎月六回司令部に出頭しなければならなかった。彼はこの地の消費共同組合に計画担当経済員としての職を得た。到着の日付と彼の雇用は、彼が登録証明書の代わりに交付された証書に記載されている。一九三四年四月三日に彼は組合での仕事を始めている。

妻のページャ・ペゼレヴナ〔ポリーナ・ペトローヴナ〕・ルービナ（旧姓セガリ、一八八七—一九五八年）もアクチュービンスクにやってきた。ルービンは病身で助けを必要としていた。拘留中の移送が彼の健康状態をむしばんでいた。ルービンの姉のブリューミナ・ジェルチェンコヴァ（一八八四—一九六九年）は、彼に付き添っていた監視兵たちが「おまえはどのみちもうすぐ死ぬんだ」と同情をこめて言ったと、のちに回想している。一九三五年の夏に彼の妻はチフスにかかった。彼女はその前から結核と心臓衰弱に苦しんでいた。「弟は私に電報を送って、来てくれと頼みました。私はすぐにアクチュービンスクに向けて出発しました。彼の妻は病院で寝ていました、また彼の病状も深刻でした。一カ月後には彼の妻が回復しましたので私はモスクワに帰りました」(44)。一九三七年の夏と秋に「大粛清」が地方にも及んでくると、ルービンの運命は定まった。今や誰も何も彼を助けることはできなかった。一九三七年一一月一七日づけの指令第四四九号(45)が発せられ、一一月一九日には彼の逮捕と家宅捜索が続いた。家宅捜索はその任務を受けたイ・ベルーゾフが実施した。

ルービンは一一月一九日から二七日までアクチュービンスクの監獄に入れられていた。「大粛清」の年にはアクチュービンスクの監獄は収監者であふれていた、とルービンの姉は回想している(46)。審問官たちは各事案を迅速に終結させるためにあらゆる手立てを講じた。ルービンが審問を受けたのは一回だけだった。彼が「無罪だ」と主張したので取り調べは中断された。この時期の他の多くの調書の例にもれず、ルービンの調書にも彼を有罪とした第三者からの聞き取りの抜粋が含まれている(47)。

一九三七年一一月二五日付けの五点を含む告訴状はこの時代に典型的なものである。告訴の理由として、非合法・反革命・トロツキスト集団のメンバーにして指導者、反革命トロツキスト組織のための新たな構成員の獲得活動、非合法反革命謀議の実行、党と国家の指導部の構成員たちに対する中傷誹謗、が挙げられている。

ルービンの一家は外部との接触を断って暮らしていた。新たな告訴の理由を与えるすきのないよう、ルービンは古くからの闘争仲間を避けた。だが一九三七年にはそのためにはさらなる理由は何も必要ではなかった。彼に対する五番目で最後の告訴事由は、「彼は人民の敵を弁護しソビエトの司法当局を侮辱した」という不可解なものである。この文言が意味しているのは明らかに、一九三一年のメンシェヴィキに対する劇場裁判でのルービンの発言である。虐待と拷問をともなう予審尋問においてルービンはリャザノフに罪を着せることを強制された。彼は、メンシェヴィキの国外指導部の反革命文書の入った封筒をリャザノフに保管を依頼して引き渡したと、供述せざるをえなかった。(48)

一九三一年の公判で起訴の中心となったエヌ・ヴェ・クリレンコは、この程度のことでは容赦しなかった。彼は書記長〔スターリン〕からの依頼で、リャザノフの信用を失墜させみんなの前で彼をさらし者にしようとした。裁判は最終的には『プラウダ』や『イズヴェスチヤ』およびその他の広域紙で報道された。クリレンコは裁判中、ルービンに対してリャザノフが裏切り者で二枚舌であることを暴露するようにせまった。しかしルービンは沈黙するか、でなければ、自分がマルクス–エンゲルス研究所所長の信頼を濫用したのだと言明した。クリレンコはルービンの良心に訴えると称して裁判の中断にまで踏みきった。しかし彼はリャザノフの無罪を主張しようとした。だがそれも無益だった。(49) そしてそれから六年以上たった現在、この姿勢は起訴の趣旨にそって解釈されたのである。

同じ日の一九三七年一一月二五日、三人組はルービンならびに彼とともに起訴された二人の「共謀者」――ヴァシリー・イヴァノヴィッチ・グーゼフと法律家のボリス・サモイロヴィッチ・ドゥンキン(50)――に、銃殺刑を言い渡した。彼の所持品は没収とされた。一一月二七日に判決が執行された。НКВД（内務人民委員部）のアクモリンスク州〔カザフスタン〕支部司令官のモルツァノフ曹長、国家治安部第三部門の全権委任者のヤグノフ少尉、そして、在郷軍の軍曹イヴシェンコが判決執行証書に署名した。

ルービンの妻にはただ、彼女の夫は文通権のない一〇年間の自由剝奪の判決を受けた、とだけ知らされた。「一〇年経っても、彼はまだ生きているのか死んでしまったのかだれも私たちに言えなかった」、と姉は回想している。[51]

アクチュービンスクの調書にはルービンの学術研究活動についての記述が含まれているが、それは彼がこの地においても研究を継続していたという彼の姉の言葉を立証するものである。ルービンは一一月二三日の取り調べにおいてロバノフとの会話に触れている。「およそ一年前に彼とは路上で出会ったことがありますが、その時彼は私に、以前に彼が読んだことのあると言った私の学問上の仕事を私が続けているのか、と尋ねました。職務上の仕事が終わってから多少はやっているが、職務の後の疲労のためと必要な文献がないためにほとんど何もできていない、と私は答えました」〔本訳書、「付録」250ページ〕。

書籍を確保しておくことは実際に困難であった。だが、家宅捜索の記録からルービンが若干の出版物を持っていたことが明らかになった。そのうちには、ニコライ・イヴァノヴィッチ・ブハーリン[52]とリューボフ・イサーコヴナ・アクセリロード[53]の本もあった。彼はその上に自分の本も何冊か持っていた。おそらく彼の妻か姉がこれらの本をモスクワから持ってきたのであろう。どのくらい多くの蔵書があったかは、押収された書籍の記録から計り知ることができる。

ルービンの草稿が一〇点ほど見つかったが、一一番目の草稿への言及は研究成果をさらに起草しようとしていたことを示している。非常に大部の草稿が項目一から三として挙げられている。その内容は、「一九世紀後半の経済思想の歴史」、三八〇ページにおよぶロートベルトゥスについての論考、四二九ページの「英米学派」である。妻か姉がモスクワから持ってきた準備草稿は一九二〇年代の末に書かれたものであるかもしれない。これらの草稿類がおよそどのようなものであったかは、RGASPIに伝わっている「マルクス貨幣論概説」の草稿[54]から推測することができる。

「資本についてのリカードの学説」のようなその他の研究はアクチュービンスクで書かれたかもしれない。これを書くためにルービンは学校用のノートを使っている。出版社はこの草稿の印刷にむけた作業を一九三六年一月一〇日に開始した。なぜそれが没収されなかったのかは分からない。ルービンの妻がこの原稿を隠しおおせたからではないかと思われる。この研究は、ルービンが執筆した他の諸研究と同様に分析的である。彼はリカード、スミスそして重農主義者たちの見解を対比している。脚注はまったくないが、それはこの研究がアクチュービンスクで書かれたことを物語る。

草稿類のリストのなかにはさらに、「資本についてのスミスの学説」と題するテクストの項目もある。これは現存している試論を指しているにすぎない。

リストに入っている諸タイトルは、彼が一九二〇年代に始めた研究活動の継続の様子を反映している。既刊の著作や論文と重複する項目はまったくない。「一九世紀後半の経済思想の歴史」は、一九世紀中葉までの理論の発展が研究されていた著作『経済思想の歴史』の続編である。

リストに含まれる諸資料や現存の草稿「マルクス貨幣論概説」(およそ一〇〇印刷ページ)と「資本についてのスミスの学説」から、一九二〇年代のものに劣らず独創的で興味深いルービンの創作活動がさらに先の段階に進もうとしていたことが見て取れる。

マルクス－エンゲルス研究所の所長としてのヴェ・ヴェ・アドラツキーが一九三〇年代に、スターリンの路線に沿って研究所を運営するためにすべてを動員し、リャザノフが一九三一年までに刊行準備をすすめていた著作物を自分の名前で出版していたあいだ、流刑地サラトフのリャザノフとアクチュービンスクのルービンは、マルクス－エンゲルス研究所で始めた編集と研究の仕事を継続しようと骨折っていた。リャザノフはリカードの著作集を準備していた。それは一九三一年度の研究所の編集プランの一部であった。彼はさらにフランツ・メーリングの文献批判的著作の出版とE・カベーの『イカリア旅行記』の刊行も準備していた。リャザノフは、四〇年以上もの歳月をかけて収集した彼の文庫から没収された書籍を取りもどすことにも成功した。こうして彼はサラトフでも仕事を続けることができたのである。ルービンもまた研究所で取り上げていた研究作業を継続した。両者が取りかかっていた仕事のうちのいくつかは現存している。それは、五巻からなるリカード著作集、メーリングとカベーの翻訳（そのどちらにもリャザノフの名前は出てこない）である。その他はすべて失われてしまった。

一九三八年四月一三日、НКВД（内務人民委員部）の職員がサラトフのリャザノフの住居にあったすべての草稿と手紙を焼却した。貴重この上ない文書や稀覯本が暖炉に投げ込まれた。ルービンの処刑後、右のリストに挙がっていた草稿は処分された。刑事調書に取り入れられなかったすべての書類は焼却された。スターリン支配下の諸機関は気に入らない人物を射殺するだけでは満足しなかった。それは、彼らの精神的・知的世界をも滅ぼそうとして学術と文化に計り知れない損害を加えたのである。

注

（1）次の文献を参照。Яков Рокичанский, Рейнхард Мюллер: *Красный диссидент. Академик Рязанов—Оппонент Ленина, жертва Сталина*〔赤色異端者。アカデミー会員リャザノフ――レーニンの反対者――スターリンの犠牲者〕, Москва 1996; Ю. Г. Рокичанский: *Гуманист октябрьской эпохи: Академик Д. Б. Рязанов*〔一〇月革命期のヒューマニスト、アカデミー会員デ・ベ・リャザノフ〕, Москва 2009.

（2）*Меньшевистский процесс 1931 года. Сборник документов*〔一九三一年のメンシェヴィキ裁判。資料集〕. В 2-х книгах. Сост. А. Н. Литвин, Москва 1999. Т. 1, стр. 638; Т. 2, стр. 486.

（3） *Шачиский процесс 1928 года. Подготовка, проведение, итоги*〔一九二八年のシャチィ裁判。準備、執行、結果〕. С. А. Красильников, Книга 1, Москва 2011, Книга 2, Москва 2012.

（4） メンシェヴィキ党中央に対する裁判において一〇年間の自由剝奪の判決を下された。

（5） 彼の生涯については次の文献を参照。*Политические партии России*〔ロシアの政党〕, Москва 1996, стр. 599–600. メンシェヴィキ党中央に対する裁判において一〇年間の自由剝奪の判決を下された。一九三五年五月二〇日にトボリスク〔モスクワの東方約一〇〇〇キロにある西シベリアの古都〕に追放された。

（6） А. Л. Литвин: Судебный процесс над несуществующей партией〔存在しない政党に対する裁判〕. *Меньшевистский процесс 1931 года* に収録。前掲〔注2〕、第一巻、六ページ。

（7） プロコフィエフ（一八九五—一九三七年）は一九三七年四月一二日に逮捕され、同年八月一四日に銃殺刑になった。

（8） ドミトリェフ（一九〇一—三九年）は一九三八年六月二八日に逮捕され、翌年三月七日に銃殺刑になった。生涯については次の文献を参照。*ГУЛАГ 1918–1960. Документы*〔強制労働収容所——一九一八—六〇年。資料〕. Сост. А. И. Кокурин; Н. В. Петров, Москва 2000, стр. 812–3.

（9） ガイは一九三七年四月一三日に逮捕され、同年六月一九日に銃殺刑になった。

（10） ゲ・エ・プロコフィエフはスターリンから、一九三一年二月一二日、二一日、二八日そして三月五日にも予審の経過について報告するためにクレムリンに呼びつけられた。次の文献を参照。*На приеме у Сталина*〔スターリンとの面会〕. Москва 2010, стр. 689.

（11） А. Л. Литвин: Судебный процесс. 前掲〔注6〕、三〇ページ。

（12） 同、八ページ。

（13） メンシェヴィキ党中央裁判で一〇年間の自由剝奪および五年間の市民権剝奪の判決を受ける。一九三七年一二月二七日、НКВД（内務人民委員部）の三人組によってチェリャビンスク〔モスクワから東方約一〇〇〇キロに位置するウラル山脈東麓の都市〕で死刑判決を受け、一九三七年一二月三〇日に銃殺刑に処せられる。

（14） Протокол допроса Гинсбурга〔ギンスブルクの尋問調書〕. *Меньшевистский процесс 1931 года* に収録。前掲〔注2〕、第一巻、二二三、二五二ページ。

(15) *Меньшевики в эмиграции. Протоколы Делегации РСДРП 1922–1951 гг.*〔亡命メンシェヴィキたち――SDAPRの在外代表部の記録。一九二一―五一年〕Часть 1. Отв. Ред.: А. Либих, А. Ненароков. Москва 2010, стр. 467, прим. 5.

(16) Протокол допроса Суханова〔スハーノフの尋問調書〕. *Меньшевистский процесс 1931 года* に収録。前掲〔注2〕、第二巻、八六ページ。

(17) 同、一二五ページ。

(18) メンシェヴィキ党中央裁判で五年間の自由剝奪および三年間の市民権剝奪の判決を受ける。

(19) メンシェヴィキ党中央裁判で五年間の自由剝奪および三年間の市民権剝奪の判決を受ける。一九三八年八月二三日のНКВДの特別審査によりあらためて有罪宣告を受ける。一九四五年六月二五日に拘留施設で死亡。

(20) メンシェヴィキ党中央裁判で一〇年間の自由剝奪および五年間の市民権剝奪の判決を受ける。ヴェルフネウラリスク〔チェリャビンスクの南西およそ一五〇キロのカザフスタン国境に近い小都市〕の政治犯隔離所からスーズダリ〔モスクワから北東に二〇〇キロあまり離れた小都市〕のИТЛ〔政治犯隔離所〕に移送される。そこで一九四〇年三月一一日に死亡。

(21) メンシェヴィキ党中央裁判で一〇年間の自由剝奪の判決を受ける。一九四〇年七月一〇日にНКВДの特別審査が刑を二年引き上げる。その後チャロフスカヤ地区〔モスクワの北北東約五〇〇キロにある寒村〕に追放。

(22) メンシェヴィキ党中央裁判で一〇年間の自由剝奪および五年間の市民権剝奪の判決を受ける。チェリャビンスクの特別収容所で一九三七年四月一〇日にあらためて有罪判決を受ける。最高裁判所軍事法廷は反革命組織に加わっていた廉で死刑を宣告。一九三七年九月二日にモスクワで銃殺刑。

(23) Меньшевики в 1917 году.〔一九一七年のメンシェヴィキ〕Том 3, часть 2. *От временного Демократического Совета Российской Республики до конца декабря.* Отв. ред.: З. Галини, А. Ненароков. Москва, 1997, стр. 601.

(24) Протокол заседания ЦК РСДРП 20 октября〔SDAPR中央委員会の一〇月二〇日の会議の議事録〕. 次の文献を参照。*Меньшевики в большевистской России 1918–1924. Меньшевики в 1919–1920 гг.* Отв. ред.: З. Галини, А. Ненароков. Москва, 2000, стр. 715.

(25) 同、七一七、七三一ページ。

（26） *Меньшевики в большевистской России 1918–1924. Меньшевики в 1922–1924 гг.*〔ボルシェヴィキ・ロシアにおけるメンシェヴィキ 一九一八―一九二四年。メンシェヴィキ 一九二二―一九二四年〕Отв. ред.: З. Галили, А. Ненароков. Москва, 2004, стр. 142. ア・ペ・ニェナロコフの報告によればこの文献は残されていないということである。

（27） *Меньшевики в эмиграции.* 前掲〔注15〕、一〇一ページ。

（28） 同、一五五、一六七、二二六、二三六、二四八、二六六ページ。

（29） 同、三二三―三二七、三九五―三九九ページ。

（30） この点については、*Меньшевики в большевистской России 1918–1924* の序文 «Крах социал-демократического подполья в большевистской России 1922–1924 гг. Документально-исторический очерк»〔一九二二年から二四年までのボルシェヴィキ・ロシアにおける社会民主党地下組織の崩壊〕、前掲〔注26〕、一九―一〇七ページを参照。

（31） *«Очистим Россию на долго» В. И. Ленин (Ульянов). Репрессии против инакомыслящих. Конец 1921-начало 1923 г. Документы*〔「ロシアを長期にわたって清掃しよう」、ヴェ・イ・レーニン（ウリャーノフ）、異端的思考者の弾圧。一九二一年末から一九二三年初頭。資料〕, Москва 2008, стр. 544.

（32） 同、九二ページ、注2。

（33） ここではただ欄外でだけ、フェリクス・エドムンドヴィッチ・ジェルジンスキーがこのたとえを取り上げている、ということに触れておく。

（34） 一九三〇年九月五日づけのベ・イ・ニコラィエフスキーのイ・ゲ・ツェレテリ宛の手紙。*Из архива В. И. Николаевского. Переписка с И. Г. Церетели 1923–1958 гг.*〔ニコラィエフスキー文庫から。ツェレテリとの往復書簡一九二三―一九五八年〕Выпуск 1. Письма 1923–1930.〔ア・ペ・ネナロコフ編〕Москва 2010, стр. 495.

（35） *Меньшевистский процесс 1931 года,* 前掲〔注2〕、第一巻、五六六ページ。

（36） Протокол допроса Шер〔シェルの尋問調書〕. *Меньшевистский процесс 1931 года* に収録。同前、第二巻、二三八―九ページ。

（37） Рубин Д. Б. Рязанову, 8 февраля 1931〔ルービンからリャザノフへ、一九三一年二月八日づけ〕. *Меньшевистский процесс 1931 года* に収録。前掲〔注2〕、第一巻、六〇九ページ。

（38） А. Л. Литвин: Судебный процесс. 前掲〔注6〕、一六ページ。

（39） И. И. Рубин: Стоимость как регулятор производства. С комментарием А. Мелентьева〔イ・イ・ルービン：生産の規制者としての価値。ア・メレンチェフのコメント〕. *Экономические науки*, No. 4, 1989, стр. 43–7; Яаков Рокитянский: Последние дни профессора И. И. Рубина. По материалам следственного дела〔ルービン教授の最後の日々。尋問調書に基づく再構成〕. *Вестник РАН*, No. 9, 1994, стр. 829–34; Ljdmila Vasina: I. I. Rubin — Marxforscher und Politökonom. In: *Beiträge zur Marx-Engels-Forschung*. Neue Folge. 1994. SS. 144–9.

（40） 一九三〇年一二月二四日付の取り調べ調書。*Меньшевистский процесс 1931 года* に収録。前掲〔注2〕、第一巻、五五三ページ。

（41） 同。

（42） 次の文献を参照。О. В. Шлевнюк: *1937-ой. Сталин, НКВД и советское общество*〔一九三七年のスターリン、内務人民委員部そしてソビエト社会〕. Москва 1992, стр. 31–9.

（43） ＦＳＢ中央文庫。照会番号、No. R–40156, l. 217.

（44） Записки Блюмы Ильичи Рубиной о своем брате И. И. Рубине, как участнике процесса по делу «Союзного бюро» 1–9 марта 1931〔一九三一年三月一―九日の「連合ビューロー」裁判における被告としての弟のイ・イ・ルービンについてのベ・イ・ルービナの覚え書き〕. RGASPI〔ロシア国立政治社会史文書館〕、イ・イ・ルービンの個人文書、d. 4, l. 10–11.

（45） 容疑者の逮捕と家宅捜索を実施せよとの指示。

（46） Записки Блюмы Ильичи Рубиной о своем брате И. И. Рубине. 前掲〔注44〕、l. 11.

（47） Архив Управления КНБ Казахстана по Актюбинской области, No. 3792-s, l. 21–7.

（48） これについては次の文献を参照。David Borisovič Rjazanov und die erste MEGA, Berlin, Hamburg 1997, SS. 219–33（*Beiträge zur Marx-Engels-Forschung*. Neue Folge. Sonderband 1）.

（49） Записки Блюмы Ильичи Рубиной о своем брате И. И. Рубине. 前掲〔注44〕、l. 7–8.

（50） ドゥンキン（一八八四年生まれ）は一九三七年一一月二四日にアクチュービンスクで逮捕され、死刑判決を受け銃殺された。

(51) Записки Блюмы Ильичи Рубиной о своем брате И. И. Рубине. 前掲〔注44〕、l. 11.

(52) 記録にはニコライ・ブハーリンの『帝国主義と資本主義』と『政治経済学的金利』の二冊の著作名が書かれている。これらは『世界経済と帝国主義』および『金利生活者の政治経済学』とすべきところだった！

(53) どの本が含まれていたかは確かめられなかった。

(54) RGASPI、イ・イ・ルービンの個人文書、d. 1.〔本訳書の2〕

1931年の逮捕後のイ・ルービン

付録
一九三七年一一月二三日のイサーク・イリイチ・ルービンの証言(1)

質問:メンシェヴィキ組織の中央委員会メンバーとしてのあなたの反ソビエト的・反革命的活動について述べて下さい。

回答:私のメンシェヴィキ党との関係について次のように述べることができます。私はメンシェヴィキ党とは一九〇四年以来一九三〇年まで、長期にわたる断絶をともないながらかかわりを持ってきました。私は若いころからマルクス主義の主として理論的問題に関心をいだいていましたので、当該組織における私の党活動は革命の前後を通じて全体として情宣的性格のものでした。政治的・戦略的問題には私はあまり興味がありませんでした。メンシェヴィキ党に属していた二六年間のうち、日常的な党組織活動に加わったのは一九二一年から二二年のあいだでした。この点については後にまた述べます。

一九〇五年から〇六年にかけて私は労働者とインテリゲンチャからなる情宣グループを指導しました。一九〇六年末にペテルブルグ大学に入学してからはすべての時間を勉学と(教師としての)生活費稼ぎに費やし、モスクワに住居を移した一九一二年まではメンシェヴィキ党とはまったく無関係でした。

一九一三年になってはじめて、すでにモスクワに住んでいて一九〇五年から仕事を通じて私を知っていたアロン・サヴェリェヴィッチ・イザクソンが、およそ七―八人のメンバーからなる理論的な問題を討論するグループに私を連れて行きました。そのうちの何人か（イザクソン当人、ア・オ・ゾロタレフ、ゲ・ベ・ゲリクマン）は革命後にボルシェヴィキに加わったり接近したりしました。私が土地同盟に勤務していた一九一六年に、同盟内で（メンシェヴィキとボルシェヴィキの双方を含む）社会民主主義者の非公式グループが形成されましたが、このグループは積極的な政治活動をおこなうのではなく、むしろ土地同盟の職員たちの職業上の利益を守ることを趣旨としていました。このグループの活動家のうち今名前を思い出すのは、アルカディア・パヴロヴィッチ・ローゼンゴルツ（後の対外交易人民委員会のメンバー）とニコライ・ヴァシリェヴィッチ・ガヴリロフです。

一九一七年二月の革命の後になってはじめて、私は、一九〇六年末以来関係のとだえていたメンシェヴィキ党にあらためて加わりました。一九一七年から一八年にかけて私は労働者のグループを指導し、集会で講演をおこなったり、メンシェヴィキまたはそれに近い新聞や雑誌に寄稿したりしました。私が執筆したのはもっぱら労働組合や経済に関連するテーマについてであって、政治的主題については一本でも論文を書いた記憶はありません。また、公然とメンシェヴィキを名乗る委員会が（都市・州・中央の各レベルで）形成されていた一九一七年から二〇年に、私がそれらのメンバーとなったことはありませんでした。私がしたことは、いくつかのグループを指導したり、講演をおこなったり、労働組合の集会に出席して発言をしたり、メンシェヴィキ組織の中央委員会のもとに組織されたメンシェヴィキの労働組合関係の労働者の委員会に加わったりしたことでした。組織的党活動への私のより緊密な日常的な参加は、メンシェヴィキ組織の主要な活動的中心メンバーたちが逮捕された一九二一年に始まりました。[2] 私は中央委員会のビュローに入れられましたが、しかし、以前の指導的メンバーであったアロン・アブラモヴィッチ・ユーゴフ[3]とベ・エル・グレヴィッチがまだこのビュローで活動していた一九二二年中頃までは、私の活動への参加はとりたてて活発なものではありませんでした。ユーゴフとグレヴィッチもまた逮捕された一九二二年の夏からは、私も活動をしなければならなくなりました。

全体として、私がメンシェヴィキの党委員会にとどまっていた全期間をつうじて、日常的な組織活動に従事しなければならなかったのは一九二一年の中頃から私が逮捕された一九二三年二月までのあいだだけでした。この期間中、私は中央委員会ビューローの会議に定期的に参加して、テーゼ、ビラ、決議案また場合によっては国外のメンシェヴィキ支部宛の手紙を書かなければなりませんでした。これらは本来は私が執筆すべきものではなく、中央委員会ビューローの指導的メンバー（すなわち一九二一年なかばから二二年なかばまではユーゴフとグレヴィッチ、また一九二二年なかばから二三年にはグレゴリィ・ドミトリェヴィッチ・クチーン－オランスキー[4]）が担当しなければならないものでした。

党の業務に関連して、私は逮捕された同僚たちに代わって責任ある組織活動を担うべき責任があると感じてはいたものの、それをきわめて不承不承におこないました。このような活動を進んでやろうという気持もその能力も持ち合わせているとはまったく感じなかったからです。ですから、メンシェヴィキ党が一九二二年のなかばから非合法状態になり同時にその主要な活動メンバーもそうなると、私は同年の秋に、それまで仕事を共にしていた同志たちとりわけヴェ・エム・ドゥラヴキンに対して、秋から自宅に戻って合法的な状態に復帰して、私についてのあつかいはソビエト権力機関が必要と考えるに任せておきたい、と告げました。彼らは私がそうするのを禁じたのですが、しかしそれでも私は一九二二年の一一月記念日の後に自宅のアパートに帰りました、そして一九二三年二月に逮捕されました。

一九二六年末までの収監と追放の時期、また一九二九年なかばまでのモスクワでの二年間の生活中、私はメンシェヴィキ組織に一切かかわりを持ちませんでしたし、党の活動幹部たちと接触することも個々のメンシェヴィキ党員とのつながりを維持することもありませんでした。しかし考え方においては自分をメンシェヴィキと見なしていましたので、メンシェヴィキ主義から離れるというような宣告をおこなうことは一切拒否しました。思想上のつながりの維持と、私自身の政治的過去と決定的に決別したくないという思いのゆえに、一九二九年なかばの国内の階級闘争の先鋭化の時期に、メンシェヴィキ組織との私のつながりが復活しました。

非合法の連合ビュローのメンバーたちからの招聘に応じて、私は綱領上および政治上の諸問題を審議するための会合に参加し、主として党の文書類の保管という独自の協力をおこないました(5)。

一九三〇年末に私は逮捕され、そして若干の動揺と抵抗の後に審問機関に対して私の非合法的・反革命的な活動について供述をしましたが、そのさい、自分のこのような活動への参加の程度を過少に語ろうとしたり、何らかの責任部分から逃れようと努めたりすることは決してしませんでした。

長年にわたって文字通り私を苦しめてきた、そして、私の過去の全体を分割する境界線を私に引き直す気にさせることは決してなかった、数多くの政治的・理論的・心理的な矛盾と軋轢に立ち入って、ソビエト国家の数多くの社会主義的集団と共に新しい人生のための力を自分のうちに見いだそうと努めることは、ここでおこなうべきこととは思いません。ここではただ、私の政治的過去との断絶は私にとって非常に困難なことであった、この断絶のためには私のおよぶ限りの全精神力の緊張とあらゆる決断とが要求された、ということだけを述べておきます。

私は、人生における決定的な転回をやすやすと迅速におこなうたぐいの人間ではありません。しかしいずれにしても、私は、苦悩のすえに最終的に不可逆的にひとつの深い確信を抱くようになった、ということを申し述べさせていただきたい。その確信とは、私は新しい人生を開始しなければならないということ、ソビエト権力の機関に私の過去を忘れてくれるよう説得しうるか否かにかかわりなく、メンシェヴィキとしての過去への回帰は私にとっては現在も将来も決してありえない、ということです。一九三三年夏に合同国家政治保安部の参事会に対して私が同様の宣告をおこなったのも、この私の確信があってのことにほかなりません。私はそこで次のように書きました。私に対して与えられる信用の程度のいかんにかかわらず、この信用が私の方から裏切られることは決してなく、この信用が私に与えられたことが後悔の種になるようなことは決してしません、と。私は今日にいたるまで自分自身で良心にかけて言明したこの義務に違反していませんし、この義務に決して違反しないという決意と力が私を捉えて離さないことを強く確信しています。

最初はもっとも罪のない政治から離れた形であったとしても、過去のつながりが再び現れてくることが、自分の過去と断絶した人間にとってもっとも大きな危険であることは、私も承知していました。それゆえ私は、過去との決別がメンシェヴィキの政治政党や政治イデオロギーにかかわるだけでなく、私の日常生活においても、何気なく積み重ねられるうちに何らかの程度において政治的なつながりの復活になりうる、あらゆる純粋に個人的な知り合いやつながりとの断絶でもなければならない、と決意しました。ほとんど四年におよぶ自由の身の生活の過程で、私は職務上の活動においても個人生活においても、私が次のように期待をしてもよいのではないかと思われる方針を一貫してつらぬきました。その期待とは、ソビエト権力が私の境遇を段階的に緩和することが可能であると考え、学術的著作の翻訳などのもっとも控えめな形での多少の学問的仕事ではあっても、私にもっとも身近な領域においてさらに仕事を続ける可能性を私に与えてもよいと見なしてくれるのではないか、というものです。私自身の政治的過去との無条件の断絶についてもっとも断固たる仕方で宣告しうるとしても、理論の分野におけるメンシェヴィキ的・観念論的誤りを完全に克服するためにさらに努力することが求められることは分かっていますし、このための努力をさらに続けるつもりです。また同時に、教育であれ翻訳といった控えめな形の学術研究であれ、私がどのような分野で仕事をしようとも、私の聴き手、読者などに対してたえずソビエト権力の人類史的な進歩的役割にたいする畏敬の念――私の精神をいっぱいに満たしているこの畏敬の念――を、私自身が抱いておりまた抱かずにはいられない社会主義の世界を切り拓いてゆく共産党の事業に対する深い敬意の念を、たとえ部分的にであっても伝えるよう努力すべきことも理解しています。

質問：アクチュービンスク市でのロバノフとイリヤ・ヤコヴレヴィッチ・ゲルツィック(6)との交友の結果について話してください。

回答：業務においても私生活においても私の一挙手一投足が、メンシェヴィキ党やメンシェヴィキ党員とのつながりを再び結ぶほど私が軽率かつ背信的であるとの嫌疑から、私を保護してくれていると思います。アクチュービンスクでのロバノフとゲルツィックとの私の交友についてのこの質問に対しても、この点からお答えしたいと思います。ロバノフを私はゴルヴヌートルグ(7)の経済学者として多少知っていましたが、昨年までは彼が流刑の身であったことさえ思いおよびませんでした。およそ一年前に彼とは路上で出会ったことがありますが、その時彼は私に、以前に彼が読んだことのあると言った私の学問上の仕事を私が続けているのか、と尋ねました。職務上の仕事が終わってから多少はやっているが、職務の後の疲労のためと必要な文献がないためにほとんど何もできていない、と私は答えました。彼の社会的境遇についての私の問いにロバノフは、ずいぶん昔から政治的なことにかかわっている、流刑はずっと前に終わった、と語りました。

具体的にどのような組織にまたどこで彼がかかわっていたのか、彼の刑期がどれだけだったのか、等々のことは今にいたるまで私は知りません。彼の名前や出自についても同様です。この後も私はロバノフとは路上や商店で何度か出会いました。また一度などは町の外来患者診療所でも顔を合わせたことがありましたが、このときも互いに会釈をしただけで会話を交わすことはありませんでした。

およそ二カ月前に警備司令部から出たところで、私はこの建物の角でロバノフと出会いました、彼はその時私がどこで働いているのかと尋ねました。私は、以前と同じくオブルポトレブソユーズで働いている、と答えました。彼は、『アクチュービンスク・プラウダ』でオブルポトレブソユーズ[8]についての記事を見て、私がとっくに仕事から外されていたと思っていた、と言いました。この会話ひとつからも、われわれが互いにほとんど情報交換をしていなかったことが示されます。

ゲルツィックについては、彼は高齢のそしてかなりよく知られたメンシェヴィキであると思っていましたし、今もそう思っています。彼は一九二〇年にミンスク大学で社会科学の教員に任命されたと聞いています、ちょうどこの年は私がモスクワ大学教授に任命されたときだったからです。まさにこのような思い込みから、私は彼と知り合いになることもまた彼についていろいろ調べることを控えてきました。私は何度か彼と内務人民委員部での登録の際に出会ったことがあります。順番を待つ列で隣り合わせになったことも二回ありました。普通ならこのような時には互いに、相手の名前やどこから来たのか、何の用で来たのか、どのくらい居るのか、と聞き合うものです、そしてたとえ相手のことをよく知らなかったとしてもこうしてちょっとした面識が生まれるものです。しかし、ゲルツィックが旧世代のメンシェヴィキに属するという思い込みから、私は彼とはお互いに尋ね合ったり話し合ったりすることは一切しないようにしました。今にいたるまで、ゲルツィックが何の用でこの地にいるのか、いつまでいるのか、どこで仕事をしているのか、彼の名前や出自なども、私は知りません。私は、ゲルツィックが私と知り合いになろうとしたとか私がそれを拒絶したとか言いたいのではありません。メンシェヴィキ党に属していない人びととならこのように避けることはしなかったはずの状況のなかで、私は単に彼との会話や近づきを意識的に避けただけなのです。

このような行動方針は、私がもともとから知り合いではなく、たとえ私自身がメンシェヴィキのままであったとしても政治的なつながりや会話を始めようとは思わなかった、ロバノフやゲルツィックのような人びとに対してだけ堅持したのではありません。何十人もいてそのうちには私の以前の親友一――二名も含まれていたメンシェヴィキ党の旧来の知り合いに対しても、私は同様の方針を貫きました。彼らが私と同じように永久にメンシェヴィズムから離れたと想定する根拠はなかったので、私はいかなるときであっても彼らと（たとえ昔の親友であっても）いかなる個人的な文通もしようとはしなかっただけでなく、彼らの所在や境遇について問い合わせることもしませんでした。もしも私が大きな都市に住んでいて、そこでメンシェヴィキの事業を共にした昔の自分の仲間と偶然に出会うようなことがあったとしても、私は彼らに対してもまた同様の行動方針をつらぬくよう自己に強制したことでしょう。このようなことが私にとって人間個人としてつらいことでありえたとしても、私は現在私が生活において維持しているもっとも大切な事柄の名において、つまり、偉大なソビエト集団の完全な権利を持つ有用な構成員となるという私の断固たる決意の名において、そのように振る舞う義務があると自分自身を見なしたでしょう。

ここで私の政治的諸見解や学術研究の計画やについてより詳しく語るのは適切であるとは思えません。ただ申し上げておきたいのは、私の学術的な仕事がたとえどのような誤りを含んでいたとしても、私はいずれにしても、ソビエトの政治世論による判定以外にそれらに対するいかなる判定も考えることができない、ということです。願わくば、たとえ長い時間を要するとしても、世論からそして世論からだけ赦免と是認の言葉をいつの日か聞きたいものです。

必要な場合には、取り調べ機関が解明の必要があるとみなすいかなる問題についても追加的な説明をおこないます。

質問：あなたは、アクチュービンスク市に滞在しているあいだの自分の反革命的な活動について故意に何も語りませんでした。

回答：アクチュービンスク市に住んでいるあいだ、いかなる反革命的な活動もしませんでしたし今もしていません。私は、あくまでも正直で献身的な人間であるという私のなした約束を果たすことができけっしてそれに背いていない、と申し上げます。

尋問は打ち切られた。

調書は私の言葉から取られた。

イ・ルービン

国家安全企画部と内務人民委員部の第四部門の全権代表である、国家安全局少尉による尋問

（イ・ベロウソフ）

注

（1） 本文書はヤ・ゲ・ロキチャンスキー（Я. Г. Рокитянский）により *Вестник Российской Академии Наук*（Том 64, No. 9, 1994, стр. 830–4）にはじめて公表されたものである。〔ルービンに対するこの審問調書に付されている以下合計八つの脚注は、*Beiträge zur Marx-Engels Forschung.* Neue Folge. Sonderband 4, 2012 にドイツ語訳で公表された際に、同誌の編者が付したもの。以下の調書の訳文はロシア語原文に基づく。〕

（2） 別の証言によれば、ルービンはすでに一九二〇年にロシア社会民主労働党（メンシェヴィキ）中央委員会のメンバーであった。この件については著名なメンシェヴィキ党員であったベ・イ・ニコラィエフスキーが *Социалистический Вестник* 誌に掲載した回想録で触れている〔1961, No. 2/3, стр. 27–31〕。

（3）一八八六年生まれ。ペテルブルグ大学法学部卒業。モスクワ在住。一九二一年二月一日、同年一一月七日、翌二二年七月三日に逮捕。同年七月三一日づけで市民権剝奪。

（4）一八八九年ビルニュス〔現在のリトアニアの首都〕生まれ。一九二一年に逮捕され強制収容所行きの判決を受け、一九二五年一月五日には一〇年間の強制収容所収監の判決を受ける。同年三月二七日には刑期が五年に短縮される。一九二九年一〇月二四日に再度逮捕され三年間のシベリア追放を宣告される。一九三八年二月一日にオルデンブルグの流刑地で逮捕され死刑判決を受け銃殺刑に処された。

（5）ロシア社会民主労働党中央委員会の連合ビューローにおける一九二九年から三〇年にかけての自分の活動についてのルービンの話は、偽りの自己告発であり、一九三一年初頭の数週間にわたる拷問と虐待の末に統合国家政治司令部の審問官たちが彼に与えた指示に基づくものである。実際には、一九二三年以後ルービンはメンシェヴィキたちといかなる組織上の関係も持たなかった。

（6）一八七二年ミンスク〔現在のベラルーシ共和国の首都〕生まれ。ミンスク大学で講師として働いた。一九三一年七月二三日に一〇年間の矯正労働収容所送りの判決を受けた。一九三八年七月二一日にアクチュービンスクで死去。

（7）Городская внутренняя торговля〔都市交易組織〕.

（8）Областной потребительный союз〔地区消費共同組合〕.

5

編訳者解説

イ・イ・ルービンの「マルクス貨幣論概説」

竹永　進

はじめに

ルービン（Исаак Ильич Рубин, 1886–1937）の名前と少数の著作は、日本では、一九三〇年前後の河野重弘による当時のソ連で繰り広げられていた価値論論争関連文献のほぼリアルタイムでの翻訳(1)を通じて、一部には第二次大戦前から知られていた。戦後は、マルクス（主義）経済学の興隆にともなって日本でも広く流布した、ソ連の学者による解説本・テキストの日本語訳(2)に含まれる、一九三〇年代以降のソ連当局によるルービン（およびその同調者たち）にたいする公式的な否定的見解の影響が大きく、彼の著作を実際に繙くまでもなくネガティブなイメージが一部に定着した（そして、今日にいたってもなおその余韻は消え去っていない）ように思われる。

経済学の世界で日本のようにマルクス経済学（その多くはソビエト学界の強い影響下にあった）の勢力が大きかったことのなかった、アメリカや西ヨーロッパ諸国のごく一部のマルクス経済学者のあいだで一九六八年後にたたかわされていた価値論論争のさなかの一九七三年に、葬り去られてから半世紀を経過しようとしていたルービンの主著『マルクス価値論概説』（以下『価値論概説』）の英語訳が刊行され(3)、西側の学界の一部にルービンの名前と著作が知られることになり、彼のマルクス価値論解釈は当時の価値論論争に対しても一定の持続的なインパクトを与えた。[4] このような状況に促されてであろうが、本書の独訳と仏訳（いずれも重訳）が相次いで刊行され、また、一九二〇年代後半のルービンの少数の論考をはじめとする同時代の若干の論争文献がドイツ語や英語で翻訳刊行され、二〇年代の価値論論争について直接の原資料から多少のことが知られるようになった。しかし、この時代（またそのやや後まで）の西側での論争におけるルービン理論についての賛否両論は、多くの場合右の英訳書（およびそれをもとにした独仏訳書）を唯一のよりどころとしていたのであり、その他の関連文献が参照され生かされることはまずなかった。その上、この英訳書の底本とされた一九二八年刊の『価値論概説』第三版[5]にもともと含まれていた、「批判者たちへの回答」というこの版で新たに付加された三本の論争論文（ダシコフスキー、シャブス、コーンへの反批判）や、ルービンの文献学者としての側面を示すとともに『価値論概説』本文の理解にとっても有用な付録（キーワードについての解説）は、右の訳本ではすべて省略されておりこの著作がその出版当時に置かれていた論争史的文脈が見えにくくなっている。

一九七〇―八〇年代の欧米の学界の一部での以上のような動きとは対照的に、もともと多数のマルクス経済学者を擁していた日本の学界では、右のルービンの英訳本とこれをめぐる論争に一部では注目する動きがあったものの、英訳に続いて独仏訳が出たように日本語訳が続いて出ることもなかったし、[6] 当時盛んであった久留間・宇野論争を引き継ぐ価値論論争のなかでルービンが積極的に参照され議論の対象とされることもなかった。[7] 欧米の学界と日本の学界とでのルービンに対するこのような対照的な対応は、日本のマルクス経済学界のなかに終戦後から根強く存在していた、二〇年代の価値論論争の当事者たちにたいする根拠のはっきりしない反感のようなものによるのではないかと思われる。

ルービンの『価値論概説』は、その英訳版の底本が第三版であったこと、また、二〇年代末のソ連でのこの第三版をめぐる価値論論争がその刊行の翌年にあたる一九二九年末を境に当局の介入により強権的に終息させられたことなどにより、第三版をもって終わったと考えられてきた。ところが、一九八〇年代の後半になって、一橋大学図書館の中山伊知朗文庫のなかから、中山が戦前の欧州留学中に買い集めた書籍の一冊と思われる『価値論概説』の第四版[8]が偶然に発見され、発見した当時の同大学経済研究所教授高須賀義博の仲介で筆者がこの刊本を邦訳することになり、二〇年代のオリジナル文献の渉猟にもとづく詳細な訳者解説を付したその全訳が一九九三年に刊行された。[9]筆者が底本とした第四版は三〇年に出版された刊本であるが、実はこの版はすでに二九年のうちに最初の数千部が出版され翌三〇年の分とあわせて一万冊程度の印刷部数となったようである。二八年の第三版との唯一の相違は、「批判者たちへの回答」にベソノフの批判に応える第四論文（二九年初頭に発表された雑誌論文の再録）が付加されたことだけであり、残りの部分はすべて第三版と同じである。第四版がこのような形で事実上第三版の翌年に出たのは、スターリンの独裁体制が確立し計画経済が始動しようとしていた「大転換」の年であった二九年に各所に弾圧の兆候が現れるなかで、ルービンがともかく『価値論概説』の最後の追加補給をしておこうとした結果かもしれない。しかし、この時期に出版された第四版の右の部数のうちどれだけが実際に流通したのだろうか。三〇年代に入ってからソ連の主要理論雑誌に掲載された関連論文を筆者がサーベイしてみた限りでは、第四版に言及した例はごく少数しかない。ましてソ連の国外でこの版の存在自体が知られることはなかったかほとんどなかったであろうと考えられる。この最終版はいわば「まぼろしの第四版」とでも言うべき存在であったのであろう。ロシア・ソビエトの経済学史に詳しい現代ロシアの経済学者にとっても、今から二〇年以上も前に日本で『価値論概説』の第四版を底本とした翻訳が出たことは驚くべきことと受け止められるようである。

筆者がこの翻訳の作業に従事していた数年のあいだに、ベルリンの壁の取り壊しにはじまるソ連・東欧の二〇世紀に実在した旧「社会主義」体制とそれを支配した各国の共産党（労働党）の瓦解が生じ、これと同時にその体制と組織を支えていたマルクス（マルクス＝レーニン）主義の思想的・理論的権威も失墜し、マルクス経済学をはじめとするマルクスに関連するあらゆる学問に対する興味・関心が急激に衰退していった。こういう時代状況のなかでの筆者の翻訳出版は、残念ながら国内ではほとんど関心を引くことができず、また日本語の壁に阻まれて国外で知られることもなかった。しかしそれと同時にソ連の崩壊は旧ソビエト経済学史の研究にとって思いがけない副産物ももたらした。すなわち、一九九〇年代初頭まではソビエト時代に異端として弾圧・粛正・追放された思想家や理論家たちの書き残した文書は、機密文書館に「門外不出」として閉じ込められ、国外からこれらにアクセスすることは不可能であったが、ソ連崩壊の時期に彼らの多くが名誉を回復されたのと並行して、その多くがさまざまのルートを通じて入手可能となったのである。筆者は、右の翻訳作業と同時に、「訳者解説」執筆のための資料として関連文献を国内の大学図書館などから入手しようと努めたが、日本国内に所蔵されている文献には限りがあり、未見資料をいくつも残したままで訳書の解説や訳注を執筆せざるをえなかった。

『価値論概説』の翻訳を刊行した後になって、門戸開放となったロシア国内からこれらの未見資料のいくつかを入手することができたので、「訳者解説」の欠落部分を補うためにこれらの「新資料」のうち二〇年代の価値論論争の理解と評価に資すると思われる論文数点の翻訳、『価値論概説』の各版改訂と論争過程との関連についての筆者の論考などを別の一書としてまとめて刊行した。(10) それでももちろん、七〇年も後の時代の外国の研究者が当時の関連資料をくまなく渉猟することは問題外であった。以上に述べたような形で筆者がルービンの主著の翻訳と彼のマルクス価値論解釈をめぐる旧ソ連の論争にかかわっていたのとほぼ同じ頃に、筆者にはその存在を知る手がかりさえまったくなかったルービンの文献遺産に関連して、想像もしていなかったような事態がロシア国内で進行していた。

ユダヤ系の出自で革命の前後を通じて政治的にもたえずボルシェヴィキとは一線を画していたルービンは、生涯長年にわたってさまざまの罪状を負わされ最後は「トロツキスト破壊分子」として一九三七年に処刑されたが、ソ連崩壊直前の一九八九年から九一年にかけてこれらのすべてについて名誉を回復された。ソ連邦共産党が解散する前の九一年のはじめに、ルービンの甥にあたる二人の人物が党中央委員会付属マルクス＝レーニン主義研究所の党中央文書館（ЦПА）（現在の「ロシア国立社会政治史文書館」―― РГАСПИ）に、ルービンの未完の草稿「マルクス貨幣論概説」（以下「貨幣論概説」）とその他の若干の文書（ルービンの草稿「リカードの資本についての所説」と彼の写真数葉）を保管のために提供した。[11] これらの資料は、ルービンの処刑後彼の妻によって、また彼女の没後はルービンの姉とその二人の息子によって、五〇年以上にもわたってひそかに保管されていたのである。専門鑑定の結果これらの資料はルービンの自筆原稿に相違ないと確認され文書館に受理された。その直後のソ連邦と共産党の解体（それにともなう文書館自体の改組）という激動のなかで、この草稿の研究とその印刷出版のための準備作業が開始されたが、その中心となったのが現在 РГАСПИ に在籍し新メガの編集にも携わっているエル・エル・ヴァーシナであった。当初、「マルクス貨幣論概説」と題された草稿を、当時のロシア国内ではすでに稀覯本となっていた『マルクス価値論概説』との合冊として出版するというアイデアもあったようであるが、共産党のイデオロギーの源泉と見なされていたマルクスに対する強い反発のあったソ連邦解体直後の風潮のなかで、この企画は結局実現しなかった。その後も継続されたヴァーシナたちの努力の結果、ルービン生誕から一二五年目にあたる二〇一一年になって、二〇年の歳月を経てようやくこの草稿がヴァーシナ編として編者による行き届いた序論（本訳書2）とルービンの全著作物の網羅的な目録（同3）を付して刊行された。[12]

また、早くもその翌年にはドイツ語訳が刊行された。[13] このドイツ語版では、ルービンの草稿本文とともにヴァーシナの編者序論と右の著作目録が独訳されているのに加えて、ドイツとロシアの専門家たちによる研究論文六編（同4）、人名索引、それにルービンの写真と彼の著作物を含む当時の刊行物の書影写真数葉が掲載されている。これらの研究論文のうちには、新たに刊行された草稿の分析以外に、初期ソビエトにおける経済学史の研究動向（およびその三〇年代以降の変化）との対比によって、同時代の他の諸国の経済学の動向についてのルービンの認識を相対化しようと試みるもの（ポキチェンコ論文）や、ルービンが二〇年代前半にマルクス－エンゲルス研究所と取り交わした書簡や一九三七年一一月の処刑数日前の審問調書に含まれる二〇年代初めからのメンシェヴィキとのかかわりについてのルービンの証言記録を収録したもの（ロキチャンスキー、ヘッカー両名の論文）があり、本草稿の解読のためのみにとどまらない幾多の有用な情報が提供されている。また、数葉の写真（すべてさまざまの時期に撮影された肖像写真、ルービン単独か夫妻の姿が写されている）の掲載は、今日までルービンの名前を知っていた誰にとっても、はじめて当人の生前の顔かたちを見る機会となったと思われる（本訳書iii、162、244ページに再掲）。これらは草稿とともに長い間親族によって保管され現在ではPΓАСПИの資料の一部となっているものである。

さて、『マルクス貨幣論概説』はロシア語での刊本では一〇〇ページあまりの分量（言語・組み版のことなるドイツ語版でもほぼ同様）であり、これは一九二三年に刊行された『マルクス価値論概説』初版とほとんど同じ規模に相当する。ヴァーシナ論文によれば、草稿は大型判型の用紙一三八枚にわたって書かれており、全体の表題は著者自身によって与えられている。現存の草稿は、その状態から、作業テクストの清書稿であり印刷用として準備されたものであったとされる（表題を含む草稿現物の最初のページのコピーが本訳書の2ページに掲載されている）。しかし他方では、著者がこの草稿をなお繰り返し読み直し書き直ししていた痕跡（多数の書き込み、疑問符、余白の傍点、ペンと鉛筆による訂正と書き加え[14]）も残されており、出版用として最後まで仕上げられたものではなかった。

八つの章からなるこの草稿は、内容的に第［V］章「貨幣と抽象的・社会的労働」までとそれ以下とに大きく二つに区分されるように思われる。ルービン自身の草稿中の表現をもちいれば、前半では「貨幣の一般理論」について、とりわけ、マルクスの価値の理論と貨幣の理論とが不可分の一体をなすという観点から論じられ、後半では「貨幣の個別的な諸機能」がほぼ『資本論』第I部第二版以降の第三章（および『経済学批判』の第二章）の展開順序に即して考察の対象とされる。前半部分がマルクスのこれらの著作の冒頭部分のたんなる解説的叙述ではないことはこの草稿の目次からもまたその全体の主題からも明らかであり、ここでは、四つの節からなる現行（ドイツ語第四）版『資本論』第一章の理論構成についての独自の解釈が提示されている。また後半部分も、マルクスの貨幣理論の個々の論点についてのたんなる解説的叙述ではなく、それぞれの貨幣機能に対するルービン独自の解釈と、この解釈に基づく同時代のマルクス主義者（および非マルクス主義者）との論争をその主要な内容としている。

以上のように未完かつ未刊におわり、しかもその存在さえこれまでまったく知られていなかった[15]草稿「マルクス貨幣論概説」はいつ書かれたのであろうか。ヴァーシナの前掲論文における推定と、この草稿の内部に含まれる若干の手がかり、そして、現在までに知られているルービンの他の著作物の内容（ただしそこには直接の手がかりはどこにもない）から、現在のところ草稿の執筆時期について筆者は次のように考える。

この草稿の前半部分をなす五つの章に含まれる引用文献はすべて一九二三年以前の刊行物である。とりわけこの部分で三回引用されているヒルファディングの『金融資本論』は一九一八年刊のロシア語訳が使用されている。また前半部分の最後の第［V］章の終わりのほう（本訳書57ページ）に一箇所だけ例外的に一九二三年刊の『マルクス価値論概説』初版からの引用がなされている（第二版は一九二四年刊）。そして、後半部分の最初の第［VI］章のはじめに再びヒルファディングの同書からの引用が行われているが、ここでは一九二三年刊のロシア語訳が使われており、しかも、その前の部分での引用のひとつと同じ箇所からの引用である。このことは、草稿の前半部分と後半部分の執筆のあいだに一定の中断期間があったことを示唆していると思われる。また、以上から次のように推測される。すなわち、草稿の前半部分の執筆は、『マルクス価値論概説』初版の刊行とほぼ同時期にあたる一九二三年の二月末の逮捕後に流刑地ないし獄中において始められ、同じ境遇下で進められた第二版のための大幅な増補作業[16]が完了してから一九二四年に入って第二版が実際に刊行されるまでのある時点まで継続された[17]。

ルービンは一九二六年一一月に刑期を終えてモスクワへの居住を許可され、リャザノフの下でマルクス＝エンゲルス研究所の正規の所員となったが、この時期に彼が研究所員として提出した業務報告書には、一九二六年から二八年にかけて「マルクス貨幣論概説」の草稿の仕事を継続していたことが記されているという。また、本稿で後に見るように、この草稿の後半の最初にあたる第［VI］章には、『マルクス価値論概説』に対する一九二六年に現れた批判に応答すべく二七年になってからルービンが執筆した論考に初めて示され、翌年その第三版に取り入れられることになった重要論点およびそれを支える発想と同型的と思われる議論が含まれており（詳細は本解説300―305ページを参照）、草稿後半の執筆はこの時期に前後して再開されたと思われる。また、『マルクス価値論概説』第三版で第九章の本文中に新たに追加されたヒルファディングの『金融資本論』からの引用には、一九二四年刊の第二版からすでに存在していた他の引用がすべて一九一八年刊のロシア語版からであったのに対して、一九二三年刊のロシア語版が使用されている。これは、貨幣論草稿でも前半では一九一八年版が使用されているのに対してその後半部分の最初に出てくる同書からの引用（本訳書62ページ）に初めて一九二三年版が使用されているのと符合しており、これらことなる二つの著作における別々の二つの引用は相前後して行われたのではないかと思われる。

これらのことから、前半と後半の執筆の中断は二四年なかばから二六年末まで続いたと推察され、この間のある時点で再開された可能性は小さいであろう。他方、草稿のなかには一九二八年（のおそらくなかば）に『マルクス価値論概説』第三版が出版された後に続々と現れた論争文献については、（直接的にも間接的にも）まったくなにも触れられていない。ヴァーシナ論文では、第三版刊行後の論争へのかかわりのために貨幣論の草稿を完成させるための時間もエネルギーも奪われたことにより、草稿が未刊のままになったとされている（本訳書163ページ）。しかし実際には、ルービンはこの頃から後も引き続いて、残された短い活動期間中にほかにも幾多の仕事をこなしている。おそらく問題は、論争に忙殺されたことだけでなく、貨幣論の草稿を仕上げるためになお要すると思われた作業の大きさと当時の状況下でのその刊行の現実性についての判断、そして、なすべく残されていた各種の仕事の優先順位にもあったと思われる。いずれにしても、一九二七年から二八年にかけてのいずれかの時点で貨幣論概説は未完のままに放置されることになったのであろう。

以上をまとめると、草稿「マルクス貨幣論概説」の前半は、一九二三年三月から、二四年なかばに『批判』新訳（それに、二六年に刊行されることとなる大著『経済思想の歴史』とその副産物と思われる『政治経済学の古典的大家たち――一七世紀から一九世紀中葉まで――経済学者の諸著作からの抜粋集』）の作業が始まるまで（流刑ないし収監期間中）の、およそ一年あまりのあいだに執筆され、またその後半は、一九二六年末から、『マルクス価値論概説』第三版改訂のための作業がおこなわれたと思われる一九二八年はじめの頃までの、同じくおよそ一年あまりのあいだに執筆されたのではないかと推定される。両者あわせるとこの草稿の執筆期間は二年半程度となるが、これは現在参照可能な各種の状況証拠から推測される最大限の長さであって、実際にはこの期間中に収まるさらに短い期間のうちに書かれた可能性もある。しかし今のところ執筆時期についてこれ以上の詰めは困難である。

以下の本論では、「マルクス貨幣論概説」の内容構成に沿って、この草稿に含まれる主要論点について検討と評価を加えていきたい。以下で取り上げる論題は、マルクスの資本主義理論における貨幣論と価値論、貨幣生成論と価値の実体規定、価値尺度の機能、資本主義経済と蓄蔵貨幣、の四点である。

1 マルクスの資本主義理論における貨幣論と価値論

「I マルクスにおける価値の理論と貨幣の理論」と題する第I章は、形の上では後続の七つの章と並ぶ一つの章として位置づけられているものの、実質的にはこの未完の著作の全体にかかわる序論としての内容を含んでいる。『マルクス価値論概説』初版を刊行して間もないころに執筆されたと思われるこの書き出しの部分では、著者の気迫が伝わってくる緊張に満ちた文体をもって、『資本論』(および『経済学批判』)として結実したマルクスの資本主義経済理論の冒頭に置かれた商品論・貨幣論の全体に対する著者の把握とその叙述の方法が語られており、すでに世に出ていた前著の新たなとらえ返しともなっている。この意味では、この第I章は、『マルクス価値論概説』に対しても、その内部から読み取ることの困難な新たな照明を与える、二つの概説全体についての方法論的な省察として読むことも可能である。この章はロシア語版で一三ページ足らずであり、全八章のなかではとりたてて長い方ではないが、右に述べたようにある意味ではルービンの仕事の全体にかかわるきわめて重要な論点をいくつか含んでおり、以下では三つの論点に分けてそれぞれの内容を簡単に紹介しその意義について論じてみることにしたい。

i 価値論(概説)と貨幣論(概説)の関連

『マルクス価値論概説』はその表題からして、現行版『資本論』第I部第三章「貨幣または商品流通」(この章に対応する『経済学批判』の第二章の表題は「貨幣または単純流通」となっていた）に該当する理論領域を含んでいないことは当然といえるかもしれない。しかし、マルクスにおける貨幣の理論は「商品」と題された第一章が終わってこれらの章に入ってからやっと始まるのではなく、商品価値の理論の展開と不可分にすでに第一章[18]の内部において商品経済の下での貨幣生成という形で提起されているのであり、このような商品価値の理論と一体となった貨幣の理論が『マルクス価値論概説』では明示的な扱いの対象とされていないことの問題性（つまり、マルクス理論の体系的な解釈としての欠落）はルービンも十分に承知していたのではなかったか。[19]だからこそ、彼はこの著作がはじめて刊行された直後に、「マルクス貨幣論概説」という、その姉妹編を思わせるようなよく似た表題のついた新たな著作[20]の起草に取りかかったのではなかったのだろうか。

第I章の書き出し（つまりこの草稿の冒頭）には次のように述べられている。「マルクスの貨幣論は彼の価値論と密接不可分の結びつきにある。この結びつきはマルクスの経済学体系の他のどの部分のあいだの関係よりも緊密である」（本訳書3ページ）。ここで直接的に問題にされているのは『資本論』におけるマルクスの理論の構造であるが、しかしそれと同時に、ルービンはここで、マルクスの理論の解釈を内容とする彼自身の著作のあり方（つまり二つの「概説」の関連）についても語っていると思われる。この草稿の冒頭部分で論じられている「結びつき」は、表向きはマルクスの理論の問題としてだけ論じられているものの、実際にはやや位相のことなる二つの問題が含まれているであろう。つまり、ルービンはここで、価値論と貨幣論とが『資本論』のなかでどのように密接不可分の関係に置かれているかということと同時に、事実上は、このような関係にある二つの理論を彼自身がどのように取り扱おうとしているのか（『マルクス価値論概説』では決して取り上げられなかった論題[21]）についても論じようとしていたのである。しかし、ルービンにとって二つの「概説」が緊密な関連にあることははじめから明らかであったはずだとはいえ、貨幣論にかかわる草稿の最終的な仕上げとその刊行については彼自身にも明確な見通しがなかったために、この草稿のなかでは、実際に読者の前に示されたときに二つの「概説」がどのように関連づけられることになるのかについて、表面だって具体的に示されることはなかった（「貨幣論概説」の未刊の草稿中には「価値論概説」への引用を含む言及が一箇所だけ見いだされるが、実際に刊行された「価値論概説」では前者のことにはまったく触れられていない）。もっとも、この草稿には（それと名指すことなく）「価値論概説」を前提として議論を進めているように受け取れる箇所がいくつもあり、この草稿の論述の節々に「価値論概説」の議論が影を落としていること[22]は否定できない。

商品経済という同一の対象に対する二つのことなるアプローチとしての価値論と貨幣論とが区別される側面について、ルービンは次のように言う。「貨幣に対する商品の交換が本質的には商品に対する商品の交換（W―G―W）、すなわち、あらゆる商品の同等化であるかぎり、交換過程のこの側面は価値論によって研究される。商品に対する商品の交換が必ず貨幣に対する商品の交換と商品に対する貨幣の交換（W―GとG―W）の形で行われるかぎり、交換過程のこの側面は貨幣論によって研究される。両方の理論とも一個同一の過程のことなる諸側面を研究するのである」（本訳書3―4ページ）。

ここには商品交換とそれを媒介する貨幣についてのルービンの基本的な捉え方も同時に示されている。それによれば、貨幣的交換も究極的には商品交換であり、前者は後者に還元可能である。このように考えるのはもちろん、貨幣も結局は商品だからである（商品貨幣論。ルービンもマルクスと同じく決して疑うことのなかった大前提[23]）。逆に商品どうしを直接的に関係しあえるものとするためには、すべての商品を貨幣としてあつかうこと（「価値としての商品」）が前提となる。つまり価値論では、商品は価値と使用価値との統一体としてではなく、価値としてのみ現れ（あつかわれ）る。しかし、商品の商品としての交換は実際には必ず商品と貨幣との交換という形でおこなわれる。過程のこの側面は貨幣論で研究される。つまり貨幣論では商品は使用価値と価値との統一体として現れ、特別な使用価値を持った商品が貨幣として機能することが示される。W–G–W は結局のところW–W–W であるが、実際には中間の項はGの機能を担う特別なWによって占められる。二つの理論が研究するのはこの意味において、ことなる観点から見た同一の過程である、ということになる。

ルービンは右の引用文において、商品と貨幣との根本的な同一性を前提としていることは明らかであるが、このことはさらに、商品論と貨幣論が対象とする経済社会のあり方についての一定の想定をともなうものでもある。右の引用文のすぐ前に彼は次のように書いていた。「貨幣は商品から生成するだけでなく、つねに商品を前提とする。商品所有者と貨幣所有者のあいだの関係は独立した商品生産者のあいだの関係でもある。貨幣の所有者は、きのうは彼が貨幣に対して販売した商品の生産者であり所有者であった」(同3ページ)。

すなわち、商品論と貨幣論の枠組みにおいては、商品の生産と所有が貨幣入手の絶対的な根拠とされるのである。これが妥当しうるのは独立商品生産者でしかありえない(つまり、この理論的枠組みにおいては、商品を自ら作り出すことのできない経済主体とりわけ賃労働者、および、自分で生産した商品の販売によらなくても貨幣を入手しうる土地所有者や金利生活者などの経済主体は、はじめから排除されている)。こうして、マルクスにおいては故意に曖昧なままにされていた商品・貨幣論における経済主体のあり方(商品生産者・所有者・交換者としての均質性)が、ルービンにおいては明示化される。自らの手による商品の生産(また、そのための生産手段の入手の可能性)こそが、貨幣入手の究極的な前提となる。ただしひとつだけ例外が認められる。すなわち、貨幣も一種の商品であるのだから、貨幣入手の手段には、自ら生産した商品をもってする交換に加えて、特別な種類の商品の生産(金生産)も含まれる。貨幣は商品として生産されるのである。

以上のような二つの根本的な理論的前提(貨幣は商品、貨幣所有者は商品生産者)は、不変的な前提として「マルクス貨幣論概説」の全体を貫通している。

さて、以上からルービンは価値論と貨幣論の緊密な関連性（一方が相互に他方としての性格をあわせ持ち、相互に前提し合うこと）について結論的に次のように述べる。「これら二つの理論のあいだの結びつきの二面的性格が明らかになる。〔…〕貨幣の理論は価値の理論から生じるだけではない。反対に、価値の理論は貨幣の理論なしには展開することができず、貨幣の理論としてはじめて完結する。マルクスの価値論の基礎には貨幣経済の諸前提がおかれているのである。さらに精確に言えば、マルクスは、すべての商品相互の全面的な同等化という事実を分析の出発点に採用しているが、この事実は貨幣経済を特徴づけるものであり貨幣の介在なしにはありえないものである」（同4ページ）。

貨幣が究極的には商品であるとしても、ルービンは貨幣の理論が価値の理論に還元可能であるとするのではなく、両者はむしろ相互前提の関係にあると考える。また反対に、価値論は貨幣論としてしかありえないというのが彼の理解ではなく、両者はきわめて密接な関係にあるとはいえ、これらはあくまでも二つの理論と捉える。ただし相互の独立性はきわめて弱い。このような理解の提示は、彼自身が「価値論概説」に続いて現に執筆しつつある「貨幣論概説」が前者とどのような関係にあるのかについての説明であると同時に、マルクスの『資本論』第I部第一章の理論構造をどのように捉えるべきかについて彼の考えを述べたものでもある。すなわち、商品価値の実体について論じている『資本論』第一章の始めの二つの節での商品の分析は、商品間の関係を問題にしているように見えながら実はすでに貨幣を前提としているのである。このことは、マルクスが分析の出発点にあらゆる商品の全面的な同等化という、発達した商品経済における事実（当然貨幣が前提とされる）を置いていることに示される。また、貨幣生成の理論的説明の基礎としての『資本論』第一章の後半の二つの節は、すでに確定した価値実体の理論を前提としているのではなく、実はそれ自体が章の前半で提起された価値実体論を貨幣論として補完し深化させるものである。もし『資本論』の「商品」章についてこのようなことまで言えるのであれば、その解釈の体系としてのルービン自身の価値論と貨幣論は（名称はともかく）一つの理論に統合されてよさそうにも思える。すなわち、彼の二つの「概説」を相互補完の関係にある一組の著作とする捉え方ではなく、むしろ、「貨幣論概説」を「価値論概説」に取って代わるマルクスの価値・貨幣理論の全体をカバーする完結した単一の著作とする構想に行き着きかねないようにも思われる。しかし、あくまで二つの「概説」の存在を前提としてその両者の関係を論じるというのが、彼の一貫した姿勢である。すでに「価値論概説」という独立した著作を書いて出版（しかも大幅な加筆を施した第二版まで準備）しているという既存の経緯が働いていたのかもしれない。

右に述べた価値論がすでに貨幣（論）を前提するものであったという側面（つまり、「価値論概説」のなかで価値論について論じられていなかったこと）は、「貨幣論概説」の序説に当たる第Ⅰ章のなかでだけ論じられている。この問題は次のように提起される。「マルクスの価値論はどの程度まで貨幣経済の諸前提の上に築かれているのか」（同）。ルービンが『マルクス価値論概説』を執筆刊行した主要動機のひとつは、ベームによる批判以来のマルクスにおける価値実体の導出手続きをめぐる論争において当事者たちが共通に抱いていた『資本論』冒頭部分についての理解[24]を批判することであった。「貨幣論概説」の最初の部分における右のような課題設定は、「価値論概説」のこのような問題意識を新たな理論的枠組みにおいて引き継ぐものであり、この点にも両者の連接が示される。以下、項を改めてこの点に立ち入った考察を加えてみたい。

ii 『資本論』冒頭の特殊な理論的枠組み――「価値（貨幣）としての商品」

マルクスは「商品」章の出発点において、使用価値をことにする二商品の交換関係を設定して、そこから価値の実体としての抽象的人間労働を導出するという、あたかも論理的な「証明」であるかのような論法（いわゆる「蒸留法」）を採用している。『資本論』冒頭章のはじめに置かれたこの数パラグラフがマルクスの価値論の要としてベームに始まる諸批判の格好の対象となった[25]。しかしルービンはこのような理論的争いそのものが、マルクスの理論の出発点に対する根本的な誤解に基づくものであるとして、その理解の洗い直しを主張して次のように言う。

「マルクスの言うところをより注意深く研究してみると、彼の価値論は⑴二商品の交換という事実の分析に帰着し、⑵この分析は二商品の比較の尺度の発見を目的としている、とする見解がまったくの間違いであることが明らかになる。／マルクスが分析の出発点にとりあげているのは、一商品の他の商品との同等化ではなく、それぞれの商品の市場に存在する他のあらゆる商品との同等化、すなわち、あらゆる商品の相互の全面的な同等化である」（本訳書4―5ページ。／はパラグラフの変わり目。強調は原文）。

マルクスが彼の理論の冒頭に設定しているのは、個別具体的な二つの商品のあいだの関係ではなく、諸商品の全面的な同等化（ないし等置）の関係[26]である。当然のことながら、諸商品間のこのような関係は実際には貨幣を前提とするはずであるが、『資本論』で貨幣について明示的に言及されるのは、はるか後の（現行版の区分における）第三節「価値形態または交換価値」の書き出しの部分においてであり、価値の実体規定を与えている最初の二つの節では「貨幣」という言葉は一度も使われておらず、そこではあたかも商品どうしが直接に関係し合うかのごとくに議論が進められている。また、ここでの諸商品間の全面的な関係は、商品を生産した所有者たちが自分の商品を他の諸商品と交換しようとしている関係を表現しているものでもない。発達した分業関係のなかで特定種類の商品の生産に特化する商品生産者たちが、自分の商品の各部分を他のさまざまな種類の商品と交換しようとするのは当然である。しかし、彼らがそうするのは、複数の消費財の取得によって自己の欲望を充足させ、また、種々の生産財を入手して次の生産活動にそなえるためであるが、このために個々の商品生産者（所有者）が必要とする商品種類には限りがあり、その内容も広がりも個々ばらばらのはずである。すべての商品は価値としては、あらゆる他の商品との全面的な関係の可能性を潜在的に有している。しかし個々の商品は特定の使用価値でもあり、この点からすればその使用価値によって充足される特定の欲望としか関係しえない。にもかかわらず、マルクスが商品の二要因とそれを生み出す労働の二重性を論じた『資本論』第一章のはじめの二つの節において、あたかも諸商品が全面的な同等化の関係に入るかのように言うのは、概念としての商品の価値を明確にするために、もっぱら価値としてのみ捉えられた諸商品を相互に関係させているからである。

だが実際には、マルクスはもちろん、これが諸商品の直接的な相互関係ではありえないことは完全に承知していた[27]。だから彼は、先にふれた「蒸留法」によって労働を価値の実体として導き出したすぐその後に、次のような但し書きのような文言を付加したのである（初版と第二版の当該箇所からの引用）。「それゆえ諸商品は、それらの交換関係からは独立に、すなわちそれらが諸交換－価値として現れる形態からは独立に、さしあたっては、単なる諸価値として（als *Werthe* schlechthin）考察されるべきである[28]」。「商品の交換比率または交換価値に表されている共通なものは、それゆえ、その価値である。研究の進行とともに、われわれは価値の必然的な表現様式または現象形態としての交換価値に、帰ってくるであろう。だが、この価値はさしあたって（zunächst）は、この形態からは独立に考察されるべきである[29]」。多少表現がことなるが同一の文脈に位置するこの二つの文章は基本的に同一のことを言っている。すなわち、これ以下に規定される商品価値の実体が、商品が商品として関係しあう形態（「交換関係」・「価値の必然的な表現様式」）をまったく捨象して、「さしあたって」商品世界の要素である全商品がもっぱら価値としてのみ考察されることによって与えられているということ。しかし、商品価値は自己を表現する形態を持たねばならないが、この形態は全商品をもっぱら価値として扱っていたのでは把握することができず、後でこの価値の形態にもどってこなければならないこと、以上である。第一節・第二節の価値実体規定が、商品どうしが商品として関連しあう様式を捨象して、全商品をもっぱら価値としてだけ捉えるという点においては、同じく交換過程論と対立的に「分析的」と特徴づけられるとはいえ、この実体規定の与えられる理論的枠組みは価値形態論のそれともことなっているのである。たしかに後者においても、個々の商品は交換過程論でのように価値と使用価値の統一として捉えられているわけではないが、しかし価値形態論では価値表現のために価値の対象的（物的）な担い手としての使用価値が不可欠の役割を演じるようになる。(31)

ルービンは、先の引用文に続いて、『資本論』がその出発点において商品価値の概念を提起するにあたって事実上貨幣を前提としている（しかしにもかかわらず、表面上は諸商品の全面的同等化があくまでも商品間の関係、W─G─WではなくW─Wとして論じられている）と、次のように言う。「それぞれの商品は他のすべての商品に同等化される（これは貨幣の介在によってのみ可能）。それぞれの商品は交換価値という属性を持っている、すなわち、その所有者はそれを任意の他の商品と同等化してそれをこの他の商品と（貨幣を介して）交換する可能性を持っている」（本訳書5ページ）。「マルクスは、貨幣の役割をさしあたって捨象して、すべての労働生産物の全面的な同等化に帰着するこの社会的過程の一般的性格と基本的諸結果を研究している」（同、8ページ）。(32)

このように、『資本論』第一章の前半部分では商品はただ価値としてのみ（事実上は貨幣として）とらえられ、そこではすべての商品があたかも相互に価値として関係しあうかのような（後には否定されることになる）状態が描かれる。この章の第二節で提起される抽象的人間労働のいわゆる「生理学的規定」も、このような暫定的な理論的枠組みにおいて捉えられた商品価値の実体規定でしかないことは同章の後半部分において示されることになる。「貨幣論概説」第I章では、このようなマルクスの商品論の前半部分の理論展開の特質が次のように捉えられている。「発展した市場交換の過程においては、交換価値としてのそれぞれの商品は他のどの商品とも完全に同じであり一定の割合でならどれとでも入れ替わることができる。これは、市場交換の実際の過程においては、すべての商品が現実に相互に同等である、それらの物的属性によってではなく社会的機能によって同等である、ということである。市場での諸商品の社会的機能は他の諸商品と同等のものとしてこれらを埋め合わせること

(уравновешивание) にあり、諸商品の相互の埋め合わせのこの過程において、それぞれの商品は一定の割合であれば他のどの商品とも入れ替わることができるのであるから、市場における諸商品の全面的な同等化はそれらの社会的機能ないし社会的本性の単一性を意味する」(同11―12ページ。強調は原文)。先の項目・i(265―270ページ)でルービンが貨幣論と区別される商品論の分析視角について述べていたこと、すなわち、そこではW―G―WをW―Wにいったん還元し過程の全体をその統一性において把握するということ(これは、貨幣も商品であるから可能とされる)が、ここでは以上のようにさらに具体的に示されている。ここではすべての商品が純粋に「価値として」(究極的には「貨幣として」――だがこのことは明示化されない――)登場する。

だが商品は価値であるとともに使用価値でもあることを免れない。マルクスは「商品」章の後半部分で価値形態の考察に入るにあたって、「価値としての商品」が実在しうるものではなく単なる「思考上のもの(Gedankending)[33]」にすぎず、そして、以上のような諸商品間の価値としての関連(全面的な相互同等化)が「たんに理論的な・思考上の関連[34]」でしかなかった、と言う。先にマルクスは商品をもっぱら価値としてのみ捉えるにあたって、「研究の進行とともに、われわれは価値の必然的な表現様式または現象形態としての交換価値に、帰ってくるであろう」と言っていたが、いまやこれに呼応するかのように、「いま、われわれは再び価値のこの現象形態に帰らなければならない[35]」と言い、価値形態論にいたるまでの商品の分析と価値の実体規定を再度あらたな枠組みのなかで捉え直そうとするのである[36]。貨幣論は価値論の延長であると同時に価値論の前提でもあるという、この二つの理論の複雑な関係についての先に見たルービンの理解は以上のような形でより具体的な内容が与えられる。

「貨幣論概説」の第I章は、『資本論』第一章の後半(価値形態論と呪物性論)の意味について重点を置きながら、マルクスの商品論全体の理論構成をどのように把握するかを論じ、この章の最初の主題(前項・i)を参照)

を再論することによって結ばれている。ルービンが書き残したもののうち、価値形態論についてのややまとまった論考がなされているのはおそらくこの部分と後に取り上げる第［V］章「貨幣と抽象的・社会的労働」だけであろう（先の注20に引いた一九二〇年代と八〇年代のロシア人研究者による発言を参照）。といっても、彼はそこで（日本で戦後論じられたような）価値形態論の内部の細かな諸問題に立ち入っているのではなく、『資本論』第一章のなかでのその意味・他の諸部分との関連を中心に解釈を述べているにすぎない。

iii 『資本論』冒頭章の構成（前半部分の価値規定論と後半部分の意味）

『マルクス価値論概説』の初版以来一貫した構成上の顕著な特徴は、その表題に示される主題（本論）に入る前に複数の章からなる第I篇「マルクスの商品の呪物性の理論」が置かれ、呪物性の理論（物象化論）がルービンのマルクス価値論解釈の理論的前提として機能していることにある。彼のマルクス解釈のこのような視点は「貨幣論概説」においても変わることなく、この草稿における貨幣論解釈の基礎をなしている。諸個人が自由な私的所有者・生産者として市場での商品の交換を通じてのみ関係し合う社会では、物象（交換される商品）間の関係がその商品の生産に費やされる労働間の関係に先行し、また、人間間の関係は物の関係を通した労働の関係を媒介としてのみ成り立つ。商品経済における人間間の関係を明らかにすることを目標とする理論においても、これに対応してまず物象間の関係が注意の対象となり、この関係を介してはじめて労働する人間（生産者）間の関係が問題となりうる。ルービンは、マルクスが『資本論』の冒頭でこのような理解に基づいて商品の同等化から労働の同等化（抽象化）を導き出しているという。「市場での諸商品の同等化は、さまざまな生産部門のあいだでの配分過程にある労働の社会的同等化を表現する。この過程のなかで個々の労働支出におけるすべての差異が均等化される。これらの支出は最初は私的で具体的な、さまざまな質の個別的労働支出として登場し、交換過程の結果としてはじめて社会的で抽象的な、単純な社会的必要労働に転化するのである。市場における諸商品の質的同等性に対応するのが、社会的配分過程にある労働の質的同等性である」（本訳書14ページ）。マルクスがこのように「諸商品の物的同等性」から「労働の同等性」にただちに移行しているのは、後者が前者の社会的生産過程における「相関概念（коррелят）」であるからである。具体的使用価値としては似ても似つかぬあらゆる種類の商品が、市場交換において（交換されるというまさにそのことによって）同等なものとして扱われる（になる）のとまさに相関的に、これらの商品を生産した労働もまた、「交換価値としてのすべての商品の同種性と均質性に対応する同一種類の質的に等しい」（同）もの（つまり抽象的な労働）になる。抽象的労働はこのように、思考のなかで労働の具体的諸形態から共通物（人間の身体諸器官からの「生理学的エネルギー支出」）が抽出されることによってではなく、労働生産物の全面的な交換（同等化）という社会的過程のなかで生成する。

だが、このような商品の全面的な同等化を媒介とした労働の全面的な同等化は、それ自身が商品世界の一成員でもある貨幣を媒介とすることによってのみ可能である。それと言われないままに事実上貨幣が商品に還元され、同時にすべての商品が貨幣としてあつかわれることにより、見かけ上すべてが商品どうしの関係であるかのように現れていた『資本論』第一章の前半から、その後半への展開についてルービンは次のように述べ、両者が一体として理解されるべきこと（つまりは、マルクスの価値論と貨幣論が不可分であること）を主張する。「労働の抽象的性格はここでは諸商品の全面的な同等化の相関概念として登場する。この同等化は貨幣を介することによって十全に表現される。マルクスは、（『資本論』の第一章のはじめの二つの節においては）発展した交換の形態から発展した抽象的労働にいきなり移行しているが、ここでは、私的で不等な労働を社会的で同等な労働に転化する長く複雑な社会的過程はさしあたりは捨象されている。この社会的過程の考察にマルクスは第三節（「価値形態または交換価値」）ではじめて移行し、最後に第四節（「商品の呪物性とその秘密」）でこの過程のもっとも深い基礎である商品経済の社会的構造にたどり着いている。マルクスは社会的過程のすでにできあがった結果から出発して、それからこの過程の発展をわれわれに示しその基礎を暴いて見せる。『批判』[37]の第一章の組み立てはおよそこのようになっている」(同15ページ)。

諸商品を全面的に同等化するものは実は貨幣である。そして貨幣はそれ自身一つの特殊な個別的な商品でもある。諸商品の同等化はこの貨幣として現実に対象的な(感覚的に把握しうる)形をとって現れる。この意味では、労働の抽象化とは種々の具体的労働の生産物が貨幣に転化して、実際にあらゆる他の商品と同等なもの(交換によって自由に姿形を変えることのできるもの)に生成することにほかならないのであり、抽象的労働論も実はこのような生成の過程を抜きにしては真には成り立ちえないものだったのである。ルービンは、マルクスはこのような生成の過程そのものの説明に先立ってまずその結果を無媒介的に提示し、その後にこの生成の過程に立ち返っている、と右の引用文で述べている。彼は、マルクスが『資本論』第二版への「後記」の最後の部分でI・カウフマンの評言を援用しつつみずからの理論の叙述方法について述べた一節を引用して、「社会的過程のすでにできあがった結果」から「この過程の発展」へと進むマルクスの方法[38]によって、『資本論』冒頭章の前半から後半への展開を説明しようとしているのである。右の引用文で彼はこの後半の二つの節についてそれらがマルクスの理論において持つ意義と位置にまで説き及んでいるが、残念ながらここでは簡単な言及のみに終わっている。ここでのルービンの説明によれば、マルクスは第三節の価値形態論で「長くて複雑な社会的過程」の考察に移って「この過程の発展」を示しているとされる。右の引用文の最後に示されているルービンの一般的な方法解釈からすれば、価値形態論は商品(交換、価値)の歴史的発展過程の叙述によって貨幣の歴史的生成を説明するものと捉えられているようにも受け取れる。実際、彼は次のように言っている。「価値という現象の発展の現実的過程の研究は、「価値形態」と「商品の呪物性」に充てられた諸節になってはじめてなされている。価値の発展のこの過程は同時に貨幣の発展の過程でもある」（同、16ページ）。

だが、ルービンがここで何度も使っている「過程」とか「発展」という言葉は、『資本論』第一章の前半と後半の関係にかんする限りでは、歴史的時間の経過を表すのではなく、貨幣生成論としての商品経済の構造分析の発展の過程を示すものである。この点について彼は右の引用文に続いて次のような説明を与えている。「たしかに、「貨幣形態」はマルクスが考察する「価値形態」（簡単な形態、展開された形態、一般的形態、そして、貨幣形態）のうちの最後のもっとも発展した形態として現れるにすぎない。それゆえに、貨幣形態に先行する諸価値形態が存在し、したがって、交換価値[39]は貨幣の出現に先行する社会発展の諸段階において存在しうる、と思われるかもしれない。右のすべての交換の局面に対して「価値形態」という呼び方をもちいたマルクスの用語法に依拠したこのような想定は、誤っていると思われる。一般的価値形態に先行する諸価値形態は貨幣の萌芽的な形態であるだけでなく、萌芽的でしかない価値形態でもある。発展した交換価値は「一般的価値形態」と共にのみ出現するのであって、それは本質的に貨幣の出現と合致するものである」（同17ページ）。これが価値形態論の展開についてのルービンの基本的な解釈であるが、筆者もこれと同意見である（もっとも、ルービンは時として「簡単な価値形態」があたかも交換の未発達な過去の歴史的時代に対応しているかのように言うこともあり必ずしも一貫していない（たとえば本訳書43—44ページ）。右の引用文で言及されている「マルクスの用語法」にも一貫しないところがあり、それに引きずられた結果なのかもしれない）。貨幣形態が価値形態論の最後に出てくるので[40]、それ以前の諸価値形態は貨幣の歴史的出現に先行するものと受け取られがちであるが、発達した全面的な商品交換の前提がなくてはそもそも（交換）価値そのものがありえないのだから価値の形態はありえない。つまり価値形態の発展は商品生産・交換の歴史的発展を「反映する」のではなく、これとは別物と考えなければならない。

以上は、ルービン（だけでなく、二〇年代のソ連での価値論研究全般）における価値形態論についてのきわめてまれな見解の表明として注目に値するであろう。

事実上「貨幣論概説」の序論となっている第Ⅰ章の最後の部分をなす二つのパラグラフ（同、17―18ページ）でルービンは、彼が『資本論』（および『経済学批判』）の価値論と貨幣論の全体をどのように把握しているかを示し、第Ⅰ章の最初で述べたこの二つの理論（同時にみずからの著作としての二つの「概説」）の関係について、これまでの展開をふまえて再論している。

「貨幣の一般理論」は価値形態論と交換過程論で二重に展開されている（後者では前者で示されたことが「より詳細かつ体系的に」繰り返されている）、とルービンは言うが、彼が両者の関係をこのように捉えるのは、もともと『資本論』初版の本文において価値形態論に与えられていた課題とその論理構造を顧みることなく、初版付録およびこれを取り入れた第二版以降の本文だけをよりどころとしたからである（先の注40を参照）。ルービンの価値形態論（ないし貨幣生成論における価値形態論）についてのこのような解釈の問題性は後に詳しく検討することにしたい。それはともかく、この「貨幣の一般理論」は「貨幣論概説」の前半（第［Ⅴ］章まで）であつかわれ、後半の三つの章では「貨幣の個別的な機能」についてのマルクスの所説が（そのすべてではないが）検討に付され独自の解釈を施される。これが「貨幣論概説」の構成であるが、その全体はさらにすでに刊行されていた『マルクス価値論概説』との緊密な補完関係におかれ、両者が一体となってマルクスの理論における商品経済の把握が余すところなく示されるとされる。つまり、ルービンは「二つの概説」の構想を第Ⅰ章の結論としているのである（だが実際に彼が出版した「概説」ではもうひとつの「概説」への言及はなく、むしろこの「結論的見解」と相反する完結した体裁が取られている。先の注19を参照）。これまでやや突っ込んで検討してきた第Ⅰ章の諸論題は、「貨幣論概説」の本論をなす第［Ⅱ］章以下ではもはや取り上げられることはない。

2　貨幣生成論と価値実体規定

「貨幣と抽象的・社会的労働」と題する「貨幣論概説」前半の最後の第［Ⅴ］章では、第Ⅰ章のテーマのひとつであった『資本論』第一章の前半と後半の関係（前半で提起された商品価値の実体規定の捉え返し）が、この後半部分の価値形態論に照準をあてて一層深く論究されている。注目すべきことは、この章でのルービンの議論が形態Ⅰにおける「等価形態の諸特質」についての検討をベースに進められていることである。しかしここには同時に彼のマルクスの貨幣生成論解釈における重大な問題も伏在しているように思われ、以下ではこの点にも留意しながらこの章の行論を追っていくことにしたい。

この章の最初でルービンは次のように課題を設定している。「前章までわれわれは商品社会における貨幣の発生過程と貨幣の必然性を考察した。商品社会において人々は、彼らの労働生産物の価値としての全面的な同等化をつうじた生産諸関係によって結びついている。ここでは、貨幣を介しておこなわれる商品の同等化がどのようにして労働の同等化につながり、貨幣を社会的で抽象的な労働の表現とするのかを考察しよう」（本訳書50ページ）。彼はこの課題に接近するために、『資本論』第二版以降の第一章第三節「価値形態または交換価値」の最初に来る「A　簡単な、個別的な、または偶然的な価値形態」の「三　等価形態」のなかでマルクスが挙げている三つの「等価形態の特質」(41)を順次とりあげ検討を加えていく。等価形態とは、価値表現関係のなかで他商品からの働きかけによって、受動的にその価値をみずからの使用価値（物的財貨のみからなるとすれば、商品体(42)）をもって表現する商品に与えられる役割のことである。マルクスの価値形態論では形態Ⅰ（またはＡ）は形態Ⅱ（Ｂ）、形態Ⅲ（Ｃ）、形態Ⅳ（Ｄ）へと順次発展していくが、いずれの価値形態においても、対立関係にある相対的価値形態と等価形態のうち、前者の価値が後者の使用価値によって相対的にまた物象的に（つまり物量間の相対関係として）表現されるという基本構造に変化はなく、変化（ないし発展）するのはこの対立関係の形態とそこでの価値表現のありかた（つまり等価形態のありかた）である。マルクスは、形態Ⅰ以降の各価値形態の価値の表現形態としての発展をこの等価形態のありかたの変化に求め、形態Ⅲ（C）における一般的等価形態にその最終的な完成を見いだす。第二次大戦後の日本で八〇年代半ばまで間歇的にあるときには激しくたたかわされた価値形態論争では、右のような価値形態の基本構造と価値形態の発展についてのマルクスの所説に対する理解が争われ、微に入り細に入るテクストの検証が繰り返された。

しかし、一九二〇年代のソ連での「貨幣論概説」におけるルービンの価値形態論の扱いは、当然のことながら戦後の日本の研究とは大きくことなっている。彼は、形態Ⅰの等価形態に関連する右の諸特質が一般的等価の機能を担う貨幣商品金の特質でもあるというマルクスの示唆をよりどころとして、これらの特質をいきなり一般的等価形態つまりは貨幣形態の特質として論じている。こうして、「貨幣論概説」第［Ⅴ］章では形態Ⅰは形態Ⅲと同等にあつかわれる、あるいは、形態Ⅲは形態Ⅰに還元されることになり、価値表現としての両者の発展関係が少なくともここでは見落とされているのではないかと思われる。もっとも、形態Ⅰも形態Ⅲも、ある一つの商品をもってする価値表現形態である限りでは、両者は価値表現形態として共通面を有していると言えなくはない。この限りではルービンのあつかい方も必ずしも不当ではないかもしれない。

先の注41にそのタイトルだけを引用した三点にわたる「等価形態の特質」は、マルクスの商品経済における労働の社会的性格[43]に対する把握に対応している。まず個々の具体的使用価値を持った労働生産物である商品が同等化されることによって、それを生み出した労働の具体的性格が捨象（抽象化）され、そしてこのような抽象的労働として個々人の私的労働が社会的労働になる。マルクスによる三つの「等価形態の特質」の配列はこのような論理的関連（これらの三つの事柄は時間の経過のなかで順次生じることではなく、一つの事態の論理的機序を分析的に示したにすぎない）に対応している。ルービンはこれらについて逐一検討を加えた後に最後に次のように述べている。「今やわれわれは「等価形態の諸特質」についてのマルクスの所説をまとめることができる。マルクスは、萌芽的「偶然的等価」からはじまり発展した「一般的等価」に終わるさまざまな等価形態についての彼の思想を例解しているが、にもかかわらず彼の思想が全面的に関係するのはまさに一般的等価ないし貨幣である〔ここに原注31があり、「これについては補論を参照」と書かれている。これに編者は「草稿には補論はない」と注記している〕[44]。一般的等価ないし貨幣は、段階的で緩慢な進化の過程で諸商品のあいだから分出した。貨幣の出現は交換過程全体にまったく新しい性格を付与した。交換はある商品生産者から他の商品生産者への物的な物象の運動すなわち「社会的質料代謝」だけではなく、物象と商品生産者の社会的「形態」の変化でもある」（本訳書56ページ）。

右の引用文でルービンが注意を集中しているのは、形態Ⅰの等価形態の特質が価値形態の発展の最後に行き着く一般的等価の特質である。これがただちに貨幣と等置され、この貨幣の働きによって物とそして人の「形態」が転換される。すなわち、貨幣との交換によって、個別具体的な使用価値に体化されていた富が抽象的な富（＝価値）となり、こうしてこの使用価値を生み出した労働が具体的労働から抽象的労働になり、そしてさらにこの同じ労働は私的労働から社会的労働になる。これは、『資本論』第一章前半部分で提起されていた抽象的労働の規定が価値形態論を通じて捉え返され、抽象的であったこの規定がより具体的なものになったことを意味する。「貨幣論概説」での価値形態論への表だった言及は以上につきるといってよい。

右の引用文の少し後でルービンは「等価形態の諸特質」についてあらためて次のように結論づけている。「交換過程の結果、商品生産者たちは同等となり、諸商品は同等化され労働は等置される。市場交換の現実の過程で生じるこの三重の等置を、マルクスは等価形態の三つの特質についての彼の学説として表現したのである」（同、

58ページ)。等価形態の特質が三つあげられているのは『資本論』第二版の価値形態論のなかである(先の注41参照)が、この部分はもともと初版付録「価値形態」の「I 簡単な価値形態」の「(三) 等価形態」の「c 等価形態の諸特質」の内容[45]を簡略化し一部省略してほぼそのままの形で再現したものである。しかしこの元のテクストには等価形態の特質は三つではなく四つ挙げられており、その四番目には、「δ 等価形態の第四の特性。商品形態の呪物崇拝は等価形態においては相対的価値形態におけるよりも一層顕著である」(*Ebenda, S. 637*) というタイトルが付されている。この部分は第二版では等価形態の諸特質に最後の項目として取り入れられるのではなく、その主要部分は第一章第四節「商品の呪物的性格とその秘密」のなかに組み入れられている。ルービンは右の引用文においてだけでなく、「貨幣論概説」の第[V]章全体を通して等価形態の特質を三つとしているが、それは彼が『資本論』第二版を参照しているからである。

「貨幣論概説」のなかには、『資本論』初版からの引用はおろかこの版への言及もまったくない。ルービンは、『マルクス価値論概説』では一九二三年刊の初版の冒頭で『資本論』第一章の構成の変遷を説明するために『資本論』初版に言及しており、初版の存在とその後続諸版との相違は十分に承知していたはずである。にもかかわらず、「貨幣論概説」では第二版を参照したというだけにとどまらず、初版をまったく顧みていない(ないしはその草稿の執筆にあたって初版の存在が意識されていなかった)ように思われる。これは、われわれが今検討の対象としている第[V]章だけでなく「貨幣論概説」の全体にあてはまる。問題の「諸特質」についての初版と第二版との相違を承知の上で、何らかの理由によって第二版の記述を検討対象として採用するということであったのなら、両版における相違について、また一方のみを採ったことについて、文献学的に厳密なルービンとしては少なくとも一言あって然るべきだったのではないだろうか。

『資本論』初版では「商品と貨幣」と題した第一章は三つの部分 (〔一〕商品、〔二〕諸商品の交換過程、〔三〕

貨幣または商品流通）に分割され、『経済学批判』の二つの章（「商品」と「貨幣または単純流通」）の内容を縮約した形で提示している（とりわけ貨幣を扱った第三の部分においてこの縮約の程度はいちじるしい[46]）。そして、第一章の「（一）商品」に含まれる難解な価値形態論の部分についてのみ例外的に、「学校教師風の叙述」（マルクス）を心がけた（実際には大学教授ヘーゲルの体系的著作のスタイルに倣った）付録「価値形態」が巻末に付加されている。ところが初版から五年後に刊行された第二版では、内部に何も小見出しのない一続きの文章をなしていた上記の「（一）商品」がそれぞれ表題を付された四つの節に分割されて「第一章　商品」となった。全体に文章上の手入れが加えられ、特に第三節「価値形態または交換価値」では、初版の文章の代わりに右の「付録」が（先にふれた重大な変更その他いくつかの細かい変更を施した上で）ほぼそのままの形で取り入れられた。また、初版第一章の（二）と（三）は「第二章　交換過程」と「第三章　貨幣または商品流通」となった。この二つの部分の章への「格上げ」に際しては、第一の部分とはことなって、初版の文章が実質的な変更を加えられることなく再現されている。このように、商品（価値）論では初版から第二版にかけて形式的にも内容的にもかなり大きな改訂が施されているのに対して、貨幣論は実質的に同じままである。価値論についての「概説」と貨幣論についての「概説」でルービンによる『資本論』初版のあつかいが大きくことなっているのは、このようなテクスト変遷史上の事情が関係しているのかもしれない。つまり貨幣論については初版とそれ以降の版と間には考慮に必要なほどの相違はない、という判断があったためかもしれない。特に「貨幣の個別的な機能」について論じている第[Ⅵ]章以降では、『資本論』第二版第三章とならんで多く参照されているのは初版ではなく、相違の大きい『経済学批判』の第二章である。

しかし、「貨幣論」では初版は考慮しないという行き方（おそらく意識的な「方針」）は思わぬ陥穽をともなっていた。ルービン本人がはじめから力説しているように、「貨幣論」と「価値論」という分け方自体がまったく暫定的ないし便宜的なものでしかなく、両者は密接不可分であり一方だけを他方から切り離して論じることができないのは当然である。初版と第二版以降の最初の部分におけるいくつかの重大な相違は、マルクスの商品論だけではなく彼の貨幣論の解釈にも関連してくる局面を有しているのである。その第一点が先に見た等価形態の特質の第四点の見落とし（ないし無視）であり、このことによりマルクスの商品論の構想（「商品」章の構成）の重要な点が見のがされることになったと思われる。

等価形態に立つ商品は、特定の使用価値としての自己の商品体（モノ）をもって他商品の価値としての存在に可知的・可蝕的な形を与えるものである。社会的分業が私的生産者たちによって担われる商品経済では生産的活動（労働）における彼らの関係は、生産物（商品、モノ）の交換関係においてしか、モノの媒介を通じてしか、成り立ちえずまた表現されえない。価値表現関係における等価形態はまさにこのような役割を遂行するのであり、呪物性（物神性、物象化）の理論的把握はこのような等価形態の考察から始めるほかない。等価形態は価値形態の発展にともなって最終的には一般的等価形態になり、この形態を担う商品はその物的姿態のままですべての他商品の社会的関係（価値）を表し、その物量単位をもって諸商品価値の相対的大きさを一般的に表現する。このように、マルクスの呪物性（物神性）の理論的根拠は価値形態論にある。等価形態の第四の特質は先行する三つの特質を総括するとともに価値形態論と呪物性論とを架橋するものである。この第四の特質が価値形態論のなかから出てきたものでありながら『資本論』の第二版では第一章第四節のなかに移されたのは、その性格上当然の措置であったとも言える。ルービンは、「貨幣論概説」の第［V］章で価値形態論における等価形態の諸特質に的確に着目し、それらの詳細な考察を通じて価値形態論が抽象的労働の成り立ちを説明する理論でもあること、したがって、『資本論』第一章の前半での抽象的労働の規定を補完するものであることを示した。しかし、彼の価値論解釈の基礎に置かれている呪物性の理論が価値形態論の成果に負うものであること、つまり両者の緊密な関係がこの第［V］章では見落とされている[47]。『資本論』初版が考慮されずこれと第二版との相違に注意が払われなかったことにもその一因があるように思われる。

この相違が顧慮されなかったことがマルクス貨幣論の考察に及ぼした以上におとらず重要な第二のマイナスの結果は、先に見たようにルービンが一般的等価と貨幣をいきなり等置していることである（彼自身もこの点には問題を感じていたらしいことは、彼がこの両者を等置している箇所に注を付して何か説明を加えようとして結局何も書き残さなかったことからもうかがえる。先の注44を参照）。筆者の解釈では、一般的等価は価値形態論の最終的な帰結である（先の注36の最後に言及されている拙論、とりわけ、五八―六二ページを参照されたい）。マルクスは『資本論』第二版の価値形態論の序論的部分で、ここで彼がおこなおうとしていることについて次のように述べている。「諸商品は、それらの使用価値の雑多な現物形態とは著しい対照をなしている一つの共通な価値形態――貨幣形態をもっているということは、だれでも、ほかのことは何も知らなくても、よく知っていることである。しかし、いまここでなされなければならないことは、ブルジョア経済学によってただ試みられたことさえないこと、すなわち、この貨幣形態の生成を示すことであり、したがって、諸商品の価値関係に含まれている価値表現の発展をそのもっとも単純なもっとも目だたない姿から光まばゆい貨幣形態にいたるまで追跡することである。これによって同時に貨幣の謎も消え去るのである」[48]。第三節のはじめにあるこの文章のなかではじめてマルクスは「貨幣」に言及（「貨幣」という言葉を使用）している。そしてここで価値形態論の課題が貨幣生成を説明することであると宣言している。しかし、右の引用文に続く価値形態論のテクストは、初版本文のそれと初版付録のそれに続く三番目のヴァリアントである。最初の二つのヴァリアントでは、価値形態論の課題は貨幣の生成を示すことであるとはされていなかった。初版本文では価値形態論に該当する部分の直前に次のように書かれている。「われわれは、いま、〔…〕一般に相対的価値をただその量的な側面からのみ考察した。われわれは今度はその形態に目を向けてみよう」[49]。また初版本文の価値形態論の最後にはそこでなされたことが次のように性格づけられている。「だが決定的に重要なことは、価値形態と価値実体と価値の大きさの関係を発見するということ、すなわち、観念的に表現すれば、価値形態は価値概念から発していることを論証するということだったのである」(*Ebenda*, S. 43. 強調は原文)。さらに、第二のヴァリアントである初版付録「価値形態」の最初には次のように書かれている。「ところで、一商品の価値はどのようにして表現されるであろうか? つまり、価値はどのようにしてそれ自身の現象形態を得るのであろうか? いろいろな商品の関係によってである。そのような関係のなかに含まれている形態を正しく分析するためには、われわれはその形態の最も簡単な未発達な姿から出発しなければならない」(*Ebenda*, S. 626. 強調は原文)。

初版本文の価値形態論では、先行の諸形態がそれぞれ名称と番号を付されているのに対して、名称がなくただ「形態Ⅳ」とだけ記されている形態(貨幣形態ではない)が最後に掲げられ、その説明の後に右の最後から二番目の引用文が来る。最初に書かれた価値形態論はこのように建前からも実質からも貨幣形成の説明にはなっておらず、貨幣形成は価値形態論の理論的成果(一般的等価の概念)を受けて続く「(二) 諸商品の交換過程」において説かれている。これがマルクスにおける貨幣形成論の始めからの構想であったと考えられる。つまり、一般的等価の概念が価値形態論で最後に示されるだけでは貨幣形成の説明にはならず、この説明のためには価値形態論とはことなる論理が必要とされる、と理解されていたのである。ところが、初版付録の「価値形態」では最後に来る価値形態は「Ⅳ 貨幣形態」とされており、同じく「Ⅳ」という番号のついていた初版本文の最後の形態とはことなって「貨幣形態」という名称が与えられており、その内容も名称に対応するものに改変されている。つまり初版付録では、価値形態論は建前の上では貨幣生成論とはされていないにもかかわらず実質的に貨幣生成論となっており、両者に齟齬が生じている。第二版の価値形態論はこの初版付録のテクストをほぼそのままの形で再現しており、したがってその最後に来る「D　貨幣形態」も番号のつけ方が変わっただけで内容は初版付録と同じ貨幣生成論になっている。第二版で第一章第三節となった価値形態論の序論的部分には、右に引用したように「貨幣生成を示すこと」が目標として明示されている。こうして第二版の価値形態論は名実共に貨幣生成論となったのである（というよりも、初版付録の価値形態論が実質的に貨幣生成論となったために最初の趣旨説明もそれに沿うものに改変されたのであろう）。

では、初版本文の名前のない「形態Ⅳ」とそれ以後の「形態Ⅳ（D）貨幣形態」とはどう違っているのか。また、マルクスはなぜ価値形態論の最後の部分を前者から後者に改変したのであろうか。以下これらの問題について筆者の解釈を簡単に述べてみたい（詳しくは先の注18に記した拙稿を参照されたい）。

初版本文で一般的等価を導き出す「形態Ⅲ」の後に置かれた「形態Ⅳ」は、商品がもっぱら使用価値またはもっぱら価値として扱われ両者の統一としては現れない価値形態論の枠組みにおける一般的等価の不可能性を示すものである。先行する「形態Ⅲ」で示された一般的価値形態においては、すべての商品がある特定の一商品の使用価値を価値の化身とする。「形態Ⅲ」はすべての商品がこれをもって自分の価値を表現する形態である。この一商品が一般的等価であり他のすべての商品に対してもっぱら価値として現れる。このような役割を演じることができるのは、商品世界のなかの一種類の商品だけである。でなければ一般的価値形態ではなくなる。つまり一般的等価の位置はある商品が他のすべての商品を排除して占めるものである。しかし等価形態に立つ商品がもっぱら価値としてのみ現れその使用価値が顧慮されない（この点は「形態Ⅰ」から一貫している）価値形態論の理論的枠組みにおいては、商品世界のなかのどの商品がこの排他的な位置を占めることができるのかという問いに対して、「どの商品でも」と回答するしかない。なぜなら、マルクスは「商品」章の最初から、価値としての性質はすべての商品に帰属するものでありある特定種類の商品が独占するものではない、としてきたからである。

こうして、一商品のみが占めることのできる一般的等価の排他的地位はどの商品もが占めうることになり、すべての商品が他の商品をこの地位から排除しようとすることによって、どの商品も一般的等価になりえない、つまり、一般的価値形態が成り立ちえないことになる。言いかえれば、初版本文の「形態Ⅳ」は、価値形態の論理だけでは一般的等価の特定の商品との排他的な結合＝貨幣の生成までたどり着けないことを示すために置かれたのである。

初版第一章の「(二) 諸商品の交換過程」の最初に描かれる商品交換の行き詰まりの状況は、実は、この「形態Ⅳ」を新たな理論的枠組みにおいて捉え直したものである。ここでは、個別の商品の使用価値に対する選別的な欲望を有する商品所有者たちが、みずからのさまざまな商品に対してもっぱら価値としてのみ振る舞おうとする、つまり自分が市場に持ち出す商品を貨幣として扱おうとする。ここではじめて、一般的等価の形態と特定の商品種類（使用価値）との結びつきが、商品世界の共同事業として（紆余曲折の過程をたどりながら）達成され貨幣が形成される。このように、マルクスはもともと貨幣の形成を価値形態論と交換過程論の双方を通じて示そうとしていたのである。

では、初版付録とそのテクストを取り入れた第二版以降で価値形態論の最後に置かれている第四番目の価値形態は、なぜ右に見た初版本文の「形態Ⅳ」ではなく「貨幣形態」とされたのか。第二版では貨幣形態への移行は次のように説明されている。「その現物形態に等価形態が社会的に合生する特殊な商品種類は、貨幣商品になる。言い換えれば、貨幣として機能する。商品世界のなかで一般的等価物の役割を演ずるということが、その商品の独自な社会的機能となり、したがってまたその商品の社会的独占となる。このような特権的な地位を、形態Ⅱでは亜麻布の特殊的等価物の役割を演じ形態Ⅲでは自分たちの相対的価値を共通に亜麻布で表現していたいろいろな商品のなかで、ある一定の商品が歴史的にかちとった。すなわち、金である。そこで、形態Ⅲのなかで商品亜麻布を商品金に取り替えれば、次のような形態が得られる」[50]。価値形態論のどのヴァリアントにおいても、第三番目の一般的価値形態にいたるまでの価値形態の移行の説明は、先行する形態の価値表現としての欠陥と後続の形態におけるその欠陥の克服を示すことによってなされていた。しかしこの引用文に見られるように貨幣形態への移行の説明は、ただ単に一般的等価形態に特定の商品が歴史的に固着したことを言っているに過ぎない。ここには価値形態の発展がない（価値形態の発展は三番目の形態で終わっている）だけでなく、なぜ初版本文の「形態Ⅳ」のような事態（その可能性は右の引用文のすぐ前のパラグラフのなかの、「一般的等価形態は価値一般の一つの形態である。だから、それはどの商品にでも付着することができる」、という文章において認められている）が克服されるのかについての説明もない。後の交換過程論の結論部分だけが、その論理的説明は抜きに先取りされているのである。

このようにして、第二版以降の『資本論』では、ことなった論理によってではなく同一の論理の重複によって、貨幣形成論が二度繰り返されることになった。価値形態論の最後ですでに貨幣形態が持ち出されているにもかかわらず、第二章の交換過程論では初版本文の「形態Ⅳ」でのように、再びあらゆる商品が一般的等価の地位を主張する（ただし交換過程論ではこのことが、すべての商品生産者＝所有者が自己の商品をいきなり貨幣として社会的に通用させせようとする行動として描かれる）場面が論理展開の出発点に置かれている。資本論研究史上、価値形態論ですでに済んだはずの貨幣形成論をあらためて蒸し返しているように見える交換過程論をどう位置づけ評価するか（宇野）、あるいは、この二度（さらに呪物性論における貨幣についての議論も含めると、三度）にわたるマルクスの貨幣形成論をどのように関連づけて理解するか（久留間）、をめぐって日本では戦後しばらくの間活発な研究と論争が繰り返された。しかし筆者は、右にやや詳細に立ち入ってみた文献史的経緯から、マルクスは価値形態論と交換過程論の全体を通じて実質的に一つの論理によって貨幣形成を説明しようとしていたと考える。第二版では価値形態論の最後を貨幣形態とすることにより、第三章「貨幣または商品流通」にいたるまでの論理の流れに、無用の論争を惹起したような若干の混乱が生じているとしても、このことに変わりはない。

それではマルクスはなぜ、論理構成の一貫性をやや犠牲にしてまで価値形態論の最後を初版本文のような「形態Ⅳ」ではなく「貨幣形態」としたのであろうか。先に見たようにこの「形態Ⅳ」は交換過程論への導入ないし橋渡しとして適切な内容を持っていると思われる。しかし初版本文のこの価値形態論の最後に直接に続いているのは交換過程論ではなく、商品の呪物性にかんする議論である。しかも、交換過程論は『資本論』初版第一章「商品と貨幣」の二番目の項目として、価値形態論を含む一番目の項目「商品」から切り離されているのに対して、交換過程論とほぼ同じ分量を占める呪物性にかんする議論（第二版では第四節「商品の呪物的性格とその秘密」に相当）は、「形態Ⅳ」に切れ目なく直接に続いている。先に見たように、マルクスの呪物性論は価値形態論と密接な関連にあり、そこで示される等価形態の諸特性にかんする議論の延長・展開としての側面を持つ。また、ルービンが「貨幣論概説」の第［Ⅴ］章においてこの特性を逐一取り上げてその意義について吟味した際に、これらの特性がマルクスのテクストでは第一形態の等価形態について述べられているにもかかわらず彼がこれをいきなり貨幣の特性としてあつかったことにも示されるように、呪物性論は、商品経済において生産者およびその労働の関係が必然的にモノの関係として現れることを説明する論理であるとはいっても、この場合に社会的関係を体現するモノとは商品一般ではなく、現実的には一般的等価形態が特定種類の商品の使用価値に固着した貨幣でしかありえない。ルービンのあつかいに『資本論』のテクスト解釈としては問題があるのは確かであるが、このような事情を考えれば理由のないことではないと思われる。価値形態論が呪物性論にすぐに繋がる関係にあり後者が貨幣の呪物性論とならざるをえないため、「形態Ⅳ」での価値形態論の論理的行き詰まりからすぐに続けて呪物性論に入ると、そこにはやや論理の飛躍が介在しているように感じられるのではないだろうか。おそらくマルクスはこのような事情を考慮して価値形態論の最後に（ここでもまた論理の飛躍をおかして、つまり、後の交換過程論の結論部分だけをつまみ食いして）貨幣形態を持ってきたのではないか。実際、価値形態論が貨幣形態で締めくくられることとなった第二版では、これに直続する呪物性論は、「商品の呪物的性格とその秘密」というその表題にもかかわらず、より一層「貨幣の呪物性論」としての内実に合致するように各所に書き直しが施されている。

以上のように、『資本論』の初版から第二版にかけての交換過程論までの部分の貨幣形成論の構成をめぐる改変には、価値形態論と呪物性論と交換過程論との一筋縄ではいかない複雑な関係がからんでいたのである。ルービンが「貨幣論概説」でおこなったように第二版だけに依拠してこれらを考察したのでは、これらの相互関係や位置づけがきわめて見えにくくなる。このため、ルービンは価値形態論が先行する価値の実体規定の補完・捉返しとなっていることは示したものの、価値形態論が呪物性論の根拠となっていることには注意を向けなかった。また、価値形態論を貨幣形成論と同一視した（同じような例は他にも多数存在する）ことの裏返しとして、彼は、交換過程論は価値形態論の論旨の単なる繰り返しないしそのより詳しい歴史的な展開にすぎないと見なし、マルクスの貨幣形成論におけるその意義を十分にとらえ得なかったように思われる。

3　価値尺度としての貨幣

これまで「マルクス貨幣論概説」の前半の五つの章の主要論点について見てきたので、次に本項と次項では、その後半部分（第［Ⅵ］章から第［Ⅷ］章）に含まれる「貨幣の個別的な諸機能」についてのルービン独自のマルクス解釈のなかから、特に注目に値すると思われる若干の論点について紹介と検討をこころみる。「価値尺度」

と題された第［Ⅵ］章の主題が、『経済学批判』と『資本論』のなかの同一のタイトルが付された箇所のそれであるのは当然であるが、しかし、彼がここでおこなっているのは単なるマルクスの所説の紹介ではなく、当該箇所についての彼の独自な解釈を提示することであり、またこの解釈に基づいて、彼の時代までに示されていたマルクスの価値尺度論についてのさまざまな解釈を批判的に吟味することである。本章でルービンは、カウツキーやヒルファディングをはじめ同時代の多くの論者たち（マルクス主義者かいなかを問わず）との論争を企てており、彼のこの著書が論争書の性格も持つはずであったことが理解される。[51] しかしここでは彼のこうした論争的記述には立ち入らず、彼自身の主要な主張点にしぼって論じることにしたい。

前述のように、この第［Ⅵ］章においてだけ途中に一箇所で「価値尺度とは何か」という小見出しが入っている。この小見出しは続く部分のどこまでをカバーするとルービンが考えていたのか、また、彼がこの章にさらに別の小見出しと論題を予定していたのか、知るよしもないが、実際に書き残されている内容から判断して、この章は小見出しに先行する部分（章の最初の約四分の一に相当）と小見出しから最後までの部分の二つに分けられ、それぞれにおいてマルクスの価値尺度論にかかわる別々の主題を論じているように見受けられる。以下、それぞれについて順に見ていく。

i　価値尺度と流通手段、両者の関連

ルービンはマルクスの理論における「貨幣の個別的な諸機能」についての検討を開始するに先立って、「貨幣論概説」の後半部分の最初のこの第［Ⅵ］章の最初の部分で、貨幣論における貨幣の価値尺度機能の位置（とりわけ流通手段機能との関連における位置）についての彼自身の解釈を述べている。この問題はかつて日本でのマルクス貨幣論研究においても論じられたことがあり、[52] 一九二〇年代にルービンが提起していた解釈をここに紹介

することにも何ほどかの意味はあるであろう。貨幣のこれら二つの機能の関係をめぐる論争を概括して彼は次のように言う。

「価値尺度と流通手段。経済学では現在にいたるまで、貨幣の基本的で第一次的な機能は価値尺度としての機能なのかそれとも流通手段としての機能なのか、という論争がつづいている。〔…〕このように、〔相反する方向から〕論理的に一方の機能はあたかも他方の機能の前提であるかのようであり、したがって、論理的分析によってはここで提起された問題は解決不能である。／同様にこの問題は歴史的研究によっても解決にいたらない。一方では、すべての商品が金で価格評価されはじめるよりはるか前から、金が交換取引における媒介者としてつまり流通手段として役立っていたことは疑いない。しかし他方では、金が価値の尺度の役割で使用されていたものの金は実際には交換行為には登場していなかった、というはるかな古代に関連する諸事例も知られている」（本訳書、61ページ。引用文中の／はパラグラフの変わり目をあらわす）。

つまり貨幣のこれら二つの機能の先後関係をめぐる論争には決着がつけられない、というのがルービンの立場であるが、彼がこのように言うとき批判の主たるターゲットとして念頭に置いているのは、価値尺度が論理的に流通手段に先行すると主張する『金融資本論』におけるヒルファディングの所説である。マルクスの貨幣理論についての解釈を混乱させた一因はマルクス自身にもある（これは日本での同じ問題をめぐる論争についてもあてはまる）。「われわれが興味をよせる問題についての直接的な回答は、マルクスにも見いだせない。マルクスを皮相に読むと、彼がさまざまな箇所で相互に矛盾する見解を表明しているようにさえ思えるかもしれない」（同、62―63ページ）。ルービンはこの問題についての結論的な見解を本訳書65ページの長い一パラグラフで示している[53]。

ルービンのこの結論的見解は、当時利用可能であった歴史研究文献とともに、何よりも『資本論』の交換過程論の後半の結論部分[54]におけるマルクスの叙述に依拠して書かれているように思われる。ここでマルクスは、「交換過程の矛盾」から貨幣を導出する論理を展開した後に、あらためて価値形態論からこの段階にいたるまでの論理の展開を、「一般的等価の歴史的発展」（これは同時に、最終的には貨幣物神の形をとる商品生産における呪物化――物象化――の発展でもある）という視点から振り返って総括している。ルービンが、貨幣の二つの機能の関連という当時の係争問題に彼自身の結論的解釈を引き出すにあたって、『資本論』のこの箇所に着目したのは至当というほかない。

マルクスがそこで述べているように、歴史的な事実としては、商品が現実に価値表現を得る形態は、はじめから一般的等価の形態をその直接の出発点としており、問題はそれの発展度・安定性の高低の違いにあるのみである。つまり、一般的等価が真に「一般的」たりうるのは商品生産が一般化し再生産・交易圏が無限に（世界大に、まさにグローバルに）拡大しそのなかを流通する商品種が無限に多様化したときのみであるが、この段階にいたるまでの未発達な商品交換においてはこの「一般的」等価の一般的性格は多かれ少なかれ制約されている。価値形態論においては、一般的等価は形態発展の最終段階として出てくるため、もっとも発展した形態における価値表現という側面ばかりが表面に現れてきた。そのために、この形態における価値表現自体が実は歴史的に発展してきたものであるという側面はそこでは脱落せざるをえなかった。ところが、まったく偶然的な二生産物の交換、交換によってはじめて商品となるような生産物余剰の交換をのぞけば、いかにその拡がり・多様性において貧弱であろうとも、多数の商品が商品として交換されるためにこれらのものが持たねばならない価値表現の形態は、この貧弱さに応じてまたいかに貧弱であろうとも一般的等価の形態でしかありえなかった（つまり、価値形態論における、簡単な価値形態→展開された価値形態→一般的価値形態→？へと進む「価値形態の発展」は、価値形態が価値概念との完全な照応を見いだす過程であって、商品交換の歴史的発展とは別物であった、ということがここであらためて示される）。こうして貨幣は商品交換が一定程度の発展を示して以来きわめて古くから（価値尺度としても流通手段としても）存在しなければならなかったのであり、商品交換の発展にともなってこれら両機能をともないつつ歴史的に発展してきたのである。したがって、貨幣は、全面的に発展してようやく矛盾に陥った直接的商品交換の過程を救うために突如として deus ex machina のごとくに（あるときには価値尺度として、また別のときには流通手段として別々に）出現したものではない[55]。

前項で最後に見たように、マルクスの貨幣生成論は価値形態論と交換過程論の全体を通して一つの論理によって構成されている。後者の二つの理論はこの一つの論理のなかでそれぞれ不可欠かつ相互依存的な領域をなすものであり、また同時に、全体として商品経済のもとでの呪物性（物象化）の構造を明らかにするものでもある。そして、このような一つの論理によってその生成が示される商品貨幣は、特定の機能のみを備えて他の機能を欠落させた一面的な貨幣なのではなく、続く貨幣論において順次個別に分析される諸機能を潜在的に備えた貨幣である。本訳書65ページの長いパラグラフの最後の文章は、このことを如実に示しているとともに、交換過程論の最後（同時にルービンの言う「貨幣の個別的な諸機能」への橋渡し）に置かれたマルクスの次の文章と相互に呼応しあうものである。「諸商品は、なにもすることなしに、自分自身の完成した価値姿態を、自分のそとに自分と並んで存在する一つの商品体として、眼前に見いだすのである。これらの物、金銀は、地の底から出てきたままで、同時に一切の人間労働の直接的化身である。ここに貨幣の魔術がある。人間の社会的生産過程における彼らの単なる原子的行動は、したがってまた彼ら自身の生産関係の、彼らの制御や彼らの意識的個人的行為にはかかわりのない物的な姿は、まず第一に、彼らの労働生産物が一般的に商品形態をとるということに現れるのである。それゆえ、貨幣呪物の謎は、ただ、商品呪物の謎が人目に見えるようになり人目をくらますようになったものでしかないのである」（先の注54参照、初版も同文）。

ii 「価値尺度とは何か」

ここでは、「貨幣論概説」の第［Ⅵ］章のうち右の小見出し以下の部分でルービンが展開している価値尺度の機能に関する彼の独自の見解について見ていくことにしたい。

本解説の最初の項ですでに述べたように、ルービンは「貨幣論概説」の全体を通じて一貫して独立小商品生産者（のみ）からなる社会を想定している。そして、この「概説」に登場する貨幣は、これらの生産者が生産する商品の一種としての貴金属（とりあえず金としておく）であり、彼らが貨幣を手に入れることができるのは、みずからこの貨幣を商品として生産するか、さもなければ、自分で生産した貨幣以外の一般商品を貨幣に対して販売することによるかであり、これ以外の貨幣入手の方法（現実の資本主義経済には存在する利子・地代・労賃など）はすべて捨象されている。また「貨幣論概説」では産金業は視野に入れられていない。したがって、唯一の貨幣の入手方法は商品の販売であり、またその前提はみずからの労働による商品の生産である。「貨幣論概説」の後半部分で対象とされる貨幣の諸機能は、このようにして独立小商品生産者が手にする貨幣の担う諸機能である。ルービンの議論の全体がこのような枠組みの設定にのっとっており、この点をここでも再度確認しておきたい。

貨幣ないし貨幣商品である貴金属（金、銀）による諸商品の価値の尺度（測定）の問題は、マルクス以前のスミスやリカードなどの古典派経済学の時代から繰り返し論じられていた。特にリカードは、主著『経済学および課税の原理』第三版（一八二一年）の第一章において「不変の価値尺度について」という節を新たに設けて、価値尺度の問題を「不変の価値尺度の探求」という形で提起し、亡くなる少し前に執筆された遺稿「［絶対価値と交換価値］」にいたるまでその探求を止めなかった。彼は、商品の生産に費やされた労働量（これが価値を決定する）を確実に把握することを可能とする価値尺度を求め続けたが、ここには「価値尺度の探求」そのものの意味を曖昧にする重大な問題が含まれていた[56]。ルービンは、「価値尺度とは何か」についての議論を開始するにあたって、必ずしもこのようなリカード（ないし古典派経済学）の価値尺度の問題設定を意識してではないかもしれないが、まず、マルクスの貨幣論において価値を尺度するとはどういうことかにかかわる誤解を払拭することの必要性を次のように主張する。

「主観的には商品所有者たちは諸商品のなかの抽象的労働の量を確認しようとはしない。諸商品が金と同等化されるのは金が「抽象的労働の純粋な体化物」であるからではなく、反対に、すべての商品が金と同等化されるから金は抽象的労働の体化物として現れるのである。〔…〕価値論におけると同様に貨幣論においても、「価値尺度」の概念から主観的・個人主義的要素を取り除いて、過程の全体をその客観的側面から見なければならない」（本訳書、68ページ）。

ルービンは、おそらく彼の時代のマルクス主義文献にみられた貨幣の価値尺度機能に対するこのような（多分に古典派的な価値尺度観――価値の実体としての労働の量を経験的・感覚的に把握可能と考える――に引きずられた）誤解に、みずからの貨幣の物象化論的理解を対置する。価値尺度としての金が一定量の労働の生産物であることが交換当事者たちにあらかじめ認識されていて、諸商品がこの金と同等化されることによって諸商品の価値（これこれの量の労働時間に相当する）が尺度（測定）されるということではない。貨幣商品金の価値尺度機能によって交換当事者たちに認識されるのは、金という特定の物的商品のこれこれの物量に諸商品が同等化されることによる、それぞれの商品の価値の相対的な量的関係である（このような物象的な関係を介して、交換当事者たちの「背後で」彼らには意識されることなく、労働が同等化される）。そして、金は価値尺度として機能するとしても、あくまでも一定の物理的単位で測定される量を備えた一定のモノでしかなく、価値はこういう形で感覚的に（貨幣商品の一定量として）発現するのである。

さて、生産過程から出てきた商品はその生産者＝所有者によって価格を付与されて流通過程に入る。この価格は貨幣の価値尺度機能によって貨幣商品の一定量として表示される。商品所有者は、自分の商品と交換にできるだけ多くの他の諸商品を得ようとして、その商品にできるだけ高い価格を付与しようとするであろう。とはいえどのような価格でも付与しうるというわけではなく、実際にはすべての商品にはそれぞれ一定の価格が付与されざるを得ない。商品の価格評価を制約するのはその販売の見込みであるが、この見込みは、既知の事実となっている前回までの同じ商品の一定の価格での販売の実績と同種の商品を生産販売している他の商品生産者たちの行動（どれだけの商品をいかなる価格で売りに出しているか）とによって左右されるであろう。このような過程の繰り返しのなかで一定の商品に対しては一定の価格が付与されることになる。ルービンによれば、貨幣の価値尺度機能は、ただ単に流通過程に入る商品へのその都度の価格の付与に限定されるのではなく、生産と流通の繰り返しを通して商品に付与される価格を一定の水準に調整する働きも担うとされる。このように価値尺度機能には、商品生産者たちをより有利な生産条件を求めて生産部門間移動させること（社会的総労働の配分・再配分の媒介）も含まれるとされる。

「個々の生産部門のあいだの釣り合いは、単純商品経済の条件においては、その生産に社会的に必要な労働に比例して生産物が交換されるという条件のもとでのみ確立される。ある二つの生産部門のあいだの釣り合いの状態に対応するのは、労働価値に対応したそれらの生産物のあいだの一定の正常な交換割合である。これらの生産物の市場交換の実際の割合がこの正常な割合から上方ないし下方に乖離すると、これらの二つの生産部門のあいだでの労働の再配分すなわち一方から他方への労働の流出が起きる」（同、69ページ）。

以上はルービンの価値尺度解釈の独特な一側面であり、日本ではかつて宇野弘蔵が唱えた価値尺度論(57)と通じるかもしれないが、しかしルービンの場合には、この解釈は当然のことながら日本での資本論研究とはことなる文脈のなかで、次に見るような宇野の場合とはことなる根拠によって主張されている。この価値尺度理解は、この引用文の直前での「主観的・個人主義的」解釈への批判の後に、いわばそれに代替するものとして示されている。右の引用文は「釣り合い（равновесие）」という概念をめぐって展開されている。本解説の第一項で見たように、ルービンは、貨幣を媒介とする単純商品流通W–G–Wという同一の過程が、価値論ではその「統一」の側面から、すなわち、W–Wとして観察されるのに対して、貨幣論ではこの過程がW–GとG–Wへの「分離」の側面から観察される、そして、この点に価値論と貨幣論の相違点のひとつがある、としていた。右の引用から明らかなように、貨幣の価値尺度としての機能は「釣り合い」を前提とするのではなく、反対に貨幣のこの機能が「釣り合い」をもたらすとされている。価値尺度機能をこのように把握することは、ルービンのこのような価値論と貨幣論の対照的な性格づけに由来するものであろう。[58]

商品所有者が商品に一定の価格を付与し別の価格を付与しないのは、できるだけ高い価格での販売を欲しながら販売の見通しによって一定の価格に抑えざるを得ないからである。この見通しは生産と交換の繰り返しの直近の経験から得るしかない。つまり、自分の商品に価格を付与する生産者＝販売者の行為はこのような繰り返しの流れ（再生産）のなかに位置づけられるのである。

「商品生産者が自分の計算によって社会経済の釣り合いの状態を先取りしうるのは、この計算自体がすでにあらゆる生産部門の相互作用と相互適応の長期にわたる自生的な過程の結果であり反映であるからである。これらの部門のあいだには無数の摩擦と攪乱をつうじて結局はやはり相対的な釣り合いの状態が確立される。〔…〕あらゆる生産部門の相互適応のこの過程の結果が、その生産物の一定の平均的な価格評価なのであり、それは生産者の計算において、それらの生産部門のあいだでの将来の釣り合いの状態についての頭のなかでの先取りに転化される」（同、74ページ）。

商品生産者は実際に自分の商品が販売されるに先立って、その価格のおよその高さについて予見（値踏み）をせざるをえないし、することができる。それは、当人（および周囲の同業者）がそれまで幾度となく繰り返してきた生産と販売の経験が彼のなかにデータとして蓄積されているからである。販売に先立つ生産活動も同じように、このデータを参照して計画され実行されていたはずである。こうして生産部門間に釣り合いのとれた労働配分が傾向的に実現され、この状態においては諸商品の価格は投下された労働に比例的となる。これはルービンによれば価値尺度としての貨幣の本質的な機能である。

以上のように、「貨幣論概説」における貨幣の価値尺度機能は生産と交換の繰り返しすなわち再生産の流れのなかで捉えられている。また同時にこの貨幣の機能によって、私的所有のもとでの分業労働とその生産物たる商品は、それらが個別具体的な社会的接触の場（交換、流通）に踏み込むのに先立って、すでに一定の社会的性格が付与されることになる。商品や貨幣を把握するこのような視角をルービンが明確に打ち出すのは、『マルクス価値論概説』第二版が出版された後に一九二六年に入ってから現れた諸批判への対応から第三版を準備する過程においてのことであった[59]。一九二四年に刊行された第二版では、商品価値の決定における生産と交換の演じる役割の関係にかんして、ルービンは右のような捉え方とは反対にそれらを一回的・個別的な局面として把握していたように思われる。たとえば、第二版第一四章「抽象的労働」には次のような文章が存在する（同じ表題の第三版第一四章では削除）。

「商品生産者各人は、自己の企業において自律的に独立的に活動する。彼の労働生産物が市場に持ち出されて市場に現れる他の無数の生産物と対置されて一定の比率においてそれらのおのおのと同等化されるその瞬間においてのみ、商品生産者は市場全体（すなわち、社会の自分以外の成員の労働活動）の作用が自己におよんでいることを体験し、また彼の方も自己の労働の生産物をつうじて彼らに反作用を及ぼす。〔…〕商品生産者が自己の具体的な特別な労働に従事しているあいだは、この労働は私的労働を表す。それが社会的になるのは市場交換の行為を媒介としてだけ、すなわち、きわめてさまざまな種類の労働の生産物の同等化の形でのみ、抽象的労働の形でのみ、である」（本訳書、174ページの項目9の文献、стр. 101. 訳文は同邦訳書31―32ページ。強調は原文。このくだりは初版にはなく、第二版で追加されたもの）。

　生産に続く交換の局面においてはじめて商品生産者の私的労働とその商品が社会的接触に入り、そこではじめて私的労働が抽象的労働に生成し価値が発生するという、以上のような発想およびこれに基づく表現は、一九二八年の『マルクス価値論概説』第三版では全面的に削除され、第一四章は他の若干の諸章とともに大幅に書き直されている（同版への序文より）。第二版での抽象的労働論にこのような見直しを迫る最初のインパクトを与えたのが、一九二六年なかば（ルービンが流刑地からモスクワに戻りマルクス＝エンゲルス研究所での比較的自由な活動を開始する少し前）に発表されたダシコフスキーの論文であった（注59に示した「訳者解説」）。ダシコフスキーらからの批判を受けてルービンが「価値論概説」新版のための改訂の作業に着手したのはこの年の後半からのことと推測される。この作業の最初のそしてもっとも重要な成果は、ダシコフスキー論文からちょうど一年後に同じ雑誌『マルクス主義の旗の下に』に発表された論文「マルクスの体系における抽象的労働と価値」（本訳書175ページの項目23の文献）に盛り込まれている。ルービンは、この論文において彼がはじめて展開した新たな論点に関連する箇所を、第三版の特に第一二章「価値の内容と形態」（表題改変）と第一四章「抽象的労働」の各所でほぼそのままの形で切り貼りして再現している。このことからも、また第三版が実質的には『マルクス価値論概説』の最終決定版となったことからも、一九二七年に発表された右の論文は（特に、二〇年代後半のソ連における価値論論争が始まる前後におけるルービンの見解の変更という点から見て）、彼の理論的経歴においてきわめて重要な位置を占めると言わなければならない。

この論文のなかで彼は右の価値尺度理解に通じる次のような見解を述べている。「人間は今日第一日目の生産をおこなうのではなく、生産者は交換行為をおこなって後に生産し、また次期の交換行為をおこなう前に生産するのであるから、直接的生産の過程もまた、交換の原理に基づく商品経済の組織に対応する一定の社会的特徴を獲得するのである」(*там же*, стр. 103)。「貨幣論概説」の第［Ⅵ］章のなかの次の文言はまさに同一の視点を表明するものである。「生産者が一回ごとのあらたな生産過程にさいして、あらゆる計算をはじめから開始して労働生産性と生産物の労働価値を主観的に算出する必要はいささかもない」(本訳書、75ページ)。

このような生産の特徴づけは第二版にはまったく見られなかった。ともかくこうして、生産は完全に私的なものではなくなり(商品したがって価値を創造するという)「一定の社会的特徴」を得ることになった。とはいえもちろん、彼の論敵たち(とくにシャブス)とはことなって、ルービンは生産において価値が生み出されその大きさがすでに所与のものとなるとは考えない。「生産の局面における商品生産者たちの労働活動は直接的には私的で具体的な労働であり、媒介的・間接的に、またはマルクスの表現を借りれば潜在的にだけ社会的労働なのである」(Рубин, 1927, *там же*, стр. 104. 以上二つの引用箇所は第三版にもそのまま取り入れられている)[60]。

ルービンは、一九二七年の論文のこれらの議論と呼応するかのように、「貨幣論概説」においては、商品に価格形態を付与する価値尺度の機能を右のように捉える根拠を次のように概括的に述べている。

「価格形成過程の右のような不断の継続は、再生産過程の不断の継続を反映するものである。ある生産過程はその前の過程の繰り返しである。それはなにもないところから始まるのではなく、前回の生産の結果をすでにその前提としている。この結果は一定の価格の形で固定されている。社会的諸関係が商品生産者たちを結びつけるのは直接的には市場交換の行為においてのみであり、交換行為が終わるとこの関係は途切れてしまうとはいえ、その結果として、労働生産物の背後に固着した一定の社会的性格たとえば一定の平均価格が生じる」（本訳書、76ページ）。

ここではルービンが再生産の視角から生産と交換の関係を観察していることが明確に示されている。個別的過程を開始するにあたって、その当事者は再生産過程を通じて社会的に生み出された結果を受動的に受け取るしかない。そしてこの結果はそれぞれの商品の価格（そのおよその水準、相場）として、その商品の属性として凝固している。右の引用文の特に最後の文章は、一九二七年の論文でルービンが提起した「交換の二つの概念」（再生産過程の社会的形態としての交換とその個別的局面としての交換）にきわめて近い発想に基づいている。また、価値の決定における交換の位置にかんしても、「貨幣論概説」においては貨幣の価値尺度機能についての理解と関連させつつ、次のように論じられている。ここでもルービンは『マルクス価値論概説』（おそらくその第二版）と「貨幣論概説」とのつながりを示唆している。

「価値の理論〔『価値論概説』第二版〕では、直接的生産過程では商品生産者は他の商品生産者たちとは独立に活動する（商品生産の無政府性）のであり交換過程においてはじめて彼らと結びつく、とわれわれは述べたが、この命題は、生産過程と交換過程を抽象的観点からそれぞれ個別に考察していた限りにおいて正しかったのである。だが実際の現実においては、ある生産過程は不断の社会的再生産過程の繰り返される諸局面のうちのひとつ、交換の行為が先行しまた後続する局面でしかない。それゆえに、市場での交換過程にある生産者をとらえて離さない社会的な結びつきの濃密な網の目は、中間の生産期間においても解体されず、先行する交換過程の結果としてまたその直後の交換過程の先取りとして、そこでもその作用を継続するのである。〔…〕価値尺度にかんするマルクスの所説の根本的な社会学的〔социологический〕意味はこの点にある。それはほかでもない、交換行為に先行する生産過程における労働生産物の価格評価についての所説である」（同、77―78ページ。強調は原文）。

この引用文の前半部分で、ルービンは、彼が『価値論概説』の第二版で主張していた生産と交換の関連（第二版からの先の引用文――301―302ページ――を参照）を引き合いに出し、これを相対化している。「貨幣論概説」には一九二六年以降に生じた彼の『価値論概説』をめぐる諸批判についての直接の言及はどういうわけかまったく含まれていない。しかしこの引用文の前半部分は、彼がこれらの批判に対処すべく商品価値の生成と決定における生産と交換の位置づけの見直しをおこなった一九二七年の論文に含まれる論点と同調的である。[61] そして、価値の尺度は交換・流通の場での貨幣の働きだと考える価値尺度機能についての常識的な理解に反して、それが交換に先立つ生産（いずれも再生産の流れのなかで捉えられる）における貨幣の作用であるとする一見逆説的な結論を導いている。しかし、商品経済において生産と交換が相互に浸透し合う（両者を包括する一つの歴史的に特種な生産システムをなす）とするならば、価値尺度機能をこのように理解することは逆説的ではなくなる。マルクスも、商品は現実に交換されてみることによってはじめてその価格が知られるのではなく、反対に一定の価格を付与されることによってはじめて流通可能になると言う。「流通で価格として現れるためには、諸商品は流通に対して交換価値として前提されている」。[62] だが同時に、流通に先立って与えられた一定の価格がそのまま流通過程において確実に実現されるわけではなく、流通に前提とされる価格の付与はあくまでも一定の見込みないし販売者の主観的希望（だがこれらはまったく無根拠ではない）をあらわすに過ぎないことも忘れてはならない。先に見たようにルービンはもちろんこの点も明確にしていた。『批判』ではこの点について次のように言われている。「商品はその外化によってはじめて現実的な一般的等価物となるべきものである。商品の価格規定は、商品の一般的等価物へのたんに観念的な転化であり、依然としてこれから実現されなければならない金との等置である」（*Ebenda*, S. 143. 邦訳『資本論草稿集③』二七〇ページ）。

以上、「マルクス貨幣論概説」の第［Ⅵ］章「価値尺度」におけるルービンの独自な論点について紹介と検討をこころみた。この「概説」の後半部分は三つの章からなるが、最後の項をあてて筆者に重要と思われるもう一つの論点について論じてみることにする。

4　蓄蔵貨幣

「貨幣論概説」後半部分で最初に価値尺度について論じたあと、続く第［Ⅶ］章でルービンはマルクスに倣って流通手段を取り上げているが、この章は前の章とはことなって全体に解説的叙述が大部分を占めており、彼の貨幣についての独自の視点の提示も前章ですでに述べられたことの繰り返しの域を出ない。また、前章では多くの外国（特にドイツ語圏）の論者たちとの論争にも紙幅が割かれ、このことがルービンの自説の展開に力を与えていたが、この章で彼が論争相手として取り上げているのはごく少数の論者に限られる。彼はこの章の最後で、前章の一部論点の再論と次の第［Ⅷ］章への橋渡しをも兼ねて次のように総括をおこなっている。「生産過程の後に、生産の更新のための必然的な条件として、流通過程がその両方の局面（W–GとG–W）をともなってかならず続く場合にのみ、金は流通手段の機能を遂行するのである。容易に気付かれるように、これら二つの機能は発展した商品経済を前提とし、そこでは、生産ははじめから交換を見込んでおり（商品の事前的な価格評価と価値尺度としての金の機能はここから生じる）、他方では、交換は再生産過程全体の中間段階にすぎないのである（商品の変態と流通手段としての金の機能はここから生じる）」（本訳書、101―102ページ）。最初の文章は蓄蔵貨幣をあつかう次の章への移行を示唆し、その後の部分では、ここまでルービンが論じてきた貨幣の二つの機能が「発展した商品経済[63]」を前提としていることを指摘して、おそらく次の論題となる蓄蔵貨幣も同様の前提のもとで機能することを暗示している。

マルクスは『資本論』や『経済学批判』で蓄蔵貨幣を論じるにあたって、しばしば古代世界にまで遡る多くの歴史的記述を与えている。しかし、マルクスの貨幣理論の一環としての蓄蔵貨幣ということであれば、ルービンが「貨幣論概説」の後半で強く打ち出している視点にしたがって、発展した商品経済における貨幣の機能と考えなければならない。すなわち、貨幣の蓄蔵という行為が、これまで前提とされてきた商品生産者のみからなる社会において、当事者たちが生産と交換を繰り返しつつ自己と経済システムを維持（とりあえず拡大はない）していく行動のなかから、ある必然性をもって生まれてくることが示されなければならないであろう。以下、この点がどのように示されているかに着目しつつ、「貨幣論概説」第［Ⅷ］章の行論を追っていくことにする。したがって、未発達な商品経済における貨幣の蓄蔵についての議論は無視する。(64)

発展した商品経済のもとでの貨幣の蓄蔵のもっとも一般的な可能性は、流通手段としての貨幣の機能によって媒介される商品の変態が、販売と購買という二つの独立した過程に分離していることにある。流通手段としての貨幣の機能は、この二つの過程が切れ目なく連続して進行するかのように、したがって、結果の観点から見ればあたかも商品交換は物々交換と区別されないかのように想定して説明されていた。しかし、実際にはこれら二つの過程は独立であり二つの交換は性質のことなるものであった。この性質の相違を明確に示すのが、商品の販売によって得られた貨幣が即そのまま購買のために流通に投じられないこと、すなわち、貨幣の流通からの引き揚げである。

「発展した商品経済においては、蓄蔵貨幣の形成は商品流通の正常で恒常的なそして必然的な諸機能のひとつである。一方で商品流通が不断の回転循環 W–G–W を前提しているとすれば、他方ではそれはこの回転循環を W–G と G–W という二つの行為に引き裂き、二番目の行為の長期にわたる延期の可能性、場合によってはその必然性さえも生み出す。それぞれの商品所有者は交互に販売者と購買者の役割で登場しなければならないが、しかしそれと同時に、販売から手に入れた貨幣の一部を流通に解き放つことなく、一時的に自分の手元に置いておかなければならない。先に見たように、商品生産者は販売から手に入れた貨幣を消費手段と生産手段の購入に支出する。この両方の目的のために、彼は往々にして貨幣を準備金ないし蓄蔵貨幣の形で手元に置いておかなければならない」(同、103―104ページ)。

ここに出てくる貨幣蓄蔵の主体は、農業・工業その他の産業部門を問わない独立生産者だけである(賃労働者は生産手段を買うことはないし、資本家は賃労働者の雇用のために賃金を支払わなければならないのだから、右の引用文ではこのどちらも想定されていない、つまり、資本主義的関係はないものとされている)。ルービンの貨幣論草稿におけるマルクス解釈はこの点において始めから一貫している。彼はこの第[Ⅷ]章でも、第[Ⅵ]章・第[Ⅶ]章においてと同様の経済主体だけからなる社会を、間断なく幾重にも繰り返される再生産の視角から観察している(したがって、利潤や地代・賃金・利子・配当といったその他の所得の処分における可能性としての貨幣の蓄蔵は問題外とされる)。独立小商品生産者にとって、商品の販売によって得た貨幣をそのままただちに他の商品の購買のために支出するのではなく、その一部を一定の期間「手元に置いておく」ことは、生産と消費を繰り返し継続していくために必ず必要となる。ただし、この場合に商品を販売した者の手元に一時留めおかれる貨幣は、あらかじめその支出の目的や時期そして金額が定まっており、一定の時間が経過すれば流通に投ぜられ一定種類の諸使用価値に転換されることが予定されている。(65)

しかし、マルクスの貨幣論において貨幣蓄蔵(Schatzbildung)という言葉が示唆するのはこのような貨幣の一時的な支出留保ではなく、無限定かつ無制限な蓄蔵のための蓄蔵ではないのか。実際、『資本論』第三章「貨幣または商品流通」(ないし『経済学批判』第二章「貨幣または単純流通」)の「3. 貨幣」の「a 貨幣蓄蔵」の項にはこのような貨幣蓄蔵行動――前資本主義の時代または経済的に未発達な地域における――についての多くの記述が含まれる。このような行動の結果が「蓄蔵貨幣（Schatz）」である。「使用価値はどれも消費されることによって、すなわち消滅させられることによって使用価値として役に立つ。しかし貨幣としての金の使用価値は、交換価値の担い手であることであり、形態のない素材として一般的労働時間の物質化したものであることである。形態のない金属として、交換価値は不滅の形態をもつ。このようにして貨幣として不動化された金または銀が、蓄蔵貨幣である」[66]。「蓄蔵貨幣のある量的制限が乗り越えられると、いまいちど揚棄されなければならない新しい制限がつくりだされる。制限として現れるものは、蓄蔵貨幣のある一定の限界ではなく、そのあらゆる限界である。このように貨幣蓄蔵はそれ自身のうちになんらの内在的限界も基準も持つものではなく、その一回ごとの結果のうちにその開始の動機を見いだす無限の過程である」[67]。マルクスの貨幣論における蓄蔵貨幣とこれを生み出す行為としての貨幣蓄蔵は、このようなものと理解されていたと思われる。右のルービンからの引用文に述べられている流通から一時引き揚げられる貨幣は、たしかに、W–GにG–Wがただちに続くことなく商品流通の過程が前者で停止するという点では、蓄蔵貨幣と共通性を持つと言ってよいが、しかし、ここでマルクスが述べている蓄蔵の動機や目的[68]という点から見れば、蓄蔵貨幣とははっきりとことなる性質を持つと考えなければならない[69]。ルービンが第［Ⅷ］章で想定している発展した商品経済の下で、ここでマルクスが定義している意味での「蓄蔵貨幣」の可能性また必然性はどのように説明されるのであろうか。

　単純商品生産者の生産と消費の繰り返しのなかで必然となる貨幣の一時的な保有（先のルービンからの引用文）とはことなる、（ケインズの言う「非活動的残高」という意味での）貨幣蓄蔵の可能性についてもルービンは説明しようとしている。

　「これまで、準備金として流通から一時的に取り置かれる貨幣は一定の時点でふたたび流通に投入される、と仮定してきた。言い換えれば、商品生産者が生産物の販売から手に入れる貨幣は最終的にはその全額が他の生産物の購買に支出される、と想定してきたのである。だが、商品所有者が、もはや決して流通に解き放たないことを意図して、こうした貨幣の一部を自分の手元にとどめておく、ということもありうる。このような場合にわれわれが見るのは、W–GとG–Wという二つの行為のあいだの一時的な（鋳貨準備金の場合には短期の、貨幣準備金の場合にはもっと長い期間の）中断ではもはやない。そうではなく、全流通がW–Gという行為をもって完結し、そのあとに第二の行為、購買G–Wがまったく続かないのである。販売W–Gによって入手された貨幣は蓄蔵貨幣に転化される。われわれはこれを貨幣準備金と区別して「蓄積された蓄蔵貨幣」と言い表すことができる」（同、106ページ）。

このような区別を可能とする貨幣蓄蔵の動機とその実現のための条件とはどのように説明されるのか。貨幣論草稿の第［Ⅷ］章には、右の『経済学批判』からの二つの引用文中でマルクスが鮮やかに示しているような、富の化身としての貨幣（「貨幣としての貨幣」）それ自体が究極の目的となり決して充足されることのない欲望の対象として無限に追求されるという、貨幣蓄蔵の動機についての明確な説明はなされていない。また、貨幣蓄蔵が可能になる条件は、労働生産力の発展にともなって商品の販売によって得られる貨幣のなかから従前の生活水準を維持するための貨幣額を超過する残余（実質所得水準の向上）が発生することに求められる。そして、この余剰貨幣（販売によって得られる貨幣量の絶対的増加分、あるいは、諸商品の低廉化によって貨幣所得一定のもとで余剰化される貨幣部分）が、生活水準向上のための支出に充てられないで無限定的な貯蓄に回されるとされる。(70)このような生産力の発展は、階級分化の進んでいない資本主義経済の発生期と関連づけて論じられているように思われる。貨幣論草稿でルービンが明示的に想定している独立小生産者からなる「発展した商品社会」は、結局このような経済社会の状態と関連づけられていたのかもしれない。

だが、第［Ⅷ］章の後半部分では、もともと考慮されていなかった資本賃労働関係が、単純商品生産関係からの歴史的生成の説明をともなうことなく導入され、議論の対象がそこでの貨幣蓄蔵に移っていく。[71] 第［Ⅷ］章でのルービンの結論は、発達した資本主義経済においては右に見たような形での貨幣蓄蔵ないし一般に蓄蔵貨幣はなくなるというものである。資本関係が支配的である社会では、賃金は原則として全額が消費に支出されざるをえず、貨幣蓄蔵の元になる貨幣は利潤という剰余に基づく所得を取得することのできる資本家の手元にしか残らない（ここでは、『資本論』第一部と同じく、利潤の分岐形態としての利子や地代は捨象し、資本所有者が単独で企業を経営してそこで生み出される剰余を取得する、と想定する）。すなわち、資本関係の下での貨幣蓄蔵は資本家がその所得をどのように処分するかにのみかかっている。ルービンもマルクスと同じく「合理的な貨幣蓄蔵者」としての資本（企業）家を想定して、剰余として取得された貨幣はその全額が時を移さず直接または（信用関係を通して）間接に投資に振り向けられると考える。すなわち、右の注71での「貨幣蓄蔵」の項からの引用文でマルクスが描いているような行動を、可処分剰余貨幣所得の唯一の取得者である資本家が取ることはない、とされる。特定の使途のない余剰貨幣を無限定的に手元に置いておこうとする行動は、資本主義においては合理的なものとはみなされず、それゆえ、理論的にはないものと想定される。この点でルービンはマルクスの理論構成に極めて忠実にしたがっていると考えられる。[72] こうして、貨幣論草稿第［Ⅷ］章では、発達した商品経済としての資本主義のもとでの貨幣蓄蔵についてのルービンの議論は、結局その否定に行き着く。

「資本主義経済においては蓄蔵貨幣の蓄積は資本の蓄積に転化しその性格をまったく変える。資本家は蓄蔵貨幣の収集者と同じように、彼の追加的な収入を個人的消費の拡大に費やすのではなく（またはごくわずかの程度だけ費し）、「蓄積をおこなう」（「剰余価値」のうちの、「消費」部分と区別される、いわゆる「蓄積部分」）。しかし彼は、蓄蔵貨幣の収集者とはことなって、この追加的貨幣を流通から引き揚げるのではなくこれを再びそこに解き放つのである。彼は生産を拡大するつまり新たな生産手段と労働力を買い入れるか、あるいは、生産を拡大しようとする他の資本家たちに、通常は銀行を介して、貨幣を貸し付ける。この貨幣を事業に投資することのできない短い期間でさえ、彼はそれを自分の手元に置いておくのではなく、銀行の自分の当座勘定に送金しそれに対する相応の利子を取得する」（同、108ページ）。

この引用文でルービンはマルクスと同じく、資本主義経済のもとでは、再生産過程の流れのなかで生じる種々の実際上の必要に規定されたのではない自己目的としての無限定な貨幣蓄蔵は存在しない、としている。しかし、マルクスの貨幣論においては、流通貨幣量の調節機能の担い手として蓄蔵貨幣には大きな役割が与えられている。(73)ルービンもこのマルクスの論理の流れにしたがって、流通必要量を超えて存在し流通に吸収されない余剰貨幣の「貯水池」としての蓄蔵貨幣の役割について論じているが、右の引用文において資本主義のもとでその形成が否定されたはずの蓄蔵貨幣にどうしてこのような役割を担うことができるのか。彼は「貯水池」について次のように述べている（ちなみに、この語は貨幣論草稿ではこの一箇所で使用されているだけである）。

「蓄蔵貨幣は、流通の部面が必要とする追加の貨幣量をそこから受け取りまた過剰な貨幣量をそこへ投げ返す貯水池の役割を果すのである。このようにして、流通内にある貨幣の数量の商品流通の要求への適応が達成されるのであり、貨幣は「その流通水路からあふれることはない」」（同、110ページ）。

このような貯水池の役割を果たすことのできる蓄蔵貨幣とは、先の引用文で資本主義下でのその形成が否定されていた蓄蔵貨幣ではなく、ケインズの言う取引動機により一時的に特定の目的をもって流通から引き揚げられた貨幣、つまり、資本の再生産と蓄積の過程で絶えず生み出される一時的に遊休する貨幣を意味すると考えざるをえないであろう。この意味での蓄蔵貨幣はこれを形成する個々の企業にとっては一時的な存在であるが、多数の企業からなる経済全体にとっては、その規模に応じて一定の大きさの蓄蔵貨幣が絶えず維持されるであろう。この蓄蔵貨幣によって形成される貨幣の「貯水池」が流通貨幣量を自動的に調整するという、マルクスおよびルービンの理論は、このように解釈すればつじつまを合わせることができるであろうが、しかし、このためには中心論題であった「蓄蔵貨幣」の意味の取り替えが必要となる（もっとも、この意味は前述の通りはじめから曖昧な点を含んでいたのであるが）。

それはともかく、「貯水池」と「流通」のあいだを蓄蔵貨幣の一部が行き来することによって流通内にはたえず必要貨幣量が確保され、貨幣量は過剰になることも過少になることもない、とされている。(74) 貴金属貨幣が流通過程と貯水池のあいだを行き来するのはどのようなメカニズムによってであるかが説明されなければならないが、しかし、ルービンもマルクスと同じく貨幣のこの往還運動が「流通必要貨幣量の増減によって引き起こされる」という以上のことは何も言っていない。たとえば、地金論争期にリカードなどによって論じられた地金と鋳貨との相互転換メカニズムの説明(75)のようなものが必要とされるのではないだろうか。

『資本論』や『経済学批判』の貨幣についての章の「貨幣蓄蔵」の項においても、また、ルービンの貨幣論草稿の第［Ⅷ］章「蓄蔵貨幣」においても、貴金属貨幣はもっぱら一国内にとどまっていてその範囲のなかで二つのことなる領域を移動するものとされている。これはもちろん、マルクスの「経済学批判」プランに基づいて、『資本論』がカバーする理論領域では国民経済という枠組みのなかですべての経済的な関係が完結するかのようにみなされて、対外経済関係が捨象されていることによるのであろう。しかし、マルクスの貨幣論の最後に置かれた「世界貨幣」と題する項では、こうした全体的な理論的枠組みを例外的に一時解除して地金形態のままの貴金属貨幣の国際間移動についても論じられている。これは、貴金属貨幣の運動が一国内では完結しないだけでなくその国際的な運動と相互に干渉しあうために、ここでは対外的な関係を捨象したままでは済まないという判断による措置だったのかもしれない。しかしルービンの貨幣論草稿にはこのような国際的な関係に対する顧慮はなく、貴金属貨幣の数量調整はあたかも国内経済のレベルで完結するかのような印象を与える叙述となっている。

対照的に、マルクスが貨幣論において批判の対象としたヒューム、スミス、リカードおよびそれ以降の論者（ルービンは貨幣論草稿では明示的には取り上げていないが）においては、貨幣制度に関連する諸問題はほとんど必ず国際的な経済関係のなかで論じられていた。貴金属貨幣は流通から外に出ることや外部から流通に入っていくことができるとマルクスは（そしてルービンも）言うが、それは単にある一国内のことでしかないかもしれず、貴金属貨幣は国民経済の境界の有無とは関係なくそれが過剰なところから希少なところへと移動しているのかもしれない。

貨幣論草稿の第［Ⅷ］章の後半部分（本訳書110—121ページ）で、ルービンは、貨幣が産業資本としての自己増殖を開始するにいたって、それ以前の単純商品経済における可能性としての貨幣蓄蔵（同、103—104ページ）が、資本主義的な価値増殖という「合理的な形態」における貨幣的富の拡大に移行していくとして、先に見たのと同じ結果（資本主義のもとでの貨幣蓄蔵の否定）に行き着く[76]。第［Ⅷ］章「蓄蔵貨幣」の目的がこのようなことを明らかにすることにあったのだとすれば、この章はもはやその前の「価値尺度」や「流通手段」の章とはことなって、普遍的富としての貨幣の持つ性質に基づく資本主義の発生・発展の論理の出発点として位置づけられることになるのではないか。

資本主義的関係の生成についてルービンは第［Ⅷ］章の終わりの方（同時に草稿「マルクス貨幣論概説」全体の終わりの方）で次のように言っている。

「経済的諸機能（すなわち生産諸関係）の差異化は、一面では人々の経済的形象の差異化に他面では経済的・物象的諸範疇の差異化につながる。単純商品生産者の蓄蔵貨幣の収集者への転化は、平等な商品生産者の社会から諸個人間の深刻な差異化（社会の階級分化となってあらわれる）をともなう、資本主義社会への道のりの第一歩をなす」（同、120ページ）。

自己の労働と生産手段をもってW―G―Wの過程を繰り返す単純商品生産者が貨幣蓄蔵者に変わっていくのは、平等な単純商品生産者の社会から諸個人の差異化（階級分化）をともなう資本主義社会への道のりの第一歩である。ルービンはここで、資本主義以前のある時代に存在した階級分化を何らかの理由によって免れている無階級の平等な商品社会というものを想定しているように思われる（それが歴史的に実在したものと考えているのか、あるいは、単なる理論モデルと考えているのか、はっきりしないが）。そして、この平等社会の富が商品・価値という形態を取ることによって、その内部から階級分化が生じると考えているのかもしれない（暴力的ではないいわば平和な原蓄）。ともかく、彼の貨幣論の最後は資本主義の到来となっている[77]。

貨幣論草稿は第［Ⅷ］章「蓄蔵貨幣」をもって終わっている。先行する第［Ⅵ］章と第［Ⅶ］章には、「価値尺度」と「流通手段」という、『資本論』（および『経済学批判』）の貨幣についての章の最初の二つの節と同じ表題が付されていて、内容的にもこれらの節に対応している。しかし、第［Ⅷ］章だけはマルクスの著作のなかの対応する第三節「貨幣」の最初の項目と同じ表題が付されていて、続く二つの項目「支払い手段」と「世界貨幣」はこの貨幣論草稿の最終章では論題として取り上げられていない。信用関係や国際経済関係をともなうこれらのテーマをルービンはもともと取り上げるつもりがなかったのか、あるいは、第［Ⅷ］章に続いてさらに取り上げる予定であったのに書かれないままになってしまったのか、残された草稿からは不明である。いずれにしても、この草稿は最後まで仕上げられたのではなく、中断されたままの状態で残されたものと思われる。

注

（1）河野重弘編訳『マルクス経済学の根本問題』共生閣、一九二九年、同『経済学の根本問題――マルクス主義経済学方法論の諸問題』共生閣、一九三二年。

（2）その代表はローゼンベルク著『資本論注解』。初訳刊行は一九三三年。それ以後オリジナルの改訂とともに、さらには著者の死後まで、長く一九六〇年代後半まで出続けた。

（3）Isaak Illich Rubin, *Essays on Marx's theory of value*, Black Rose Books, Montréal, 1973.

（4）例えば、Steedman, I. et al. (eds.), *The value controversy*, New Left Books, London, 1981 所収の諸論考を参照。

（5）本訳書176ページの項目29を参照。

（6）その的確なサーベイとして、植村博恭「〈労働の還元〉と抽象的労働論――欧米マルクス価値論論争の展望」『エコノミア』（横浜国立大学）、第八四号、一九八五年、を参照。

（7）ほとんど唯一の例外は、佐藤金三郎によるルービンの二本の論文の翻訳である。本訳書176ページの項目37を参照。

（8）本訳書178ページの項目44を参照。

（9）イサーク・イリイチ・ルービン『マルクス価値論概説』竹永進訳、法政大学出版局〈経済学古典選書3〉、一九九三年。

（10）竹永進（編訳）『ルービンと批判者たち　原典資料：二〇年代ソ連の価値論論争』情況出版、一九九七年。

（11）本訳書134ページ参照。ルービンのこの草稿についての以下の記述は本書2に収録したヴァーシナ論文に多くを負う。現在まで、ルービンの個人的・職業的生涯についてはごくわずかのことしか、また、彼の著作活動についても限られたことしか知られていなかったが、ヴァーシナのこの論文によってきわめて多くの事実が初めて明らかにされた。ロシア国内のさまざまな文書保存機関（多くは旧ソ連時代の共産党や治安機関に関係する）での記録の徹底的な調査の結果を駆使して書かれている。

（12）二〇一一年一二月には同じくルービン生誕一二五年にちなんでロシア科学アカデミー経済研究所の主催で「イ・イ・ルービンの理論的遺産と政治経済学の運命」と題するミニコンファレンス（Российская Академия Наук Институт Экономики, Теоретичкеское наследие И. И. Рубина и судьба политической экономии）が開催された。

（13）Isaak Il'jič Rubin Marxforscher–Ökonom–Verbannter（1886–1937）, *Beiträge zur Marx-Engels-Forschung*. Neue Folge.

Sonderband 4, Berlin: Argument, 2012.

（14） これらはロシア語版編者の手で刊本中に逐一指示・再現されている。なお、編者はこの草稿が未完であったと判断する根拠のひとつとして序文が欠如していることを挙げているが、この判断は必ずしも妥当とは言えない可能性もある。実際に刊行された『マルクス価値論概説』初版にも、序文も結論らしきものも付されていないからである。

（15） 後に詳しく述べるように、ルービンは価値論と貨幣論との密接な関連性を強調しているにもかかわらず、初版以来二〇年代のうちに三回版を重ねた『マルクス価値論概説』のなかで「マルクス貨幣論概説」について、どういう理由からか一度も言及しておらず、彼の存命中にその草稿の存在がおおやけにされたことはなかったと思われる。

（16） この増補により第二版は初版のおよそ二倍の分量に拡大された。したがってその作業は短期間では済まなかったであろう。

（17） この年の六月には、リャザノフからの委託による『経済学批判』のロシア語新訳の作業が開始された。この当時流布していた『批判』の既存のロシア語版は、一八九六年に初版が刊行されたルミャンツェフによる訳本であった。ルービンは『マルクス価値論概説』の各所で、『批判』に言及するに際してその訳文の問題点を指摘し既訳書に対する不満を述べている。新訳の作業は彼自身も強く求めていたものと思われる。その最終的な成果はマルクスによる『批判』の刊行から七〇周年目にあたる一九二九年に現れた。貨幣論の草稿の執筆は『批判』の新訳の作業と密接な関連の下に進められたと思われる。ルービンはこの草稿での『批判』からの引用にあたって、既存のロシア語版の第三版（一九二二年、ペテルブルグ）とカウツキーが編集した一九二二年刊のドイツ語版を併用している。草稿の最初の部分では、引用にあたって最初にロシア語訳の当該箇所が示され次にドイツ語版の対応箇所が併記されているが、途中からこの参照指示の順番が逆転し、ドイツ語版の方が重視されるようになる。ヴァーシナ論文（本訳書2）によれば、使用されているロシア語訳文も後の引用箇所になるほど既訳本から乖離し、ルービンによる新訳の訳文に近くなっているという。このことからも、この草稿の執筆が『批判』新訳作業の開始時点をまたぐ期間にわたってなされた、つまり、一九二四年なかば以前に始まりその後のある時期まで（一定の中断期間をおいて）継続された、という推測が許されるであろう。

（18） および「交換過程」と題する第二章。もともと『資本論』初版ではこの章の内容は第一章のなかに含まれていた。

第二版以降は初版とほとんど同じままの文章が第二章として独立させられた。筆者は、むしろ初版のような形の方が理論展開（貨幣形成論）の筋道にかなっていると考える。この問題に関連する筆者の解釈については拙稿「価値形態論と交換過程論」『経済学雑誌』（大阪市立大学）、第八六巻第六号、一九八六年、を参照されたい。

(19) にもかかわらず、刊行された『マルクス価値論概説』のなかにはどこにも、このような問題を指摘ないし暗示するような文言は存在しない。まして、この著作を補うべきもう一つの著作の必要またはその執筆予定についてはどこにも書かれていない。反対に、一九二四年に刊行された第二版に付された短い序文は次のように書き始められている。「この版は初版と比べて、主として、価値理論の基本的諸問題のより完全で体系的な叙述をめざして根本的に書き直されている」（И. И. Рубин, *Очерки по теории стоимости Маркса, второе издание переработанное и дополненное*, ГИЗ, 1924, Предисловие к второму изданию, стр. 3. 本訳書174ページ項目9）。つまり、第二版はマルクス価値論についての解釈体系としてより完全な形を整えたものにした、というのである。確かに初版と対比してみればこのような言い方は正当であろう。しかし、ルービンが想定される読者に向かってこのように公言したのとほぼ同時期に書きはじめられた未公表の「マルクス貨幣論概説」の以下に紹介・検討する第I章の内容と右の文言を引き比べてみると、その相違に驚かざるを得ない。ルービンは第二版以降も表向きは右のようなスタンスを取り続けていた。編者のヴァーシナも前掲論文のなかで、「最初の著作すなわち『マルクス価値論概説』は新たな著作を考慮せずには完結したものとは決して見なしえない」（本訳書157ページ）、と述べている。

(20) 『マルクス価値論概説』に続いて「マルクス貨幣論概説」と題する新たな著作の執筆を開始したこと自体が、ルービンが右の「欠落」を意識していたことを示していると考えられる。この点は、一九二〇年代の論争文献でもまたその後のことなったコンテクストのなかで書かれた研究文献でも指摘されていることである。それぞれの例を一つずつ挙げておく。『概説』第三版が出版された翌年に出たこの著作を擁護する立場からの書評のなかで、同書に貨幣理論が含まれていないことが指摘され、貨幣理論による補完の必要性が説かれている。「マルクスの価値論との関連において貨幣の問題を論究することによって、『概説』をさらに発展させていれば、きわめて貴重な成果が得られたことであろう。貨幣にかんするマルクスの学説は、抽象的労働にかんするマルクスの学説と直接的に結びついている。マルクスにおける抽象的労働と貨幣の相互関係の問題――ついでにいえば、この問題にはいまだ誰もまったくふれていない——が論究されていたならば、『概説』の価値をいちじるしく高める新たな豊富化となっていたことであろう」(A. Греблис, M. Коровай, И. Степанов, К спорным вопросам теории стоимости (По поводу книги И. И. Рубина "Очерки по теории стоимости Маркса", *Большевик*, No. 3, 1929, стр. 74. 邦訳：ア・グレブリス、エム・カロヴァイ、イ・ステパーノフ「価値論にかんする論争問題によせて（イ・イ・ルービン著『マルクス価値論概説』にかんして）」『ボルシェヴィク』第三号、一九二九年二月一五日（河野重弘訳『マルクス経済学の根本問題』共生閣、一九二九年、一二四—五ページ、訳文は改変）。また、八〇年代に入ってから当時のソ連で進められていた新メガの編集作業に関連して出版された『資本論』の草稿類の研究を集めた論文集に収録された価値形態論についての（特にその第Ⅰ形態の性格づけを中心とする）シュクレドフの論文でも、当該問題に関連して次のような指摘がなされている。「抽象的労働をめぐる二〇—三〇年代の討論の原理的欠陥——それはまさしく価値形態の捨象という点にあった。価値形態なしでは特殊的労働を抽象的・一般的労働に還元することは不可能であり、論争問題の正しい解決は客観的に排除されていたのである」(B. П. Шкредов, Анализ формы стоимости в 1 томе "Капитала", in B. C. Выгодский и др. (ред.), *Очерки по истории" Капитала" К. Маркса*, Издательство политической литературы, Москва, 1983, стр. 273（ヴェ・ペ・シュクレドフ「『資本論』第一巻における価値形態の分析」中野雄策・竹永 進訳、季刊『世界経済と国際関係』別冊、一九八四年九月、二五ページ))。この論文の一部では二〇—三〇年代ソ連の価値論論争について触れられているが、きわめて抽象的な形でしかなく、ルービンも含めて論争参加者名や論争文献は具体的にはまったく示されていない。ルービンの名誉回復がなされていなかったこの時代の状況との関係かもしれない。いずれにせよ、これらの指摘は、「マルクス貨幣論概説」の存在が知られていたならば大きくことなったものとなったはずである。

(21)　ただし『マルクス価値論概説』の本文とはことなって雑誌論文のなかでは、貨幣の概念が価値理論の構成要素であることが次のようにはっきりと示されている。「マルクスの価値と貨幣の理論〔単数形〕が築かれる土台となっている基本的諸概念は、1 商品生産者たちの生産諸関係、2 抽象的労働、3 価値、4 交換価値、および、5 貨幣、の五つの概念である」(И. Рубин, Абстрактный труд и стоимость в системе Маркса, *Под знаменем марксизма*, No. 6, 1927, стр. 117. 175ページの項目23)。ルービンのこの論文が執筆された経緯と、それが一九二八年刊の『マルクス価値論概説』第三版（事実上の決定版、現在のところもっとも流布していると思われる英訳版の底本）のための改訂にとって有した大きな意味については、筆者の前掲編訳書（注10参照）の「Ⅵ．編訳者解説」に含まれる第一論文を参照されたい。

（22）貨幣論草稿に含まれる諸論点が「価値論概説」と関連づけられることは、「貨幣論概説」のドイツ語版（先の注13参照）に収録されているバルディレフの箇にして要を得た英文論文（本訳書188—198ページ）でも示されている。

（23）第［Ⅳ］章「貨幣の発生」のなかで彼は次のように言う。「貨幣は、交換参加者たちの反復的な大量の無意識的な行為を通じて、国家権力の決定的な意識的作用なしに、交換の漸進的な拡大と複雑化の結果現れたのである。言い換えれば、貨幣の起源の有する性格は、社会経済的であって国家的ではなく自生的であって意識的ではない」（本訳書42—43ページ）。ルービンは一貫してマルクスの所説に忠実な商品貨幣論の立場を取っており、貨幣の歴史的起源に関する叙述（主として当時利用可能であった二次情報に依拠している）を主体とするこの第［Ⅳ］章の最後ではクナップの貨幣国定学説（Knapp, Georg Friedlich, *Staatliche Theorie des Geldes*, 3. Aufl., München, Leipzig, 1921）を批判している。ドイツ語圏をはじめとして当時の貨幣学説に大きな影響を与えていたクナップのこの著書は、初版一九〇五年、第二版一九一八年刊であったが、編者によればルービンが参照したのは第三版であった。

（24）この理解によれば、マルクスはそこで二商品の交換関係から論理的抽象によって価値実体を導出しているのであり、この手続きの妥当性のいかんによってマルクスの価値論全体の成否が決せられることになる。ルービンは『マルクス価値論概説』の「マルクスの労働価値論」と題する第二篇（本論部分）の最初の諸章（初版では第六章から第九章、第二版以降では第八章から第一一章）において、彼のマルクス価値論解釈の狙いのひとつとしてベームのマルクス批判に対する反批判的コメントを加えている。

（25）マルクスは、今日『経済学批判要綱（グルントリッセ）』として知られる一八五〇年代末の経済学草稿においてはじめて彼の経済学批判の体系を構想して以来、商品・価値（および貨幣）にかんするその最初の部分に該当する草稿を何度か書いている。この「蒸留法」とよばれる論法（そしてこれによる価値実体の導出・証明）は、彼が一八六一年から六三年にかけて執筆した「経済学批判の第二草稿」とよばれる二三冊のノートの一部をなす『剰余価値学説史』のなかで、リカードと彼の批判者ベイリーに対する両面的な検討を企てた部分（第二〇章「リカード学派の解体」の3．「種々な論争書」）において、はじめてその原型が現れる。それ以前の『経済学批判要綱』の「貨幣章」や『経済学批判』第一章「商品」では、価値実体が論理的導出や証明の対象とされることはなかった。マルクスがこのような論法を採用した理由は、六一―三年草稿において彼がリカードの価値論をめぐる学史的経緯について企てた考察のうちに求められる。この点についての詳細な文献史的検討は、拙稿「価値概念の「証明」について」（『中央大学経済研究所年報』第一四号、一九八三年）を参照されたい。なお、ルービンがベームに対する批判的検討の文脈（本訳書8―10ページ）において参照している『剰余価値学説史』（カウツキーの編集による一九一九年のドイツ語版を使用）の文言は、ほぼすべてが右の箇所から取られたものである。このことは、彼が早い時期からマルクスによるリカードとベイリーに対する両面批判、および、この批判が『資本論』冒頭章の理論構造に与えたインパクトに注目していたことを示しているように思われる。

(26) この関係が「同等化（приравнивание）ないし等置（уравнивание）」（これらは「貨幣論概説」のキー概念）とされていて、「交換」とは言われていないことに注意。

(27) というよりもむしろ、このような直接的関係、諸商品がそのまま価値として関係し合うことの不可能性を示すことが、『経済学批判要綱』以来の――貨幣生成論として構成されるほかない――マルクスの商品・価値論のねらいのひとつでもあった。労働貨幣論批判。さらに遡れば一八四七年の『哲学の貧困』以来のプルードン批判。とはいえ、それ以来何度も書きかえられてできあがった『資本論』の文面からは、このような背景は見えにくくなっている。

(28) Karl Marx, *Das Kapital. Kritik der politischen Ökonomie*. Erster Band, Hamburg 1867. MEGA^2, II/5, Dietz Verlag, (Ost-) Berlin 1983, S. 19. 邦訳『資本論第一巻初版』国民文庫、二四ページ。

(29) Karl Marx, *Das Kapital. Kritik der politischen Ökonomie*. Erster Band, Hamburg 1872. MEGA^2, II/6, Dietz Verlag, (Ost-) Berlin, 1987, S. 72 (MEW, Bd. 23a, S. 53. 邦訳『マルクス＝エンゲルス全集』第二三巻a、五二ページ).

(30) マルクスは『資本論』第一章で最初に商品の使用価値について論じているが、そこで次のように言っている。「ある一つの物の有用性は、その物を使用価値にする。しかし、この有用性は空中に浮いているのではない。この有用性は、商品体（Waarenkörper）の諸属性に制約されているので、商品体なしには存在しない。それゆえ、鉄や小麦やダイヤモンドなどという商品体そのものが、使用価値または財なのである。〔…〕使用価値は、富の社会的形態がどんなものであるかにかかわりなく、富の質料的な内容を（stofflichen Inhalt des Reichthums）なしている」（Marx, MEGA^2, II/6, *Ebenda*, S. 70 (MEW, Bd. 23a, S. 50. 邦訳『マルクス＝エンゲルス全集』第二三巻a、四八―九ページ)）。われわれの現代の世界では、物的財貨以外に、物的存在を持たない情報やサービスも、商品として価格を付与されて流通していることは自明のことと見なされる。しかし一九世紀のマルクス（だけでなく、この時代までのおそらくほとんどの経済学者）にとって、理論の対象となる商品が物的・素材的な対象性（Gegenständlichkeit ――マルクスがよくもちいる表現）に限定されることの方がむしろ自明であったのであろう。だが、現代の経済生活における情報やサービスの商品としての流通の大きさやその意味の重大さに鑑みれば、使用価値を物財にのみ限定するマルクスの方法は再考を要するのではないかと思われる。他方、本解説で後に見るように価値形態論と表裏一体といってよいほど密接な関係にあるマルクスの物象化（物神性、あるいは、呪物性）論は、価値形態論における物的財貨としての商品どうしの関係にその根拠を置いており、もし価値形態が必ずしも物と物との関係ではないとしたときマルクスの物象化論はどうなるのか、ということも問題となりうるであろう。

（31）拙稿『資本論』冒頭の価値実体規定について――価値形態に先行する抽象的人間労働の性格」『商学論集』（福島大学）第五二巻第二号、一九八三年、一八六―七ページより。

（32）『資本論』の用語法に従えば「価値」と言うべきところであろう。周知のように『経済学批判』ではマルクスは「価値」と「交換価値」とを用語として明確に区別しておらず、『資本論』で「価値」が表す意味内容に対しても「交換価値」という言い方を多くもちいていた。ルービンがこの両者が区別され使い分けられるにいたった経緯を明確に意識するようになったのは、『マルクス価値論概説』第三版のための改訂作業を行っていた一九二八年ころ（第一二章の表題を「価値と交換価値（価値の内容と形態）」から「価値の内容と形態」に変更）、そして、さらにこの区別を主題的に論じた論文（先の注7を参照）が発表された一九二九年のころと、比較的遅い時期であった。ここに引用した箇所にかぎらず、「貨幣論概説」（の特に前半部分）では「交換価値」という用語のこのような使い方が多く見られる。このことも、この草稿が全体として一九二八年以前に書かれたことを示していると思われる。

（33）Marx, *Das Kapital. Kritik der politischen Ökonomie.* Erster Band, Hamburg 1867. MEGA^2, II/5, *Ebenda*, S. 30. 前掲邦訳、国民文庫版四七ページ。また彼は同じページで次のようにも言う。「価値としては、リンネルはただ労働だけからなっており、透明に結晶した労働の凝固をなしている。しかし、現実にはこの結晶体は非常に濁っている」（同訳書、四六ページ）。

（34） Marx, *Zur Kritik der politischen Ökonomie*, Hamburg, 1859. MEGA², II/2, Dietz Verlag, (Ost-) Berlin, 1980, S. 121. 邦訳、『資本論草稿集③』二三二ページ。

（35） Marx, *Das Kapital. Kritik der politischen Ökonomie*. Erster Band, Hamburg 1872. MEGA², II/6, Dietz Verlag, (Ost-) Berlin, 1987, S. 80 (MEW, Bd. 23a, S. 62. 邦訳『マルクス＝エンゲルス全集』第二三巻 a、六四ページ).

（36） だとすれば、マルクスは『資本論』の冒頭章で、直截な説明方法を取る代わりにどうしてこのような複雑ないわば持って回ったような理論構成を取ったのか、という疑問が当然に生じるであろう。ルービンは『マルクス価値論概説』第三版およびそれ以降の論文（注7を参照）において、マルクスが労働価値説をめぐる学説史的経緯を顧慮したことにその解答を求めようとする。だが、ルービンの「貨幣論概説」の主要論点の紹介と検討を主題とする本稿では、この点についての検討は省略せざるをえない。この疑問に対する筆者の暫定的な考えは、前掲拙稿（注31）の第六節「価値の実体規定の存在理由」で述べておいた。また、そこでの議論の若干の補足として、拙稿「価値形態の発展と抽象的人間労働」（『金融経済』（金融経済研究所）、第二一一号、一九八五年）の三八―九ページもあわせて参照されたい。

（37） この『批判』は、文脈から見て『資本論』（しかもその第二版以降）とすべきであったと思われる。『批判』となっているのが二〇一一年のロシア語版の編集過程における誤記ではないとすれば（誤記のゆえかあるいは問題点に気づかなかったのか、編者はここに何も注記していない）、この草稿を書いていた時期にその翻訳作業に取りかかろうとしていた『批判』に気を取られすぎていたルービンによる誤記の可能性もある。また二〇一二年刊のドイツ語版でもここではただ『批判』とそのまま訳されているのみである。

（38） 「経済学批判体系」のこのような叙述の方法は、大まかに言えば、「体系」の叙述が最初に企てられた『経済学批判要綱』以来マルクスが採用し続けていた方法であると考えられる（ただし、ルービンが仕事をしていた時代にはまだ『要綱』の本文は知られていなかった。周知の「3．経済学の方法」を含むその「序説（Einleitung）」だけがカウツキーの手で本体と切り離されてドイツ語で発表され、パシュカーニスによってロシア語に翻訳され、ルービンの編集による翻訳論集に収録された。本訳書172ページの項目1）。『要綱』でも『批判』でも『資本論』（全三巻）でも、各所でこのような方法が採用されているのを確認することができ、一般論としてはマルクスの方法についてルービンが述べていることは妥当と思われる。ちなみに、彼のこのような方法解釈は一九三〇年代以後にソビエトで主流となった

「論理＝歴史説」とは反対方向にある。

(39)「交換価値」という用語の用法上の問題については先の注32を参照。

(40) 右の引用文では貨幣形態は四番目（最後）の価値形態とされている。のちに詳しく見るように、このことはルービンが「貨幣論概説」を執筆するにあたって『資本論』の初版（「平易な叙述」を心がけて書かれた「第一章への付録 価値形態」ではなく本文の方）を参照していないことを示している。マルクス文献学者でもあった彼が価値形態論の初版本文の存在を知らなかったはずはなく、事実『マルクス価値論概説』では各所で必要に応じて初版本文に言及している。

(41) 1.「使用価値がその反対物の、価値の現象形態になる」、2.「具体的労働がその反対物である抽象的人間労働の現象形態になる」、3.「私的労働がその反対物の形態すなわち直接に社会的な形態にある労働になる」(Marx, *Das Kapital. Kritik der politischen Ökonomie.* Erster Band, Hamburg 1872. MEGA^2, II/6, Dietz Verlag, (Ost-) Berlin, 1987, SS. 88, 90, 91. (MEW, Bd. 23a, SS. 70, 73. 邦訳『マルクス＝エンゲルス全集』第二三巻a、七六、七九ページ))。なお、筆者のマルクスの価値形態論にかんする理解については拙稿「価値形態論の基礎構造」(『エコノミア』(横浜国立大学)、第九三号、一九八七年）を参照されたい。

(42) マルクスにおける使用価値のあつかいの問題については前掲注30を参照。

(43) 第四節「商品の呪物的性格とその秘密」では、労働の社会的性格の歴史的諸形態の対比によって商品経済の特質が浮き彫りにされる。まさにルービンの言うように、ここでマルクスは「もっとも深い基礎である商品経済の社会的構造にたどり着いている」（本訳書15ページ）のである。

(44) 原文ではこの注は「貨幣」という語に付されている。文脈からして、一般的等価を貨幣と等置していることに対する注記が意図されていたのではないかと推量される。事実、ルービンが依拠している『資本論』第二版の価値形態論においても、一般的等価形態は「形態C」とされ貨幣形態は「形態D」とされており、両者はただちに同一ではない。

(45) Marx, *Das Kapital. Kritik der politischen Ökonomie.* Erster Band, Hamburg 1867. MEGA^2, II/5, *Ebenda*, SS. 632–8. 前掲邦訳、国民文庫版、一三九―五一ページ。

(46) マルクスは初版の序論のはじめの方で次のように書いている。「前の方の著書〔『経済学批判』〕の内容は、この第一部の第一章に要約してある」（Marx, *Ebenda*, S. 11）。

（47） 西口はこの二つの理論の関連づけの重要性と、ルービンが呪物性論に注目したにもかかわらずこの関連性に対してほとんど注意を払わなかったことを、次のようにするどく指摘している。「ルービンの『マルクス価値論概要』第一篇のマルクスの商品物神性論〔…〕物神性論の論理としても『資本論』第一巻第一章第三節と第四節の物神性論との論理的関連をどう位置づけるかという重大な問題点を顧慮することなく、事実上第四節だけを第一、二節と対比したという欠陥を残している」（西口直治郎「I・I・ルービンの価値論――マルクス価値論の発生論的理解について」『経済学年報』（大阪市立大学）、第三八号、一九七八年、九八ページ）。西口のこの論考は一九七三年に『概説』の英訳が刊行されたあとに日本で現れた数少ないルービン研究のひとつである。

（48） Marx, *Das Kapital. Kritik der politischen Ökonomie.* Erster Band, Hamburg 1872. $MEGA^2$, II/6, *Ebenda*, SS. 80–1（MEW, Bd. 23a, S. 62. 邦訳『マルクス＝エンゲルス全集』第二三巻a、六五ページ）.

（49） Marx, *Das Kapital. Kritik der politischen Ökonomie.* Erster Band, Hamburg 1867. $MEGA^2$, II/5, *Ebenda*, S. 28. 前掲邦訳、国民文庫版、四三ページ。強調は原文。

（50） Marx, *Das Kapital. Kritik der politischen Ökonomie.* Erster Band, Hamburg 1872. $MEGA^2$, II/6, *Ebenda*, SS. 100–1（MEW, Bd. 23a, SS. 83–4. 邦訳『マルクス＝エンゲルス全集』第二三巻a、九四ページ）.

（51） ただし取り上げられている文献は主としてドイツ語圏の著者によるものであり、ロシア革命後のとりわけ一九二〇年代に入ってからの国内の議論には意図的にか非意図的にかごく少数の言及しかなされていない。当時のソ連のマルクス主義理論家の多くは同時に（さまざまな立場に属する）政治指導者でもあった。「貨幣論概説」の草稿のかなりの部分が著者の収監ないし流刑という環境のもとで執筆され、彼の書くものはことごとく当局の検閲にかけられていたため、同時代の国内での論争への言及を避けたのかもしれない。

（52） この論争については、武田信照「貨幣の価値尺度機能と流通手段機能」（種瀬茂・富塚良三・浜野俊一郎編『商品・貨幣』、富塚良三・服部文男・本間要一郎編集『資本論体系』2、有斐閣、一九八四年、所収）を参照。武田は、論理的な関係から言っても、歴史的な発生経緯から見ても、価値尺度機能が本源的であり流通手段機能は派生的である、とする立場から論争を整理紹介している。だが、すぐ後に述べるように、筆者にはこのような見方は妥当性を欠くと思われる。

(53) 価値尺度論についての論究（おそらく未完に終わっていると思われる）に入る前に、彼はこの論題そのものの理論的位置についての自分の考えを述べて「貨幣論概説」後半の構成（価値尺度→流通手段→蓄蔵貨幣）についての省察と正当化をおこなおうとする。このような作業は、前半部分のはじめ（つまり「貨幣論概説」全体のはじめ）の部分で、貨幣論と価値論の関連について突っ込んだ論究をして執筆を開始して「貨幣論概説」の理論的位置を確定しようとしたことと対応するものであろう。

(54) Marx, *Das Kapital. Kritik der politischen Ökonomie*. Erster Band, Hamburg 1872. MEGA², II/6, *Ebenda*, SS. 117–21 (MEW, Bd. 23a, SS. 103–8, 邦訳『マルクス＝エンゲルス全集』第二三巻a、一一八―二四ページ).

(55) このパラグラフの記述は、前掲拙稿「価値形態論と交換過程論」（先の注18を参照）を基にしている（特に六二―三ページ）。

(56) この問題の所在と性質については、拙著『リカード経済学研究――価値と貨幣の理論』（御茶の水書房、二〇〇〇年）の「第一章　リカード価値論の問題構成」の「3　リカードの不変の価値尺度論と絶対価値の概念」を参照されたい。

(57) 富塚良三「商品論と貨幣論の対応――価値表現の「回り道」と価値尺度機能、交換過程の矛盾と商品流通」（種瀬他編前掲書所収、先の注52を参照）、および、正木八郎「価値尺度機能に関する論争」（同所収）は、それぞれことなる立場から宇野の価値尺度論を批判的に整理・紹介している。宇野は彼の主張の典拠としてマルクスの次の文言を再三引用する（『資本論』初版の「価値尺度」の項にあり、第二版以降でも同文のまま。しかし、『経済学批判』の「価値尺度」の項にはこれに該当する文言は含まれていない）。「商品の価値の大きさは、社会的労働時間に対するある必然的な、その商品の形成過程に内在的な、関係を表しているのである。価値の大きさが価格に転化するとともに、この必然的な関係は、その商品とその外に存在する他の一商品との交換割合として現れる。しかし、この形態は、その商品の価値の大きさを表現することができるとともに、与えられた事情のもとでその商品が手放されうるところの偶然的な割合をも表現することができるのである。だから、価格と価値の大きさとの量的な不一致の可能性、または価値の大きさからの価格の偏差の可能性は、価格形態そのもののうちに与えられているのである。このことは、けっして、この形態の欠陥なのではなくて、むしろ逆に、この形態を次のような生産様式に適当な形態にするのである。すなわち、その生産様式においては、原則が、ただ盲目的に作用する平均法則としてのみ、自己を貫徹することができるのである」（Marx, *Das Kapital. Kritik der politischen Ökonomie.* Erster Band, Hamburg, 1867. MEGA^2, II/5, *Ebenda*, S. 64. 前掲邦訳、国民文庫版一二三―四ページ。強調は原文）。

（58） このロシア語はおそらくマルクスが同様の内容を表すために『資本論』で使用している Gleichgewicht の訳語であろう。ルービンは「貨幣論概説」草稿のいくつかの章でこの用語をもちいているが価値尺度を論じた第［VI］章での使用例が圧倒的に多い。このような用語使用上の特徴は、彼の貨幣論の性格づけとこれに制約された価値尺度理解によると思われる。

（59） この論争の経過と内容については、前掲拙訳（注9参照）および前掲拙編訳（注10参照）にそれぞれ付した「訳者解説」と「編訳者解説」を参照されたい。

（60） 『価値論概説』第二版をめぐる論争への応答過程でこのような発想方法が明確な形を取ったのであれば、「貨幣論概説」のうち第［VI］章「価値尺度」から始まる後半部分はこの一九二七年の論文に近い時期に書かれたものと推測しうるであろう。ただしそれらの前後関係および因果関係についてはいずれとも決しがたい。事実関係にかかわる十分な判断材料がない上に、一九二四年の『価値論概説』第二版刊行後に発表されその後第三版の第三章「人間間の生産関係の物象化と物象の人格化」にその主要部分が取り入れられた物象化に関するルービンの注目すべき論文（本訳書174ページの項目12）まで視野に含めて考えると、簡単に決着がつけられないからである。ここでは、「貨幣論概説」の後半の執筆時期が一九二七年頃であったと思われるという指摘だけにとどめておきたい。

（61） それゆえに「貨幣論草稿」の後半部分は一九二七年の論文に前後して書かれたと考えられる（前注60を参照）。しかしそうだとすると、後者の論文で「交換の二つの概念」について述べた箇所（см. *там же*, стр. 101–5）に価値尺度についての言及がまったくない（だけでなく、価値尺度という言葉さえこの論文を通じて全然使用されていない）のはどうしてか、という疑問が新たに出てくる。この論文はあくまでも『マルクス価値論概説』（第二版）における彼の抽象的労働論に対する批判に応えて新たな議論を展開するという趣旨に徹底し、貨幣に関連する議論はその存在さえ未公表の「貨幣論概説」にゆだねる、という方針をルービンが採用していたからであろうか。

（62） Marx, *Zur Kritik der politischen Ökonomie*, Hamburg, 1859. MEGA^2, II/2, Dietz Verlag, (Ost-) Berlin, 1980, S. 141. 邦訳、

『資本論草稿集③』二六七ページ。

（63）商品経済の発展は必ず資本主義的関係（資本－賃労働関係）の形成に導き、発展した商品経済とは他ならぬ資本主義経済のことであると考えられる。しかし、本解説でこれまで何度か確認したように、ルービンは「貨幣論概説」において一貫して単純小商品生産者からなる社会を明確に前提している。彼は資本関係の醸成（階級分化）をともなわない独立小商品生産者の社会の発展を想定していたのであろうか。マルクスは、『資本論』において剰余価値の生産について論じる前に「貨幣の資本への転化」を説明している。それ以前の商品・貨幣論では（貨幣は商品の販売によってのみ獲得される）いわゆる「単純商品流通」を前提している。しかし、そこで想定されている生産のあり方がどのようなものかについては、マルクスは（おそらく故意に）何も語らない。彼がそこでおこなっている議論は単純小商品生産に立脚していると解釈することも十分に可能であり、実際これまでこのような解釈は多くの研究者によって（肯定・否定の両方の意味をこめて）採用されてきた。だが貨幣論の前提とする生産のあり方を明示化しているルービンに対しては、当然右のような疑問が呈せられることになると思われるが、彼の草稿にはこの疑問への回答の手がかりは含まれていない。

（64）「貨幣の理論の分析においては拡大再生産の諸現象は捨象する」（本訳書126ページ。［Ⅵ］章の中の原注45）。

（65）これらはケインズの言う「取引動機」（家計については「所得動機」、企業については「営業動機」に下位区分されるがルービンのモデルではこれらは一体化されている）に基づく貨幣保有に相当する。この動機に基づいて保有される貨幣額は、一定の大きさに限定されていてその支出時期と行く先がともに予定されているという意味で、「活動的残高（active balance）」と呼ばれる。

（66）Marx, *Zur Kritik der politischen Ökonomie*, Hamburg, 1859. MEGA^2, II/2, Dietz Verlag,（Ost-）Berlin, 1980, S. 190. 邦訳、『資本論草稿集③』三四七ページ。

（67）*Ebenda*, S. 194. 同訳、三五五ページ。

（68）先の注65で触れたケインズにおける貨幣保有動機の理論に従えば、マルクスがここで述べている貨幣蓄蔵の動機は「予備的動機」・「投機的動機」に対応すると言えるかもしれない。ケインズはこれらの動機に基づいて保有される貨幣額を「非活動的残高（inactive balance）」と呼ぶ。ただし、『資本論』や『経済学批判』の冒頭の商品論のすぐ後に来る貨幣論（ルービンの「貨幣論草稿」の考察対象）では、投機目的での貨幣的取引は問題にならない。

(69) とはいえ、『資本論』や『経済学批判』のなかには、注65に紹介したケインズの「取引動機」に関連するといってよい、時期や金額や目的が限定された貨幣の流通からの引き揚げ（たとえば、固定資本の償却基金、蓄積元本）も貨幣蓄蔵とする記述も存在する。ルービンが販売と購買が分離されることにより前者が後者によって補完されない場合に生じる貨幣の商品生産者の手元での滞留をおしなべて「貨幣蓄蔵」と呼ぶのも、マルクスのこのような記述と軌を一にするものと思われる。しかし筆者は、これらは先のマルクスからの引用文において説明されている蓄蔵貨幣（ないし貨幣蓄蔵）とは明らかにことなる性格のものと考える。研究史上蓄蔵貨幣の性格規定をめぐって種々の見解が示され論争がおこなわれたが、それはおそらくマルクスのテクストに含まれる若干の曖昧さにその原因があると思われる。論争点と論争の経過については、小林威雄「蓄蔵貨幣——蓄蔵貨幣の形態とその諸機能」（佐藤金三郎編『資本論を学ぶI』有斐閣、一九七七年、所収）を参照。

(70) ただし、貨幣蓄蔵の動機が明確にされていないことと相まって、どうして労働生産力の発展が生じるのかも明らかにされない。ルービンは、貨幣論草稿への注において、「貨幣の理論の分析においては拡大再生産の諸現象は捨象する」（右の注64参照）と記している。小商品生産者社会をモデルとするこの草稿では一般に、生産力の発展や生産方法の改善、技術革新、そのための生産規模の拡大といった諸要因は捨象されている（この点は、バルディレフの論考でも指摘されている。本訳書192ページ）。生活水準の向上ではなく蓄蔵に振り向けられる剰余は、たまたま発生して蓄蔵されるのか、それとも、蓄蔵を目的にそれ自体として追求された結果として生み出されるのか、この点も不明確なままである。

(71) マルクスの『資本論』（および『経済学批判』）においては、「貨幣蓄蔵」の項は貨幣に関する章の第三番目（章のタイトルと同じく「貨幣」）に位置している。この段階では資本としての貨幣の運動はまだまったく想定されておらず、マルクスは「貨幣蓄蔵」の項では資本の運動としての貨幣蓄蔵には直接触れることはなく、「発展したブルジョア社会」(Marx, *Zur Kritik der politischen Ökonomie*, Hamburg, 1859. MEGA², II/2, Dietz Verlag, (Ost-) Berlin, 1980, S. 194. 邦訳、『資本論草稿集③』三五五ページ）というような抽象的な表現にとどめている。マルクスの貨幣論における「貨幣蓄蔵」はあくまでも、W–Gを拡大しこれにG–Wが続くことを妨げる行動としてのみ捉えられているように思われる。「個人は金銀を別にとりのけて、ひとつひとつ積み重ねるほかにはなにもする必要はなく、これはまったく無内容な活動である」(*Ebenda*, S. 195. 邦訳、三五七ページ)。「他方では、彼が貨幣として流通から引きあげることができるものは、ただ、彼が商品として流通に投ずるものだけである。彼は、より多く生産すればするほど、より多く売ることができる。それだから、勤勉と節約と貪欲とが彼の主徳をなすのであり、たくさん売って少なく買うことが彼の経済学の全体をなすのである」(Marx, *Das Kapital. Kritik der politischen Ökonomie*. Erster Band, Hamburg, 1872. MEGA², II/6, S. 155 (MEW, Bd. 23a, S. 147. 邦訳『マルクス＝エンゲルス全集』第二三巻 a、一七四ページ).)。ルービンは貨幣論草稿の第［Ⅷ］章「蓄蔵貨幣」の後半部分では資本関係を導入して議論をおこなっているが、この論題はマルクスの『資本論』ではすでに貨幣論を踏み出しており、それに続く章(篇)である「貨幣の資本への転化」に関連する論題のひとつである。資本関係のもとでの貨幣蓄蔵について、マルクスはこの章の中で次のように言う。「貨幣蓄蔵者は気の違った資本家でしかないのに、資本家は合理的な貨幣蓄蔵者である。価値の無休の増殖、これを貨幣蓄蔵者は、貨幣を流通から救い出そうとすることによって追求するのであるが、もっとりこうな資本家は、貨幣を絶えず繰り返し流通に投げこむことによってそれをなしとげるのである」(*Ebenda*, S. 171. 同訳、二〇〇ページ)。実際、貨幣論草稿の第［Ⅷ］章「蓄蔵貨幣」の後半においても、ルービンの議論は彼が当初設定していた独立小商品生産からの資本関係の生成にも事実上踏み込むものとなっており、議論の一貫性が損なわれていると言えるかもしれない。おそらくこの点も貨幣論草稿の未完性を表しているのではないかと思われる。

(72) とはいえ、このことはマルクスの理論では資本は常にすべて何らかの形で投資されるという意味ではない。マルクスは資本主義において過剰生産(資本の過剰蓄積)が発生し、遊休状態にある投資先のない貨幣資本が生じることを強調している。しかしこのことと、貨幣を自己目的として流通から引き揚げて貨幣のために貨幣を貯め込もうとする行動を存在しえないものと考えることとはことなる。マルクスが積極的に認める過剰資本はその所有者の意志に反してやむを得ず遊休を強いられていて、絶えず有利な投資先を求めているのであって、いつまでも(「永遠に」)貯め込まれる蓄蔵貨幣とはまったく性格がことなる。マルクスは、貨幣蓄蔵を不合理な行動として理論的に否定した点ではリカードと同じであるが、しかし、リカードが資本の過剰と有利な投資先のない遊休貨幣資本が現実に発生しうることをも認めないという点では、リカードと分岐する。

（73）　金属貨幣制度の下で実際に流通する貨幣量のいわば自生的な調節を説くマルクスの流通の「貯水池」は、貨幣蓄蔵の理論的可能性を否定しその現実の存在も無視することによって、貨幣としての貴金属が全体として常に流通内にとどまり貨幣として機能すると主張するリカード（ないし古典派）の理論との相違という点から重視されてきた（ただし、さしあたって一国内流通に視野を限定するマルクスとはことなって、リカードでは貴金属貨幣は最初から国境を越えて移動・流通するものと考えられており、彼の理論はこのような枠組みを無視しては正当に評価しえないであろう）。とはいえ、この論題は「蓄蔵貨幣」の項の最後で追加的に取り上げられているにすぎない（特に『資本論』では、最後の一ページで簡略に説明されているだけである）。

（74）　このようなメカニズムを通してこそ、商品でもある貴金属貨幣はその価値通りに諸商品と交換される（言いかえれば諸商品に対する購買力を行使する）とマルクスは考えた。その商品としての生産（金鉱山からの産金）の動向にはかかわりなく、貴金属貨幣が他の諸商品に対して持続的に超過供給・超過需要とならない仕組みが確保されてこそ、リカードのような一見貨幣数量説とも受け取られかねない理論から距離を置くことが可能であった。

（75）　その概要については拙稿「リカードの貨幣理論における貨幣価値論と貨幣数量説」（『経済論集』（大東文化大学）、第九六号、二〇一一年）の一二〇—九ページを参照されたい。

（76）　しかしこのことは、資本主義的関係から新たに蓄蔵貨幣が発生してこれが流通の外部に果てしなく積み上げられていくことを否定するにとどまるのであって、長い歴史を持つ前資本主義的諸社会において営々と貯め込まれた蓄蔵貨幣（財宝）が資本主義的関係のなかで一定の機能を持ちうることまで否定するものではない。マルクスやルービンの貨幣蓄蔵論では前資本主義と資本主義のこのような関係について明確に述べられてはいないが、未発達な商品生産における「永遠の富の追求」としての貨幣蓄蔵についての彼らの生き生きとした詳細な記述からこのような含意を読み取ることは可能であろう。貨幣としての貴金属が使用価値としては不滅であり、いつでも（いつまでも）貨幣として流通しうる潜在的可能性を保ち続けるとすれば、その量はある時点でのある経済の状態によって規定される「流通必要量」とは独立にその外部から与えられていることになる。マルクスは、貴金属からなる貨幣を他のどの商品とも同じ一商品であり、その価値も他のどの商品とも同じように規定されると考える（労働価値論に基づく商品貨幣論）が、貨幣商品が他の商品にはない以上のようなユニークな特質を持つことを認めると、マルクスの貨幣論には彼自身も提起しなかったような多くの未決問題が残されることになるであろう。

(77) マルクスが『資本論』で最初に資本賃労働関係を導入するのは貨幣論のすぐ後の「貨幣の資本への転化」と題された章においてであるが、マルクスはそこでは価値増殖を可能にする条件である労働力商品をただ与えられたものとして提示しているだけであり、労働力がどのようにして商品化されるのかについてはさしあたり問題にしない(同章の第三節「労働力の売り買い」を参照)。ルービンは先の引用文で、資本関係に先行する商品生産社会における貨幣蓄蔵行為からただちに資本主義的な階級分化を説こうとしているように思われるが、もしそうだとすればそれは資本主義の歴史的生成についてのやや先走った議論であろう。

209, 210
マルクス－エンゲルス研究所（ИМЭ）138–9, 145–7, 150–4, 161, 167, 172, 182, 186, 215–24, 229–30, 235, 237–8, 261, 263, 302
マルサス（Malthus, T. R.） 204, 206
ミル，J. S.（Mill, J. S.） 204, 207
メガ（MEGA[1]） 148, 167, 221–3, 242
メガ（MEGA[2]） 149, 167–8, 222, 260, 319
メドヴェージェフ（Медведев, Р. А.） 154, 170
メンガー（Menger, C.） 22, 61, 192, 195, 207
メンシェヴィキ 137–8, 151–4, 169, 170, 181, 184–5, 221, 225–7, 229–33, 235, 238–41, 245–54, 261

ヤ 行

ユダヤ人 135, 138, 216

ラ 行

リカード（Ricardo, D.） 9, 10, 134, 147, 155, 204, 206, 237, 260, 297–8, 314, 320–1, 326, 330–1
リャザノフ（Рязанов, Д. Б.） 138–9, 145–9, 151, 153–4, 169, 182, 186, 215–22, 229–31, 233, 235, 237–8, 241, 263, 317
ルィカチェフ（Рыкачев, А. М.） 38–40, 123, 197
ルービンシチナ（Рубинщна） 133, 150, 180–1, 184, 186–7, 231
レーニン（Ленин, В. И.） 181–2, 202, 212, 214, 238, 241
レオンチェフ（Леонтьев, В. В.） 196
レオンチェフ（Леонтьев, Л. А.） 139, 149
ローゼンベルグ（Розенберг, Д. И.） 201, 211, 316
ローゼンベルグ（Rosenberg, I.） 147
ロートベルトゥス（Rodbertus, K.） 155, 236
ロスドルスキー（Rozdoslki, R.） 133, 148, 165

ワ 行

ワーグナー（Wagner, A.） 62, 103, 124, 125, 127, 147, 217
ワルラス（Walras, L.） 209, 210

215
ソーンツェフ（Солнцев, С. И.） 205–9, 214
ゾンバルト（Sombart, W.） 126–8, 200, 210

タ 行

ダシコフスキー（Дашковский, И. К.） 185, 257, 302
チャヤーノフ（Чаянов, А. В.） 132, 224–5
ツヴァイネルト（Zweynert, J.） 214
ツガン-バラノフスキー（Туган-Барановский, М. И.） 45, 124, 136
デボーリン（Деборин, А. М.） 181, 185–6, 231
ドゥヴォライツキー（Дволайцкий, Ш. М.） 146, 211
ドゥーコル（Дукор, Г. И.） 168, 185
ドゥミトリェフ（Дмитриев, В. К.） 132, 210
ドゥミトリェフ（Дмитриев, Д. М.） 226
トラハテンベルク（Трахтенберг, И. А.） 68, 126
トロツキー（Троцкий, Л. Д.） 182

ナ 行

ニコライエフスキー（Николаевский, Б. И.） 218, 241, 253

ハ 行

ハイエク（Hayek, F. A.） 198
バウアー（Bauer, O.） 158, 211
パシュカーニス（Пашуканис, Е. Б.） 149, 323
バリーリン（Борилин, Б. С.） 150, 180, 185, 236
ヒルファディング（Hilferding, R.） 40–1, 60, 62, 123, 125, 140–1, 156, 195, 211, 262–3, 293–4
物的・技術的（материально-технический） 24–6, 84, 130, 140
ブハーリン（Бухарин, Н. И.） 144, 146, 180–2, 184, 217, 236, 243
ブリューミン（Блюмин, И. Г.） 156, 201–3, 210, 213
ブルガーコフ（Булгаков, С. Н.） 200, 204–5, 213–4
プレオブラジェンスキー（Преображенский, Е. А.） 124
ベイリー（Bailey, S.） 176, 320–1
ヘーゲル（Hegel, G. W. F.） 10, 22, 42, 122, 183, 284
ベーム・バヴェルク（Böhm-Bawerk, E.） 8, 9, 140, 189, 270–1, 320–1
ベソノフ（Бессонов, С. А.） 168, 180, 182, 258
ペティー（Petty, W.） 123, 204, 212
ペトリ（Petry, F.） 122, 124, 130, 150, 193, 197–8, 204, 209, 210, 212
ヘルフリッヒ（Helfferich, K.） 46, 61, 123–4, 195
ボグダーノフ（Богданов, А. А.） 140, 182
ボルシェヴィキ 137, 147, 150, 169, 186–7, 201, 225, 227, 229, 239, 241, 246, 260
ポロック（Pollock, F.） 150, 157, 158

マ 行

マーシャル（Marshall, A.） 155, 196,

索 引

ア 行

アドラツキー（Адорацкий, В. В.） 149, 182, 237
アモン（Amonn, A.） 61, 195, 204, 209, 210, 212
イリエンコフ（Ильенков, Э. В.） 142, 156, 166
ヴァルガ（Варга, Е.） 158
ヴィゴツキー（Выгодский, В. С.） 156, 170, 319
ウェーバー（Weber, M.） 127, 200, 210
ヴォルギン（Волгин, В. П.） 138–9
宇野弘蔵（Uno, K） 165, 257, 290, 299, 300, 326
オッペンハイマー（Oppenheimer, F.） 204, 209, 210

カ 行

カウツキー（Kautsky, K.） 125, 158, 195, 211, 293, 317, 321, 323
カウフマン（Кауфман, И. И.） 136, 277
カッセル（C(K)assel, G.） 61, 195, 210
クナップ（Knapp, G. F.） 48, 67, 125, 129, 320
グリューンベルグ（Grünberg, C.） 218
クロンロード（Кронрод, Я. А.） 165
ケインズ（Keynes, J. M.） 309, 312, 328–9
コーン（Кон, А. Ф.） 168, 180, 182, 186, 257
コンドラチェフ（Кондратьев, Н. Д.） 132, 224

サ 行

社会学的（социологический） 22–3, 33, 78, 101, 111–2, 143, 159, 205, 304
シャブス（Шабс, С.） 168, 182, 185, 257, 303
シュクレドフ（Шкредов, В. П.） 167, 319
シュトルツマン（Stolzmann, R.） 204, 209–12, 217
シュンペーター（Schumpeter, J. A.） 125
ジンメル（Simmel, G.） 205
スヴャトラフスキー（Святловский, В. В.） 124, 129
スターリン（Сталин, И. В.） 133, 154, 181–2, 202, 204, 225–6, 229, 230, 235, 237–9, 242
ストゥルーヴェ（Струве, П. Б.） 6, 7, 129, 140, 205
スハーノフ（Суханов（Гиммер), Н. Н.） 151–3, 225, 227–8, 230, 240
スミス（Smith, A.） 9, 123, 148, 204, 206, 237, 297, 314
赤色教授養成学院 138, 150–1, 180, 199,

マルクス貨幣論概説

2016年12月26日　初版第1刷発行

著　者　イサーク・イリイチ・ルービン
編訳者　竹永　進
発行所　一般財団法人 法政大学出版局
〒102-0071 東京都千代田区富士見2-17-1
電話 03（5214）5540　振替 00160-6-95814
組版：HUP　印刷：日経印刷　製本：誠製本
© 2016 TAKENAGA Susumu
Printed in Japan

ISBN978-4-588-64005-6

◉著　者

イサーク・イリイチ・ルービン（Исаак Ильич Рубин）

1886–1937．マルクス－エンゲルス研究所所員としてリャザノフの下でマルクスの経済理論の文献的・理論的研究に従事し，多くの優れた成果をあげる。20年代末にはマルクスの経済理論の解釈においてボルシェヴィキ党指導者をしのぐ影響力をもち危険視された。31年にスターリンの弾圧政策により研究活動停止。その後の消息は長いあいだ不明であったが，旧ソビエト崩壊の前後からしだいに明らかになった。邦訳書に，20年代ソ連の価値論論争の発端となった主著『マルクス価値論概説』（竹永 進訳，法政大学出版局）ほかがある。

◉編訳者

竹永 進（たけなが すすむ）

1949年生まれ。大阪市立大学大学院博士課程単位取得退学。大東文化大学経済学部教授。専攻は経済理論・経済学史。著書に『リカード経済学研究』（御茶の水書房），英文による編著に *Ricardo on Money and Finance*（Yuji Sato との共編，Routledge, 2013），*Ricardo and the History of Japanese Economic Thought*（Routledge, 2016），訳書にルービン『マルクス価値論概説』（法政大学出版局），『ルービンと批判者たち』（編訳，情況出版），ドゥルプラス『「政治経済学」とマルクス主義』（共訳，岩波書店），デュメニル／レヴィ『マルクス経済学と現代資本主義』（こぶし書房），ビデ『資本論をどう読むか』（共訳，法政大学出版局）ほか。

本書の刊行にあたっては、大東文化大学経済学会からの刊行助成を受けた。

マルクス価値論概説　イ・イ・ルービン／竹永進訳　一一六五〇円
現代革命の新たな考察　E・ラクラウ／山本圭訳　四二〇〇円
政治経済学の政治哲学的復権　法政大学比較経済研究所編／長原豊編　四五〇〇円
ヘーゲル国家学　神山伸弘　六八〇〇円
ヘーゲル講義録研究　O・ペゲラー編／寄川条路監訳　三〇〇〇円
ヘーゲル講義録入門　寄川条路編　三〇〇〇円
スターリンから金日成へ　A・ランコフ／下斗米伸夫・石井知章訳　三三〇〇円
日ロ関係　歴史と現代　下斗米伸夫編著　二八〇〇円
〈遊ぶ〉ロシア〈帝政末期の余暇と商業文化〉　L・マクレイノルズ／高橋・田中・巽・青島訳　六八〇〇円
トリオ　V・タラーソフ／鈴木正美訳　三六〇〇円
＊表示価格は税別です